Strategy for Sustainability Management

지속가능경영전략

체계와 실천(Systems & Practice)

최 중 석 저

도서출판 두남

서 문

P·r·e·f·a·c·e

전 세계적으로 지속가능성을 위한 기업의 ESG(Environmental, Social, Governance) 경영은 필수가 되었다. 지금까지 기업의 CSR(Corporate Social Responsibility) 활동은 주로 고객 이미지와 수익성 개선을 위한 수단으로 활용되었다. 역사적으로 보면 18세기 산업혁명과 자유주의 물결, 1930년대 대공황(Great Depression)과 케인즈의 거시경제 등장, 1970년대 석유파동과 신자유주의 출현, 20세기 말과 2000년대 초반 자본시장 시스템 부흥기까지 기업의 주주 자본주의 초점은 큰 위협이 아니었다. 자본 수익률이 핵심 가치이기 때문에 윤리와 도덕적 관행, 지구 생태 환경과 공동체 포용의 문제는 우선순위가 아니었다.

1990년대 엘킹톤은 자본수익(Profit)뿐만 아니라 지구(Planet)와 사람(People)을 중요하게 생각하는 TBL(Triple Bottom Line)을 제안하였고, 세계 각국의 NGO, NPO, 정부, 기업, 활동가, 연구자들은 환경 재앙, 빈익빈 부익부, 반복적인 위기 대응 시나리오의 부재를 해결할 새로운 사회경제 시스템과 솔루션을 개발해 왔다. 그러던 중 2008년에는 또다시 글로벌 금융 위기로 대침체(Great Recession)를 겪었고, 2020년에는 코로나 감염병으로 대봉쇄(Great Lockdown)를 겪었다. 2015년 UN은 그간 전 세계의 노력을 담은 지속가능발전목표, SDGs를 발표하였다. 이제 지속가능성을 지칭하는 용어가 ESG든 CSR이든 TBL이든 SDGs든 정부와 민간(기업) 그리고 비영리 조직 모두는 인류사회의 지속가능한 발전에 동참해야 한다.

세계의 많은 지속가능 리더 기업들과 비영리 단체들은 지속가능성에 헌신하면서 좋은 성과를 보이고 있다. 하지만 그린 워싱, 실제의 경영과 보여주는 경영이 차이를 보이는 분할 신드롬도 자주 나타나고 있다. 이러한 문제의 원인은 급진적인 외부 압박의 여파도 있지만, 그간 생산성과 효율성을 중심으로 진행해온 원가 우위와 차별화 전략을 어떻게 지속가능성에 통합해야 하는지 알기가 어렵기 때문이다. 지속가능성의 핵심 의미와 조직의 근본적인 기능을 재고하지 않은 기업의 지속가능성 작업은 시간, 공간 및 전달 측면에서 문제를 축소하고 회피하는 일로 계속 고통받을 것이다. 조직 내부의 전략 시스템에 사회적 및 환경적 생태를 재통합해야 한다. 이는 기업이 실질적인 내용 없이 공허한 수사에 그치는 것이 아니라 진정으로 지속가능성을 향해 나아가고 있는지 확인하는 수단이다.

하지만 아쉽게도 국내·외를 망라해서 이런 전략 통합의 문제를 속 시원하게 알려주는 실무 지침서가 보이지 않았다. 이에 저자는 기존에 사용하던 경영전략 모형의 요소들을 분석하여 지속가능성 전략에 통합하고, 전체를 조망하면서도 실무적인 방법을 알리기 위하여 본 도서를 집필하게 되었다. 방대한 문헌 탐구와 사례들을 연구하고 정리하였지만 부족한 점도 꽤 있을 것으로 생각된다. 독자들의 진심 어린 조언을 바라며 이를 개정판 도서에 반영하고 도서의 품질을 더욱 높일 생각이다.

2024년 5월

최 중 석

[내용 구성도]

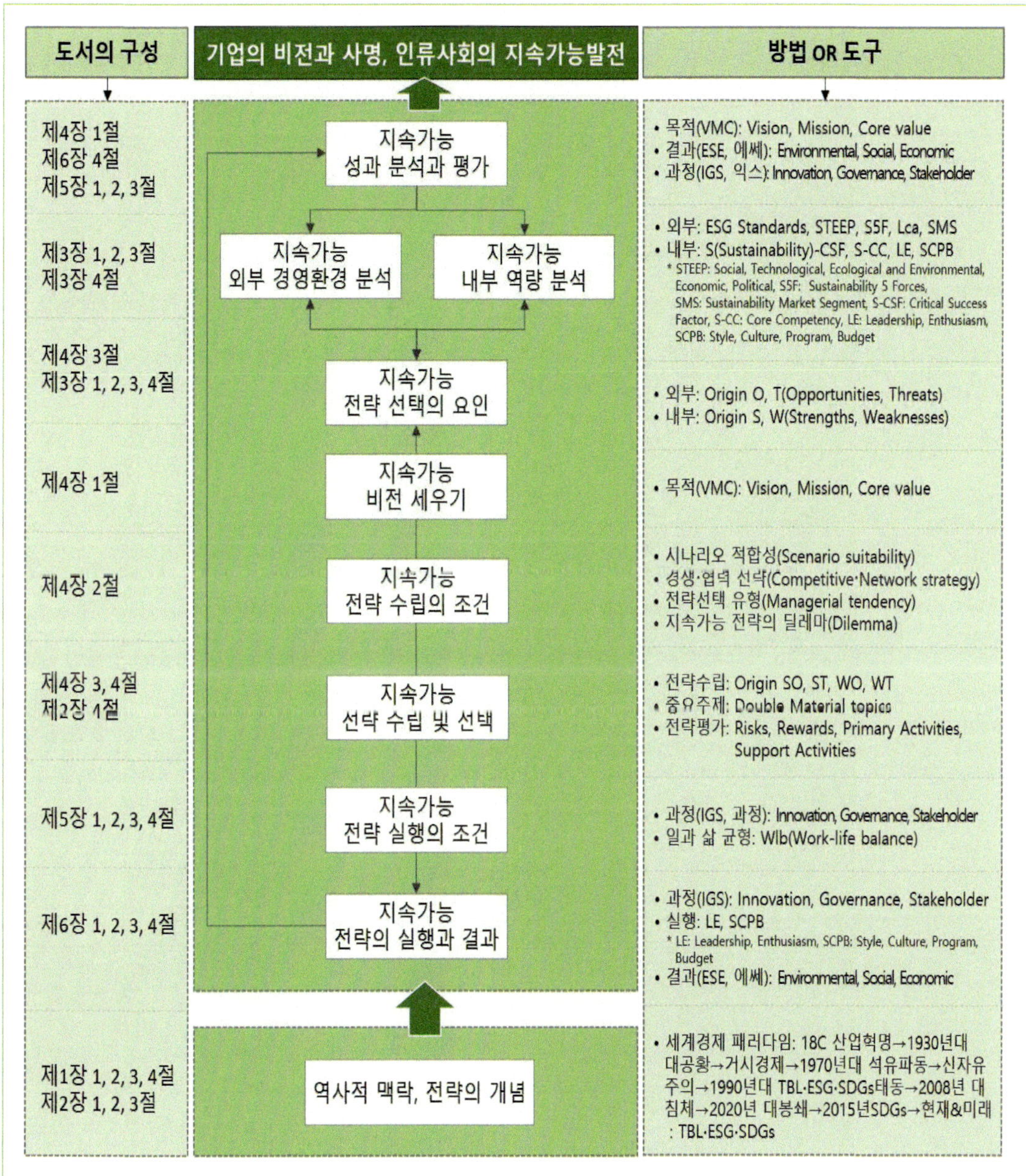

도서의 구성
기업의 비전과 사명, 인류사회의 지속가능발전
방법 OR 도구
제4장 1절
제6장 4절
제5장 1, 2, 3절
지속가능 성과 분석과 평가
• 목적(VMC): Vision, Mission, Core value
• 결과(ESE, 에쎄): Environmental, Social, Economic
• 과정(IGS, 익스): Innovation, Governance, Stakeholder
제3장 1, 2, 3절
제3장 4절
지속가능 외부 경영환경 분석
지속가능 내부 역량 분석
• 외부: ESG Standards, STEEP, S5F, Lca, SMS
• 내부: S(Sustainability)-CSF, S-CC, LE, SCPB
* STEEP: Social, Technological, Ecological and Environmental, Economic, Political, S5F: Sustainability 5 Forces, SMS: Sustainability Market Segment, S-CSF: Critical Success Factor, S-CC: Core Competency, LE: Leadership, Enthusiasm, SCPB: Style, Culture, Program, Budget
제4장 3절
제3장 1, 2, 3, 4절
지속가능 전략 선택의 요인
• 외부: Origin O, T(Opportunities, Threats)
• 내부: Origin S, W(Strengths, Weaknesses)
제4장 1절
지속가능 비전 세우기
• 목적(VMC): Vision, Mission, Core value
제4장 2절
지속가능 전략 수립의 조건
• 시나리오 적합성(Scenario suitability)
• 경쟁·협력 선략(Competitive·Network strategy)
• 전략선택 유형(Managerial tendency)
• 지속가능 전략의 딜레마(Dilemma)
제4장 3, 4절
제2장 4절
지속가능 선략 수립 및 선택
• 전략수립: Origin SO, ST, WO, WT
• 중요주제: Double Material topics
• 전략평가: Risks, Rewards, Primary Activities, Support Activities
제5장 1, 2, 3, 4절
지속가능 전략 실행의 조건
• 과정(IGS, 과정): Innovation, Governance, Stakeholder
• 일과 삶 균형: Wlb(Work-life balance)
제6장 1, 2, 3, 4절
지속가능 전략의 실행과 결과
• 과정(IGS): Innovation, Governance, Stakeholder
• 실행: LE, SCPB
* LE: Leadership, Enthusiasm, SCPB: Style, Culture, Program, Budget
• 결과(ESE, 에쎄): Environmental, Social, Economic
제1장 1, 2, 3, 4절
제2장 1, 2, 3절
역사적 맥락, 전략의 개념
• 세계경제 패러다임: 18C 산업혁명→1930년대 대공황→거시경제→1970년대 석유파동→신자유주의→1990년대 TBL·ESG·SDGs태동→2008년 대침체→2020년 대봉쇄→2015년SDGs→현재&미래 : TBL·ESG·SDGs

차 례

Contents

Chapter 4 지속가능 사업전략 수립 방법론 | 153

PART Ⅲ 지속가능 사업전략 실행 및 평가

Chapter 5 지속가능 사업전략 실행의 조건 | 211

PART

I

지속가능성 배경과 전략 통합

Chapter 1

지속가능 전략 통합의 체계

Chapter 1 목 차

Chapter 1 사례연구 & 실습도구

[사례연구] 파타고니아(Patagonia)의 지속가능성 전략
[사례연구] 아라빈드(Aravind) 안과병원의 지역사회 공헌
[사례연구] 에어비앤비(Airb&b)와 버퍼(Buffer)의 MVP
[실습도구] 〈표 1.2〉 성공한 소셜벤처의 '사업 기회 개념화' 행동 양상

Chapter 1 학습목표

1. 지속가능 전략의 목적과 전략 순환의 흐름을 이해한다.
2. 지속가능 전략의 중요한 요소로써 ESG를 안다.
3. 기존 전략 모형과 지속가능성 통합의 정당성을 이해한다.
4. 지속가능 전략의 ASR 통합 모형을 알고 각 단계의 요소를 식별한다.
5. 산업 역동성에 공감하고 신규사업 및 비즈니스 모델의 혁신을 추구한다.
6. 파타고니아, 아라빈드, 에어비앤비, 버퍼의 사례를 이해하고 시사점을 제시한다.

1 지속가능 전략의 개념과 유형

지속가능 전략의 개념과 ESG 성과

전략이란 비전과 사명을 달성하기 위한 비즈니스 활동의 방법이나 책략을 의미하는데 경영전략은 기업 활동의 전반에서 나타나는 전략의 의미로서 사업전략을 포함하는 더 넓은 의미이다. 전략이라는 단어가 내포하고 있는 의미는 본서에서 자주 언급되고 있지만 꽤 심층적이다.

대부분 기업은 매년 말에 내년의 사업계획 혹은 전략을 수정하거나 새롭게 수립하여 경영의 나침반으로 사용하고 있다. 상황에 따라서는 분기별 혹은 더 짧은 기간 내에 수립된 기존의 계획을 수정·보완하여 적용하는 역동적인 순환을 거친다. 조직의 경영 활동은 논리적인 체계를 가지고 전략적으로 접근해야 한다. 이는 조직 내부 및 외부의 환경을 분석하여 공식화된 전략을 채택·실행하고 이를 통하여 목표하는 성과를 창출하고 평가하여 재적용하는 순환의 과정이 필요하다.[1] 조직이 목표하는 성과는 재무적 관점의 '① 경제적인 수익' 창출뿐만 아니라 '② 좋은 지배구조'를 갖추고 '③ 이해관계자의 참여'를 증진하면서 비재무적 관점의 '④ 사회적인 가치'와 '⑤ 환경적인 가치'를 창출하는 지속가능경영의 성과를 포함한다. 특히, 지속가능 경영전략의 중요한 목표로써 ① 환경(Environmental), ② 사회(Social), 그리고 ③ 지배구조(Governance)를 일컬어 ESG 혹은 ESG 경영이라고 부른다.[2]

비공식적 통제가 더 유효한 경우도 있지만, 재무적인 성과와 함께 이해관계자, 지배구조, 사회적 및 환경적인 성과를 지향하는 지속가능경영은 기존의 비즈니스 전략과 유사하게 통제적 메커니즘(작동방식)이 필요하다. 단지, 비즈니스 사후에 발생한 지속가능 경영 성과를 정리하여 보고하는 수준을 넘어서, 사전에 지속가능

경영전략의 목표 수립과 실행으로 성과를 창출하고 재적용하는 절차가 요구된다. 지속가능경영의 핵심 의미와 조직의 근본적인 기능을 재고하지 않은 기업의 지속가능성 작업은 시간, 공간 및 전달 측면에서 문제를 축소하고 회피하는 일로 계속 고통 받을 것이다.[3)]

그림 1.1 지속가능 경영전략의 순환구조

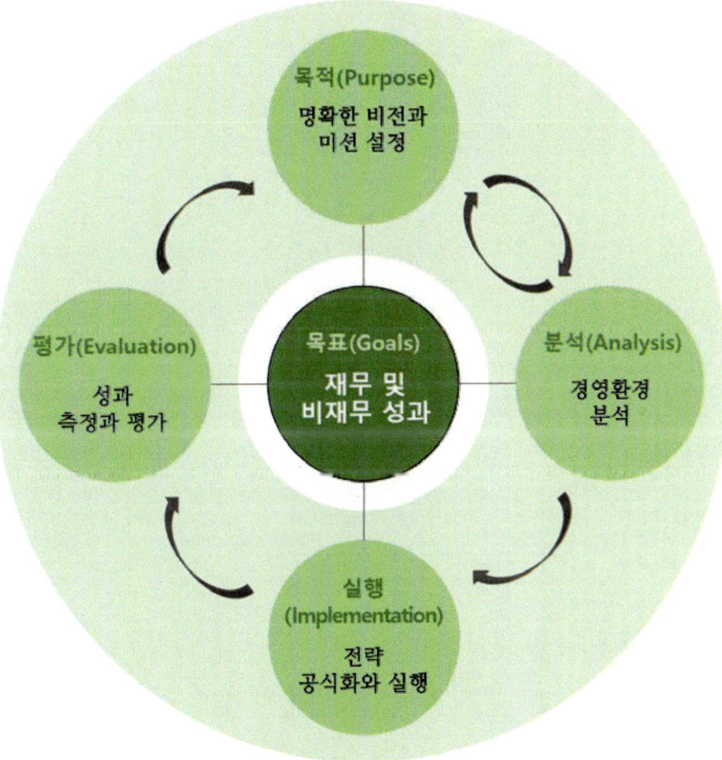

출처: David, F. R. and David, F. R.(2017), "Strategic management: A competitive advantage approach, concepts and cases, 16ed", Pearson, p.29. 참조 재정의.

비즈니스에 전략적 지속가능성이 통합되어야 한다. 이는 기업이 실질적인 내용 없이 공허한 수사에 그치는 것이 아니라 진정으로 지속가능성을 향해 나아가고 있는지 확인하는 수단이다. 이해관계자들은 기업이 지속가능성을 구현하고 공급망도 사회적으로 책임 있는 방식으로 수행하기를 원한다. 기업은 이러한 변화를 달성하기 위하여 지속가능성을 수용해야 한다. 지배구조 규칙과 운영 관행을 혁신하고 자연환경과 공동체를 보호하면서 경제적인 이점을 살릴 수 있도록 지속가능성에 대한 약속을 명확히 해야 한다. 여기에는 최고경영자의 강력한 지원, 생산과 소비의 변화를 수용하는 제조 부문의 혁신, 지속가능성이 조직 운영에 동화되고 문화로 정착하는 일, 재무적 성과와 환경 및 사회적 성과가 통합된 성과 시스템을 갖추는 일 등 전략적인 접근이 요구된다.[4]

지속가능 전략의 유형과 영역

전략의 유형에는 기업전략, 사업전략, 기능전략이 있다. 기업전략은 어느 영역의 사업에 참여할 것인가? 어느 영역에서 사업을 운영할 것인가(Where to Participate?)의 문제이다. 기업이 기존의 사업 영역을 혁신하거나 새로운 지속가능 성장동력을 발굴하는 사업다각화와 관련이 깊다. 사업전략은 기업전략에서 설정한 목표 달성을 전제로 어떤 공식화 전략을 채택할 것인가(Which Formulation to Choose?)의 문제이다. 여러 개의 사업본부가 있는 경우에는 각 사업본부를 중심으로 진행되는 특정 제품이나 시장에 대한 지속가능 사업전략을 말한다.

그림 1.2 경영전략의 유형

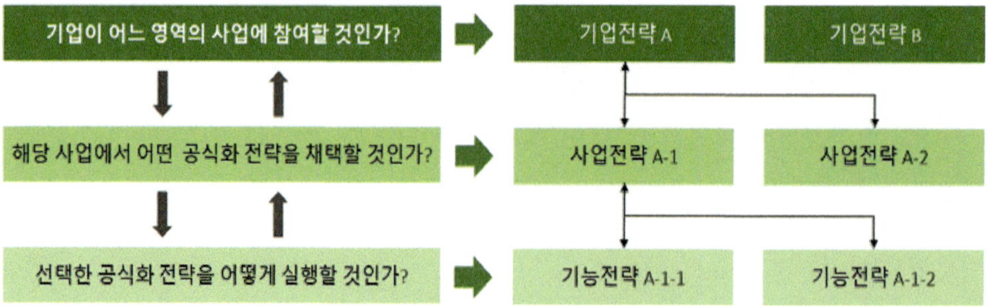

기능전략은 사업전략에서 채택한 공식화 전략을 어떻게 실행할 것인가(How to Implement Business Strategy?)의 문제이다. 사업전략을 효과적으로 추진하기 위한 연구개발, 디자인, 제조, 유통, 영업, 재무, 마케팅, 서비스, 지배구조 등 각 기능의 실행전략이다. 기능전략은 사업전략을 지원하고, 이는 다시 기업전략을 지원한다. 이상을 그림으로 나타내면 [그림 1.2]와 같다.[5)]

지속가능 경영전략을 수립하고 실행하는 일은 각 회사 혹은 사업이 처한 환경과 조직이 추구하는 목적이나 경영이념, 가치에 따라 다르므로 '이러한 의미이다.', '이러한 방법으로 수립하고 실행한다.'라는 정답은 없다. 그렇지만 일반적으로 내부 및 외부의 경영환경 분석을 통하여 전략 방향을 수립하고 이러한 전략 방향의 거시적인 달성 혹은 신념은 기업의 비전과 사명으로 나타낸다. 선택한 사업 영역에서 비전과 사명을 달성하기 위하여 수립한 사업전략은 기능전략으로 정렬되고 실행된다. 한 회사에 여러 개의 사업(부)을 운영한다면 전사 포트폴리오(사업 혹은 제품 구성) 전략에 따라 해당 사업(부)의 책임과 목표를 정하고 그것을 달성하기 위한 이해관계자 관계, 제품 및 서비스의 전략적인 위치, 지속가능 생산 및 유통전략, 마케팅 전략 등 사업(부) 각각의 전략을 수립한다. 끝으로 기능전략의 실행으로 목표하는 성과를 창출하고 평가하여 재적용하는 일련의 과정이 지속가능 경영전략 수립 및 실행의 전체 단계이다([그림 1.3]).

그림 1.3 경영전략 수립 및 실행의 순환구조

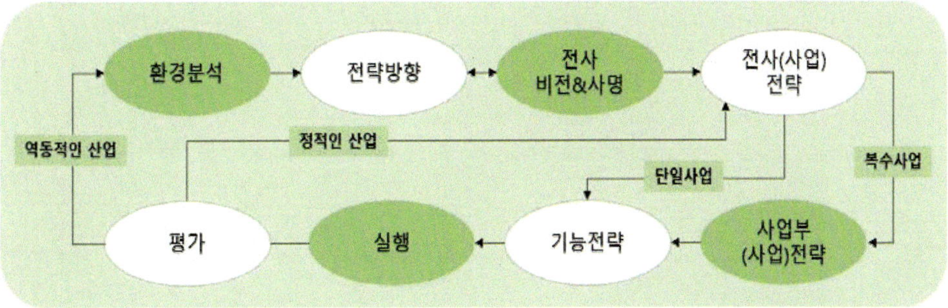

기능전략은 구매 및 생산, 영업 및 판촉 활동, 채용과 급여의 지급, 기술 개발, 지역사회 공헌 등 대부분 비용을 들여서 추진되는 항목으로 손익계산서상에서는 주로 비용과 관련된 항목으로 나타난다. 반면 이러한 기능을 추진하기 위해서 사전에 수립된 사업전략은 목표시장 및 고객, 경쟁 혹은 협력 전략, Lca(Life cycle assessment, 전과정평가) 환경정책, 이해관계자 참여 정책, 핵심성공요소 및 균형성과지표 등 시장에서의 정책이나 목표에 초점을 맞춘다([그림 1.4]).

그림 1.4 사업전략 및 기능전략 구분

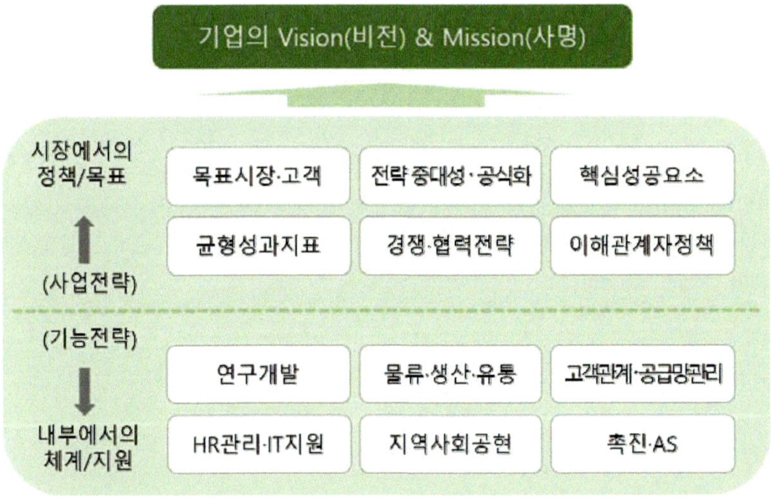

사례연구

파타고니아(Patagonia)의 지속가능성 전략

미국 캘리포니아 벤추라(Ventura)에 본사를 둔 파타고니아(Patagonia)는 글로벌 지속가능성 리더 기업이다. 파타고니아는 환경에 해를 덜 끼치는 재료를 사용하여 제품을 설계하고 제작하는 것으로 유명하다. 2023년에는 글로벌 자문회사인 ERM과 글로브스캔(GlobeScan)이 선정하는 글로벌 지속가능 리더 기업 1위를 차지했다.[6) 생산과 소비의 패러다임은 조직에 대한 요구사항과 개선의 장벽들을 넘고 사회적 및 환경적 변화를 초래한다. 기업은 지역 생태계를 보호하면서 공동체의 경제적 이점과 환경을 보호한다. 이것은 기업의 지속가능 성과에 긍정적으로 기여하고 이를 통하여 기업은 다시 경제적 지속가능성을 만든다. 따라서 지속가능성 개발은 지속가능한 성과와 함께 생산 프로세스를 향상하기 때문에 더욱 필수적이다.[7) 2014년 이후 파타고니아의 모든 다운 제품(Down Products, 가금류의 깃털로 만든 제품)은 어디서 왔는지 추적이 가능하며 살아 있는 동물의 깃털은 절대 뽑지 않는다는 원칙을 지킨다. 또한 양모를 얻기 위하여 강제로 양에게 사료를 먹이지 않고, 자연에서 방목하여 기른다.

그림 1.5 이본 쉬니드와 지자

출처: 2019년 파타고니아 방문 미팅(설립 당시의 등산 장비 제조 공장 앞에서 담소)

파타고니아는 회원이 많고, 지위가 높고, 상업적 기업과 관련이 있는 비영리단체보다는 자연을 지키기 위해 일하는 작은 풀뿌리 단체들에게 1986년부터 후원하기 시작하여 현재까지 매년 이 약속을 지키고 있으며, 2018년 현재까지 약 8900만 달러(약 979억 원)

를 지급해 오고 있다. 1994년 가을 파타고니아는 농사에 쓰이는 독성 농약의 25%가 목화를 재배하는 데 쓰이고 있으며, 이것은 토양과 물 오염 및 작업자의 건강을 위협한다는 끔찍한 사실을 알게 되었고, 1996년부터 파타고니아의 모든 면제품은 유기농 목화에서 얻은 면으로만 만들기로 결정했다. 이를 위하여 18개월 동안 66개의 제품을 바꿔야 했고, 원단의 생산 라인을 바꾸는 데 4개월의 시간밖에 없었다. 파타고니아는 생산에 필요한 유기농 목화를 충분하게 구할 수 없다는 것을 깨닫고 유기농 방식을 지키는 농부들을 직접 찾아가야만 했으며 면을 만드는 작업자들에게 유기농 인증원이 찾아와서 검사하더라도 원단 생산의 처음 단계부터 마지막 단계까지 유기농임을 추적할 수 있도록 오염 없는 깨끗한 면을 만들어 달라고 설득했다. 결국 기간 내 완료하리라던 파타고니아의 개혁은 성공하였고, 1996년부터 파타고니아의 모든 면제품은 유기농 목화로만 만들고 있다.

설립자 '이본 쉬나드(Yvon Chouinard)'는 다음과 같이 말한다. "지구는 이제 우리의 유일한 주주입니다. 비즈니스를 넘어 지구에 대한 희망이 있다면, 우리가 보유한 모든 자원으로 할 수 있는 일을 해야 할 것입니다. 우리는 책임 있는 사업에 대한 실험을 시작한 지 거의 50년이 지났지만, 이것은 이제 막 시작한 것과 같습니다. 2018년에 '우리는 지구를 구하기 위해 사업을 하고 있습니다.'라고 회사의 목적을 바꾸었습니다. 우리는 현재와 미래의 환경 위기를 해결하기 위해 최선을 다하고 있지만, 그것으로 충분하지 않습니다. 회사의 가치를 그대로 유지하면서 위기에 대처하기 위해 더 많은 돈을 투입할 방법을 찾아야 합니다. 우리는 자연에서 추출한 부를 투자자 수익을 위해 사용할 것이 아니라, 부의 원천을 보호하는 데 사용할 것입니다."[8)]

2 지속가능 전략 통합 논리 모델

분석 → 전략 → 결과의 ASR 모형

지속가능 경영전략은 기존의 재무 중심 전략에 초기 단계부터 지속가능 비재무 전략이 융합되어 논리적인 체계를 가지고 진행해야 한다. 지속가능성이 따로 존재하고 움직이는 것이 아니라 조직 내에서 함께 혼합되어 운영되고 목표를 달성해 가는 시스템적 사고가 필요하다. 즉, 지속가능 경영의 전 과정이 통합(Overall)되어 해당 사업에 필요한 요소를 분석하고 전략을 도출하며 실행을 통하여 기대하는 성과를 얻어야 한다. 조직 내부 시스템에 사회적 및 환경적 생태를 재통합하는 관리체계를 구축하고 각 부문과 기능이 연결되도록 해야 한다. 지속가능 보고에 매몰되어 실제의 (자발적)경영보고서와 (의무적)공시보고서가 서로 다른 일종의 '분할 신드롬'을 과감히 없애야 한다.[9)]

전 세계 지속가능성 리더 기업인 유니레버(Unilever)의 최고경영자 폴 폴먼(Paul Polman)은 "나는 미래의 지도자들은 시스템 사고자(systems thinkers)일 것이라고 굳게 믿습니다. 우리가 의존하는 시스템들 사이의 상호 의존성을 이해하지 않고서는 누구라도 불안정한 세계 속에서 기업 혹은 국가를 성공적으로 경영할 수 있으리라고는 생각할 수 없습니다."라고 말했다.[10)] 지금까지 많은 연구자와 기관에서는 의사결정자가 지속가능성을 관리하고 지원할 수 있도록 경영전략 모형을 개발하고 확장해 왔다. 여기에는 외부 환경과 제도의 영향에 대응하는 수동적인 전략, 조직 내부의 자원과 역량에 집중하고 지속가능 성과를 선별적으로 혹은 전체적으로 추진하는 전략, 기업의 사명과 비전이 최고경영자를 중심으로 이해관계자 관리, 제품 또는 서비스 혁신, 지속가능 성과 관리를 통제하고 실행하는 모델, 사회적, 환경적, 그리고 경제적 가치의 세부 목표들이 조직의 성숙도에 따라 어떻게 개발되고 발전해 나가야 하는지를 제안하는 모델 등 다양하다. 기업마다 전략 선택의 수준은 다르지만, 이러한 전략과 모델들은 원가절감 혹은 제품 차별화를 통해 생산성과 효율성만을 쫓던 초기 모델에 지속가능 전략과 이해관계자 참여의 원리가 통합되고 지속가능 성과로 이어지도록 하는 전략적 관리 통제의 공통분모를 가지고 있다.[11)]

[그림 1.6]의 지속가능 경영전략 3단계 ASR 모형은 이러한 모형들의 내용을 3단계로 나누고 각각의 과제를 구분하여 체계화시킨 모형이다. Analysis(분석) 단계는 내부환경 분석과 외부환경 분석으로 나누어져 있다. 기업은 분석 단계를 거쳐 전략의 큰 방향을 정한다. Strategy(전략) 단계는 전략의 공식화와 실행의 단계이다. 이 단계에서 기업은 존재 이유를 점검하고 전략, 목표, 정책을 정의한다. 경영자 리더십과 직원의 지속가능성 열의를 확인하고 가치사슬의 지속가능 활동을 시작한다. 이 단계의 활동은 좋은 지배구조와 이해관계자 참여의 강력한 지원을 받아 다음 단계의 지속가능 성과 창출을 보장받는다. Result(결과) 단계는 지속가능 성과를 측정하고 평가하는 단계이다. 이 단계에서 기업은 그동안 진행해온 지속가능 경영의 바람직한 과정과 사회적, 환경적, 그리고 경제적 성과를 측정하고 평가하며 내·외부 이해관계자에게 알린다. 기업이 이해관계자에게 창출한 지속가능 성과는 지속가능 투자로 이어져 지속가능 전략의 ASR 모형은 선순환 체계를 갖는다.

ASR 모형의 주요 내용

ASR 모형의 단계는 먼저, 전략 방향과 대안을 만들고 공식화를 위해서 외부 및 내부의 경영환경을 분석한다. 경영환경 분석은 큰 것에서 작은 것으로, 외부에서 내부로 분석한다. 이것은 먼저 숲을 보고 나무를 봐야 한다는 의미이다. 나무만 보고 숲 전체를 판단할 수 없듯이, 작은 부분에 먼저 집중하게 된다면 전체의 핵심을 잘못 짚는 근시안적인 진단과 분석 결과를 얻는다. 이를 통하여 내부 및 외부 경영환경의 핵심 이슈를 파악하고, 회사와 사업은 현재 어느 위치에 있으며, 지속가능 전략의 거시적인 방향과 사업전략 대안들은 무엇이 있는지 구상한다. 이어서 도출한 후보 대안들을 평가하고 선정하여 구체적인 사업전략 수립 및 실행의 단계를 진행한다.

그림 1.6 지속가능 경영전략 3단계 ASR 모형

전략 수립 및 실행의 단계는 내·외부 환경 분석과 사업 성과 평가를 토대로 사업 전략 및 기능전략을 수립하고 실행하는 일이다. 신규사업의 경우는 아직 사업 성과가 나오기 전이기 때문에 내·외부 환경분석 결과를 토대로 전략을 수립하고 가상의 실행을 통한 사업의 성과를 예측한다. 이때 전략의 기준이 되는 기업의 사명과 비전, 추구하는 가치나 이념을 정리한다. 전략 공식화를 정의하고 재무·비재무 목표도 수립한다. 이를 달성하기 위한 정책과 성과지표를 개발하고, 기능 단위의 전략 수립과 실행의 절차로 진행한다. 전략 모형의 전체 과정은 이해관계자가 참여하고, 공정하고 투명하며 윤리적인 운영이 될 수 있는 좋은 지배구조를 갖춘다. 특히, 지속가능 리더십과 조직문화 정착이 중요하다. 목표와 정책은 재무적인 가치와 비재무적인 사회적 가치, 환경적 가치, 과정(시장혁신, 지배구조 및 이해관계자)의 가치를 함께 생각하고 균형 있게 수립한다.

사업의 성과를 측정하고 평가하는 단계는 사업전략의 공식화에 따라 진행된 재무 및 비재무적 측면의 목표를 측정하고 평가한다. 환경(Environmental)과 사회(Social) 그리고 지배구조(Governance)를 의미하는 ESG 공시나 권고, 지침, 보고 표준 또는 규제사항을 참고하여 진행한다. 무엇보다도 중요한 것은 권고나 지침 혹은 보고 표준, 규제사항이 아니라 이행 과정의 진정성을 통한 성과에 있음을 알아야 한다.

이러한 권고나 지침 혹은 공시나 보고 표준, 규제사항에는 UN SDGs(Sustainable Development Goals, 지속가능발전목표) 연계 활동을 기본으로 GHG Protocol (GreenHouseGases, 온실가스보고기준), UNGC(UN Global Compact, UN글로벌콤팩트), EU의 CSRD(Corporate Sustainability Reporting Directive, 기업지속가능보고지침)와 ESRS(European Sustainability Reporting Standards, 유럽지속가능보고표준), TNFD(Taskforce on Nature-related Financial Disclosures, 자연관련재무공시태스크포스), TCFD(Task Force on Climate-related Financial Disclosures, 기후관련재무정보공개태스크포스), CDSB(Climate Disclosure Standards Board, 기후공개표준위원회), GRI(Global Reporting Initiative, 글로벌보고이니셔티브) 지수, SASB(Sustainability Accounting Standards Board, 지속가능회계표준위원회) 표준, IFRS(International Financial Reporting Standards, 국제회계기준)의 IFRS Sustainability 1(S1, 재무공시)과 Sustainability 2(S2, 기후공시), EU, 미국, 한국 등의 배출권거래제(ETS, Emissions Trading System), EU의 탄소국경조정제도(CBAM, Carbon Border Adjustment Mechanism) 및 탄소중립산업법(NZIA, Net-Zero Industry Act)과 미국의 인플레이션 감축법(IRA, Inflation Reduction Act), 미국 증권거래위원회(SEC, Securities and Exchange Commission)의 기후공시 관련 규칙 등이 있다.[12)]

사회적 및 환경적 가치에 더 집중하고 사회적 영향의 파급 효과를 측정하고 평가하는 지표로 B Lab 재단의 BIA(B Impact Assessment, B 영향평가) B Corp® 인증, GIIN(Global Impact Investing Network, 글로벌임팩트투자네트워크)의 IRIS(Impact Rating Investment System, 영향등급투자시스템) Metrics(매트릭스), SK의 SPC(Social Progress Credits, 사회성과인센티브), Social Value UK의 SROI(Social Return on Investment, 사회적투자수익) 등이 있다.[13)] 지속가능 경영성과는 사회적 책임 및 사회적 영향 투자로 이어지고 재적용하는 선순환 구조를 갖출 때 인류사회의 지속가능발전은 이룰 수 있다. 지속가능 혹은 사회적책임 혹은 영향 투자는 재무적 수익과 함께 사회적 및 환경적 가치와 영향에 자본을 대거나 정성을 쏟는 투자를 말한다.[14)]

전략의 기간과 점검의 빈도

1~2년의 단기 사업전략은 통상 3~5년마다 세워지는 회사의 중기전략을 토대로 매년 사업계획을 수립하고 실행하는 것이 일반적이다. 중기전략도 마찬가지로 6~10년 내외로 수립되는 보다 큰 단위의 회사전략과 비전을 토대로 진행한다. 전략의 기간은 기업마다 다를 수 있다. 이러한 전략이나 사업계획은 산업변화 및 경영환경 변화가 큰 경우에는 중기전략과 장기비전의 재설정, 수정 및 보완 등에 보다 잦은 점검이 필요하다. 정적인 산업은 중기전략이나 장기비전보다는 연도별 추진되는 사업의 계획과 실행에 더 집중한다. 역동적인 산업으로는 인공지능(AI, Artificial Intelligence), 사물인터넷(IoT, Internet of Things) 혹은 두 가지를 결합한 AIoT 등으로 진화하는 IT(Information Technology, 정보기술) 비즈니스가 대표적이다. 정적인 산업은 1차 산업을 비롯하여 철강, 조선, 자동차, 에너지 등의 산업이 해당한다. 소비자의 일상생활과 관련된 외식, 소매, 서비스 등의 비즈니스는 점진적인 변화를 갖는 산업이라고 할 수 있다. 하지만 어떤 이유로든 최근의 모든 산업은 역동적인 변화 가능성을 늘 지니고 있으며, 지속가능경영을 목표로 개선·개발·혁신해야 할 기존의 모든 사업은 역동적인 변화에 놓여있다([그림 1.7]).

그림 1.7 | 변화 정도와 전략점검 빈도의 관계

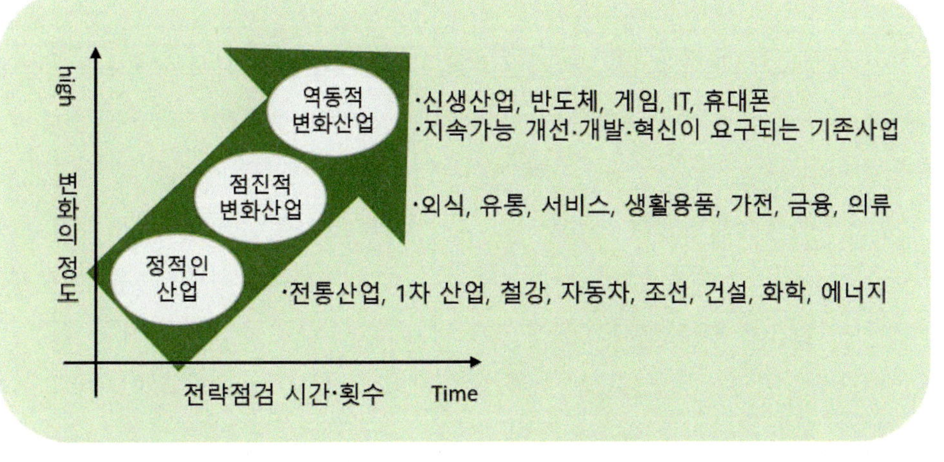

3 지속가능 신규사업 발굴

신규사업 개발의 절차

지속가능 신규사업을 진행하는 경우에도 전략적 접근이 요구된다. 지속가능 신규사업은 먼저 사회문제 해결 아이디어와 개념을 개발하고 사업 타당성을 분석하는 절차가 필요하다. 지속가능성이 확인된 사업은 시제품 개발과 사전 마케팅을 통하여 본 제품을 출시하고 본격적으로 사업을 운영한다. 초기 사업 아이디어와 개념을 개발하는 절차는 사업 성공의 중요한 출발점이다. 이 절차를 몇 단계로 나누어 보면 다음과 같다([그림 1.8]).[15] 첫째는 정제(Refinement)와 심사(Screening)이다. 이 단계는 공학적이기보다는 양적이고 형식적이다. 또한 정확성보다는 질적이고 비공식적이며 대략적인 성격을 띠는 경우가 많다. 재무적 가치와 함께 사회적 가치를 고려하여 사업기회를 탐색하고 아이디어를 내며 핵심기술 및 사업방향을 위한 창의성과 실험이 필요하다. 사업을 구체화하는데 중요한 출발점이며 위험을 계산하고 불확실성을 줄일 수 있는지 생각한다.

연구개발 및 마케팅뿐만 아니라 제조 및 운영 기능의 부서와 협력을 통하여 나쁜 아이디어의 수를 줄이고 사회문제 해결의 생산적인 아이디어 수를 늘린다. 팀 작업과 함께 개인 차원의 작업도 권장한다. 이 단계에서 외부 이해관계자 및 정부기관과의 협력은 성과와 품질을 높이고 위험을 줄이는 방법이다. 사회문제 해결의 필요 파악과 평가, 잠재적 구매자의 참여는 신규사업 성공의 중요한 요소이다. 또한 이 단계에서 아이디어와 개념을 기업의 상황에 맞게 평가하고 심사한다. 이러한 기준은 사업 아이디어와 개념이 사회 및 시장의 필요와 요구를 충족시키고, 기술적으로 실현 가능하며, 기업의 제품 혹은 서비스 포트폴리오(구성)에도 가치를 제공하는지 확인한다. 특히, 사업 아이디어와 개념이 재정적 수익 가능성과 함께 지속가능성에 기반을 두고 제품 또는 서비스를 개발하고 사업화할 수 있는지, 실행과정에서 이해관계자의 협력과 목표 달성에 문제가 없는지 심사한다. 제품 혹은 서비스의 라이프 사이클에 따른 환경영향은 어떠한지도 고려한다.

둘째는 내·외부 정렬(Alignment)이다. 사업 아이디어 및 개념은 기업 내부의 적합성과 외부 환경의 요구에 맞게 개발되어야 한다. 기업의 전체 전략과 잘 일치하는 아이디어 및 개념이 실행 가능성이 훨씬 높다. 예를 들어, 성공적인 프로젝트는 기업의 핵심역량을 어떻게든 활용하는 반면, 실패한 프로젝트는 그렇지 않다. 따라서 사업 아이디어와 기업의 운영 능력 사이의 적합성을 달성하는 것이 중요하다. 현재 기업의 운영 능력으로 고객에게 최적의 제품 혹은 서비스를 제공할 수 있어야 한다. 신규 제품 혹은 아이디어가 기존 제품 혹은 아이디어와 상승효과의 연관성이 높다면 내적 적합성도 높다. 새로운 혁신 제품 혹은 서비스의 출시도 함께 고려한다. 내부 정렬이 부족한 경우에는 외부에서 기술과 지식을 이전받아 새로운 사업 기회를 개발할 수 있다. 이러한 이전 전략은 큰 도전이고 투자가 될 수 있지만 기술 및 지식의 '흡수 능력(desorptive capacity)'을 높이고 점차 내부정렬이 될 수 있도록 노력한다. 외부적 측면에서는 경쟁력 있는 기술을 개발하고 제품을 시장에 제공하는 것처럼 기업 외부의 요소와 정렬되어야 한다. 경쟁사의 향후 제품과 현재 제공되는 제품 모두에 주의가 필요하다. 네트워킹을 통하여 협력과 상승효과를 기대할 수 있는 기업을 찾고 연결해야 한다. 연구에 따르면 성공적인 팀은 일반적으로 그러한 분석을 하는 데 반해 덜 성공적인 팀에서는 경쟁 및 네트워킹 기술과 제품에 대한 정보를 이용할 수 없거나 무시하는 경우가 많다.

셋째는 사업 아이디어와 개념의 합법화(Legitimization)이다. 합법화 단계가 필요한 이유는 사회정치적 요인으로 인하여 좋은 아이디어가 방해받지 않도록 보호해야 하기 때문이다. 가끔 좋은 아이디어가 정당성이 부족하여 무시되거나 거부되어 사업 기회가 상실되거나 반대로 나쁜 아이디어가 강력한 개인의 지원으로 추진되어 조직 비용을 증가시키고 사업 아이디어 후보군이 과도하게 붐빌 수 있다. 따라서 지속가능 신규사업은 보통 개별적으로 또는 소규모 팀으로 수행되지만, 고위 경영진의 지원은 신규사업 성공에 매우 중요하다. 이는 첫째, 변화에 대한 저항을 극복하고 초기 자원 조달과 대중의 지원을 넘어서게 하며 둘째, 경영진이 제안된 프로젝트에 개인적으로 참여하면 새로운 제품 아이디어가 개발될 가능성이 훨씬 더 커지고 셋째, 고위 경영진의 지원은 혁신 수준을 높이기 때문이다.

그림 1.8 신규사업 추진 단계

구분	단계	내용
Sustainable Idea & Concept (지속가능 사업기회)	개발(Development)	정제(Refinement)
		심사(Screening)
	정렬(Alignment)	내부정렬(Internal Alignment)
		외부정렬(External Alignment)
	합법화(Legitimization)	합법화(Legitimization)
Sustainable Feasibility (지속가능 사업성)	전략수립	지속가능 경영전략(Strategy)
	사업성분석	재무·비재무 사업타당성(Validity)
Prototype or Service delivery system(시제품 또는 전달체계)	제품 또는 서비스 개발	시제품(Prototype) 혹은 전달체계(Service delivery system)
	사전판매	사전마케팅(Test Marketing)
Mass production or service (대량 생산 혹은 서비스)	출시	출시(Launching)
	경영	경영(Management)

출처: Florén, H. and Frishammar, J.(2012), "From Preliminary Ideas to Corroborated Product Definitions: Managing the Front End of New Product Development", California Management Review, 54(4), pp.22~32. 참조 추가 및 재정의.

소셜벤처의 등장

소셜벤처는 혁신적인 아이디어와 기술을 토대로 사회적인 가치[일반적으로 '사회적'이라고 단독으로 표기한 단어는 사회적 약자를 위한 포용성 비즈니스의 (포용)경제적 가치, 사회(공동체) 가치 그리고 환경적 가치를 포함하고 있음. 이하 '사회적'이라고 단독 표기한 문장은 이러한 의미를 함축하고 있다고 봐야 함. 자세한 내용은 Chapter 2의 4절 참조]와 재무적인 수익을 동시에 추구하는 기업이다. 이들은 영리기업의 벤처 정신과 사회적 목적의 동기를 결합하여 사회문제 해결의 혁신적인 아이디어로 두각을 나타낸다.

표 1.1 일반벤처와 소셜벤처의 차이

구분	일반벤처	소셜벤처
의미	개인 또는 소수의 기업가가 기술 혁신 아이디어를 사업화하기 위해 실립한 신생기업	개인 또는 소수의 기업가가 사회문제를 해결할 혁신적인 아이디어를 사업회하기 위히어 설립한 신생기업
기대효과	높은 위험부담을 감수하지만 성공하면 높은 기대수익 예상	높은 위험부담을 감수하지만 성공하면 높은 사회적 영향 및 기대수익 예상
기업가	모험적 사업에 도전하는 왕성한 기업가 정신을 가진 기업가에 의해 주도	사회적 목적을 지속 가능하게 할 모범적 사업에 도전하는 사회적기업가정신을 가진 사회적기업가에 의하여 주도
경영원리	전통적 기업의 대안 모델, 지식정보화 시대에 적합한 네트워킹 기업으로서 수평적 관계를 중시하고 투자 중심의 자금 조달 및 투명 경영	전통적인 사회복지와 대안 기업의 새로운 모델, 사회적경제 기업의 운영 원리와 사회문제에 대한 이해를 바탕으로 하는 기업

출처: 최중석(2023), "사회적경제학(Social Economics)", 좋은땅, p.45.

소셜벤처(Social Venture)의 대표적인 예로는 인도의 아라빈드 안과병원(Aravind Eye Hospitals), 미국의 탐스(TOMS), 할리우드 여배우인 제시카 알바(Jessica Alba) 등이 설립한 무독성 유아용품 판매하는 어니스트 컴퍼니(Honest Company)가 있다.

또한 세상 모든 사람이 나무 심는 방법을 만들어 가는 한국의 트리플래닛(tree planet), 사물인터넷 기술과 인공지능 알고리즘을 통해 꿀벌의 생명과 생물 다양성을 향상하는 이탈리아의 농업 기술 스타트업 3비(3Bee, 농부의 경쟁력을 극대화하고 토양 건강을 재생하는 미세 조류 기반의 스페인 생명공학 기업 알가 에너지(AlgaEnergy), 소리를 매개로 예술, 과학, 문화의 관계를 탐구하는 독일 기업 에포니아(Eufonia), 어린이들에게 코딩 교육을 운영하는 스웨덴의 이미지랩(ImagiLabs) 등 전 세계에 걸쳐 매우 많은 소셜 벤처가 활동하고 있다.[16)]

이들은 높은 위험부담을 감수하면서 사회적 목적을 실현할 지속가능한 모험적 사업에 도전하는 사회적 벤처기업가들에 의하여 주도된다. 소셜벤처는 수평적 관계를 중시하고 사회적 금융 혹은 사회적 영향 투자로 자금을 조달하고 투명한 경영을 한다. 이는 영리 중심의 기업이 해결하지 못하는 지역 혹은 인류의 사회문제를 혁신의 방식으로 해결한다. 〈표 1.1〉은 일반벤처와 소셜벤처의 차이이다.

북미 23개 소셜벤처를 분석하여 성공한 벤처와 어려움을 겪는 벤처로 비교하여 연구한 자료를 보면 성공한 벤처는 "사회적 및 비즈니스적 기회를 개념화하고, 시장 중심의 제품 혹은 서비스를 개발했으며, 최소 3년 이상 실질적인 경험과 비즈니스 실적을 가진 후 출범"하여 성공한 것으로 나타났다. 즉, '사회적이며 동시에 비즈니스적인 기회를 개념화'하고 '제품 또는 서비스를 개발'하였으며 '출시 및 사업화에 공'을 들인 노력의 3가지 범주에서 성공한 벤처와 어려움을 겪는 벤처는 각각 다른 행동 양상을 보인 것으로 나타났다. 성공한 벤처는 먼저, 사회적 문제를 설정하고 사회 변화를 가져올 사업 기회와 개념을 명확하게 한 것으로 나타났다. 또한 제품 혹은 서비스를 신중하게 선택하고 기술을 습득하였으며 사회적 인맥을 늘리고 사회적 비즈니스에 대한 지원을 창출하는 노력을 통하여 성공한 것으로 나타났다. 어려움을 겪는 벤처가 가상의 커뮤니케이션, 직접 실행보다는 위임, 제한적이고 동질적인 사회적 접촉의 행동 양상을 보인 반면, 성공한 벤처는 직접 지식을 습득하기 위한 개인의 강렬한 참여와 노력, 다양한 사회적 접촉의 행동 양상을 보이는 것으로 나타났다. 〈표 1.2〉는 '사업 기회의 개념화' 부분에서 성공한 벤처와 어려움을 겪는 벤처가 서로 다른 양상을 보인 행동 문항이다.[17]

표 1.2 성공한 소셜벤처의 '사업 기회 개념화' 행동 양상

행동 양상	평가
1. 잠재 고객을 상대하는 조직에서 현장 연구 및 자원 봉사 수행	
2. 잠재 고객과 거래하는 조직의 리더와 직접 대면하고 교류	
3. 사회·환경적 및 비즈니스 양쪽 모두 전문 인적 네트워크 다양화 및 확장	
4. 사업 기회 발견 중심의 관계를 개발	
5. 새로운 관계 파악 및 시작	
6. 제품 혹은 서비스 탐색을 위한 프로보노 및 재정 자원 확보	
7. 스토리텔링과 대면 상호작용을 통해 잠재적 금융가와 신뢰 구축	
8. 익숙한 수익모델 사례를 통해 경제적 기회 포착	
9. 사회·환경적 기회를 구상하기 전에 경제적 기회를 구상하지 않음	
10. 벤치 설립 및 출시 후 조직의 사회적 정체성을 버리지 않음	
11. 더 많은 그룹으로부터의 사회·환경적 및 경제적 기회를 피드백 받음	
12. 아이디어를 공유하고 피드백을 구하는 일을 게을리하지 않음	
13. 가상 혹은 문서 소통보다 대면 소통 선호	
14. 반대나 예상치 못한 피드백도 받아들이고 개선	
15. 다양한 기술 및 전문성을 가진 사람들과 네트워크 형성	
16. 기존 인맥만이 아닌 네트워크의 다각화를 선호	
17. 직접 새로운 관계를 개발하고 이 작업을 우선순위에 할당	
18. 직접 조달보다는 잠재적 투자자와 금융가로부터 벤처 자금 조달	

출처: Aparna Katre and Paul Salipante(2012), "Start-Up Social Ventures: Blending Fine-Grained Behaviors From Two Institutions for Entrepreneurial Success", ENTREPRENEURSHIP THEORY and PRACTICE, September, p.977.

사례연구

아라빈드(Aravind) 안과병원의 지역사회 공헌

아라빈드 안과병원은 대량 생산방식의 원리와 수술 작업의 표준화 및 분업화를 병원에 도입하고 빈곤층의 수술은 무료로 제공하는 세계에서 가장 큰 안과병원이다. 설립 이후 아라빈드 병원은 6000만 건 이상의 외래 환자를 진료했으며 780만 건 이상의 수술을 진행했다. 4명의 의료진이 근무하는 11개 병상에서 시작한 아라빈드 병원은 오늘날 세계에서 가장 큰 안과 치료 시설 중 하나로 발전하였다. 아라빈드 병원은 '불필요한 실명을 제거한다'라는 사명을 가지고 합리적인 가격으로 대량의 고품질 의료 서비스를 제공한다. 경제적 지위와 관계없이 모든 환자가 동일한 수준의 치료와 서비스를 받을 수 있도록 한다. 환자의 약 50%가 무료 또는 막대한 보조금으로 진료를 받는다. 아라빈드 병원은 의사 고빈다파 벤카타스와미(Govindappa Venkataswamy, 일명 '닥터 V') 의사가 58세 나이에 4명의 의료진과 11개의 병상에서 시작했다. 설립자는 2006년 7월 7일 세상을 떠났다.

인도의 실명(失明) 문제는 빠르게 확대되고 있으며 인도 의료 시스템의 심각한 문제이다. 아라빈드 안과는 부가가치가 높은 의사의 활용도를 높이기 위해 의사는 초기검진, 최종 진단, 수술만 관여하고 나머지 서비스는 모두 보조 인력이 담당하는 시스템이다. 맥도널드형 수술 시스템이라고 불리는 이 시스템은 간호사 4인, 의사 1인이 한 조가 되어 수술 침대 두 개를 두고 번갈아 가며서 수술을 진행한다. 그 결과 의사 1인당 수술은 연간 2400건 정도로 일반 인도 병원의 6배, 미국 전체보다 16배 더 많은 안과 수술을 수행한

그림 1.9 아라빈드 인공수정체 제조 과정

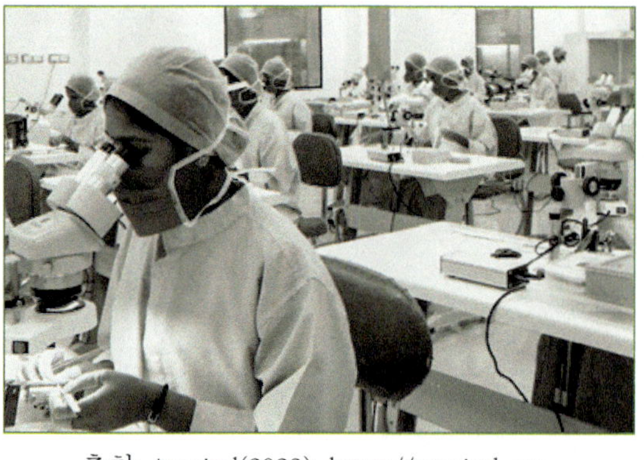

출처: Aravind(2023), https://aravind.org.

다. 의사는 무료 및 유료 병동 사이에서 순환하며 효율성과 위생에 집중하여 치료하고 유료 및 무료 환자에게 수술의 차이 없이 동등한 서비스를 제공한다. 아라빈드의 감염률은 수술 1만 건 중 약 4건으로 국제 표준인 1만 건 중 6건보다 낮다.

아라빈드는 다양한 조직과 협력하여 외딴 마을에 안과 캠프를 실시한다. 협력 조직들은 캠프 비용을 관리하고 환자를 수술 병원 및 재활 센터로 이송하며 아라빈드 병원은 무료로 수술을 수행한다. 의사뿐만 아니라 간호사 등 직원들도 병원 내부의 진료 활동과 외부 활동에 적극적으로 참여한다. 아라빈드 병원은 개당 약 100달러(약 11만 4500원)에 달하는 인공수정체를 직접 개발하고 생산하고 개당 약 2~3달러(약 2000원대~3000원대)에 제공한다. 아라빈드 병원은 저가 시장을 상대로 비즈니스를 확장하여 현재 세계 3위의 인공수정체 생산업체로 성장하였다. 1992년에는 국제 라이온스 협회와 함께 '라이온스 아라빈드 지역사회 안과 연구소(LAICO, Lions Aravind Institute of Community Ophthalmology)'를 설립했다. 연구소는 병원 진료 및 운영 관리자와 기타 관리 전문가를 위한 교육을 제공한다. 2018에는 나이지리아에는 연간 1만 건의 수술을 수행할 수 있는 아프리카에서 가장 큰 안과 시설을 설립했다. 아라빈드는 '2008년 세계 보건 부문 게이츠 상(Gates Award for Global Health 2008)'과 2010년에는 '콘래드 N. 힐튼 인도주의 상(Conrad N. Hilton Humanitarian Prize 2010)'을 수상했다.[18)]

4 산업 역동성과 비즈니스 모델

비즈니스 모델의 혁신

새로운 정보통신 및 컴퓨팅 기술과 합리적으로 개방된 글로벌 소통이 일반화되었다. 고객의 선택권은 넓어지고 다양한 요구가 표현될 수 있기에 공급 측면의 대안 찾기는 더욱 어렵다. 새로운 환경은 사회와 시장의 요구를 기민하게 해결하면서 새로운 제품과 서비스를 제공하는 가치 창출의 방법도 고려해야 할 필요성을 증폭시켰다. 비즈니스 역동성에 잘 대응하지 못하면 사회문제 해결의 새로운 사업은 혁신을 통한 가치를 포착하지도 제공하지도 못한다. 혁신이란 기존에 존재하지 않던 사회문제 해결의 기술 또는 아이디어로 새로운 수요를 일으켜서 새로운 산업, 새로운 경쟁자, 새로운 유통채널과 새로운 마케팅 활동을 태동시키는 것이다. 혁신은 기존의 시장과 사회에 새로운 기술을 활용하여 진입하거나 기존 기술을 활용하여 새로운 시장에 진입하기 위하여 제품 혹은 서비스의 특징, 장점, 가격, 제조 및 수행, 공정 혹은 전달체계 등을 개선하는 점진적인 방법을 통해서도 나타난다. 혁신의 결과는 발명으로 나타난다. 그리고 이를 실행 가능한 비즈니스로 전환하고 생산자와 소비자, 그리고 공동체의 가치를 증대시킨다. 또한 사람 및 사물의 긍정적 변화가 수반되고 생산성 향상과 사회적인 성과를 주도한다.[19)]

비즈니스가 실패하는 주된 원인은 수요자 중심으로 상품을 만들지 않고 기술 위주로 상품을 만들고 시장에서 경쟁자가 누구인지 모르면서도 알려고 하지 않는다는 점이다. 혁신을 통해 수익을 창출하고 사회적인 가치를 제공하려면 제품뿐만 아니라 비즈니스 모델을 설계하는 탁월한 방법이 필요하다. 제품개발의 관점에서 고객개발의 관점으로 패러다임이 바뀌었다([그림 1.10]). 즉, 비즈니스 모델은 "단지 제품 혹은 서비스 개발을 넘어서 고객이 무엇을 원하는지, 어떻게 원하는지, 어느 정도의 금액을 지불할 수 있는지에 대한 가설을 검증하고 이를 통하여 기업이 고객과 이해관계자의 요구를 가장 잘 충족하고 그에 대한 대가를 받을 수 있도록 조직화하는 방법"을 통해 개발되어야 한다.[20]

그림 1.10 제품 관점의 개발과 고객 관점의 개발

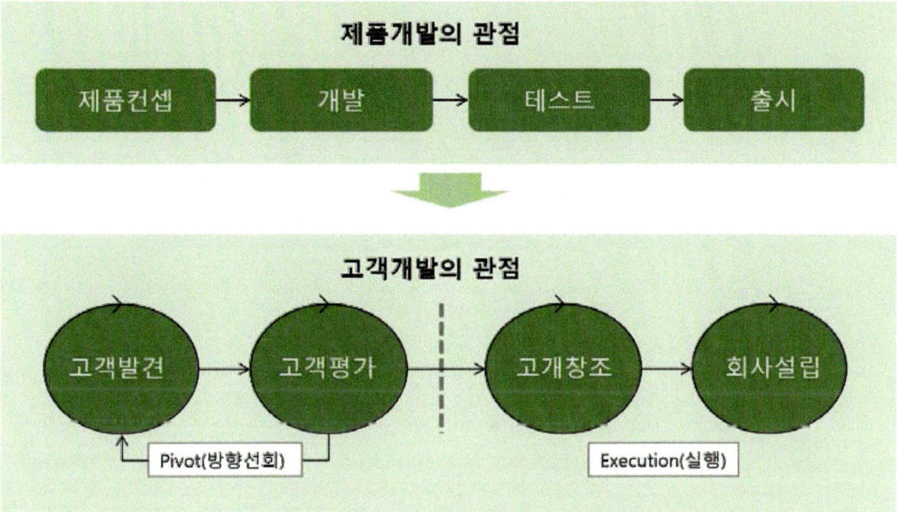

출처: Silvana Trimi and Jasmina Berbegal-Mirabent(2012), "Business model innovation in entrepreneurship", Int Entrep Manag J, 8, p.458.

도요타 자동차의 간반 시스템(Kanban System)은 주문이 들어오면 생산에 필요한 부품을 재고로 쌓아두지 않고 필요한 때 필요한 양을 생산공정이나 현장에 보내서 적시에 생산하는 JIT(Just In Time) 방식으로 유명하다. 이를 통하여 재고비용을 없애고 불량 재고가 쌓일 염려에서 벗어났다. 아이폰을 생산하는 애플 역시 JIT 기법을 적극적으로 활용한다. 도요타는 최종 생산계획에 따라서 후속 공정의 간반 카드가 선행공정으로 전달되어 부품 조달이 지체되지 않고 적시에 조달, 생산하도록 간반 카드를 사용한다. 도요타 자동차의 이러한 시스템은 오늘날 생산, 물류, 유통, 마케팅, 서비스 등에서 기업 활동에 불필요한 요인을 제거하고 낭비를 최소화하여 최대의 효율을 내는 경영, 즉 '군더더기 없는 린 경영(Lean Management)'이란 용어로 사용된다.[21]

린 스타트업(Lean Start-up) 과정

시간이 지날수록 제품 및 서비스의 수명주기가 짧아지고 많은 모방 경쟁자가 출현한다. 신규사업의 제품 개발을 위해서 대규모 투자도 필요하다. 따라서 최종 제품 개발 전에 짧고 빈번한 테스트와 수정 사이클을 사용하여 기업을 세우고 제품이 설계되는 방식을 변화시킴으로써 지속가능 비즈니스 환경에서 성공할 수 있어야 한다. 특히 "비용, 낭비 및 시장 진입 시간을 최소화하여 사회문제 해결의 신제품에 최상의 기회를 제공하고 고객을 확보"하는 린 스타트업 절차가 필요하다. 이러한 과정은 "가설(Build) → 검증(Measure) → 학습(Learn)"의 피드백 순환을 통하여 실현되며 피드백 순환의 과정은 완전한 제품이나 서비스로부터 출발하는 것이 아니라 최소한의 조건을 갖춘 제품이나 서비스 혹은 그것에 대한 상상[MVP, Minimum Viable Product(or Premeditated), 최소기능제품]에서 시작한다([그림 1.11]).[22)]

| 그림 1.11 | 린 스타트업 과정

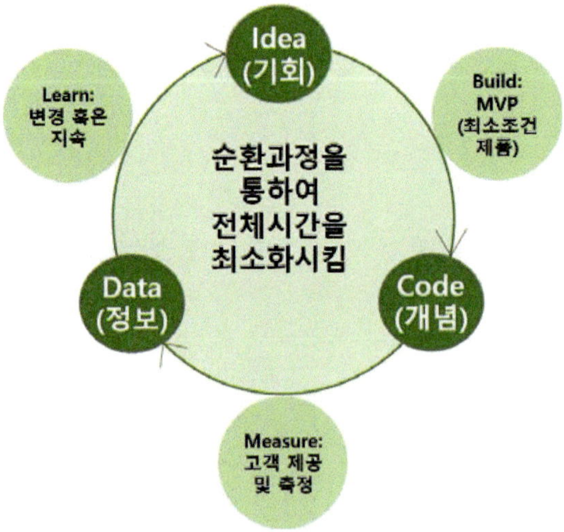

출처: Chris Bank, Jerry Cao, and Waleed Zuberi(2014), "The Guide To Minimum Viable Products: A Master Collection of Frameworks, Expert Opinions, and Examples", UXPin, p.12. 참조 정리.

린 스타트업은 가설검증을 위한 아이디어를 최소의 기능으로 구현시킨 MVP로부터 출발한다. 인터넷 비즈니스의 경우 MVP는 고객이 접하는 초기 랜딩 페이지에 '좋아요' 버튼을 만들어 고객의 반응을 보는 것으로도 간단하게 진행할 수 있다. MVP를 통하여 세운 가설의 사업개념을 구체화하여 고객에게 제공하고 정성적 혹은 정량적 기법을 사용하여 고객의 반응을 측정한다. 수집된 정보는 제안된 가설을 검증하거나 거부하는 데 도움이 되는 구체적인 학습을 제공한다. 이를 통해 다음의 반복 절차로 순환한다. [그림 1.11]은 이처럼 아이디어를 제품으로 전환하고, 고객의 반응을 측정하고, 이것을 변경 혹은 지속해서 다음 과정으로 진행할지 말지를 결정하는 순환 과정을 나타낸 것이다. 이를 통하여 제품 혹은 서비스를 개발하지 않고 시간을 최소화하면서 사회문제 해결을 위한 제품 혹은 서비스의 고객개발이 가능한지 확인한다.

| 그림 1.12 | EVP 대 MVP 출시의 가치

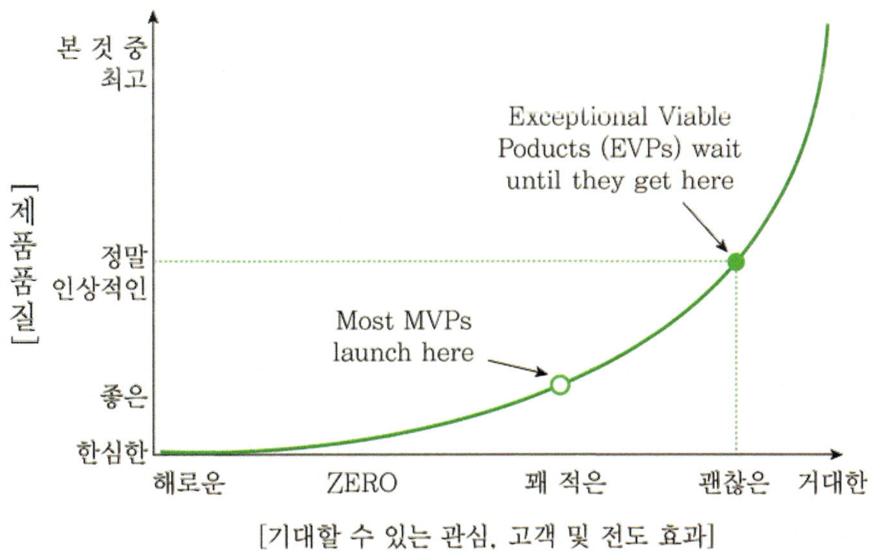

출처: Chris Bank, Jerry Cao and Waleed Zuberi(2014), "The Guide To Minimum Viable Products: A Master Collection of Frameworks, Expert Opinions, and Examples", UXPin, p.18.

MVP는 몇 번이나 해야 하는가? MVP를 얼마나 많이 만들어야 하는지 의견이 다를 수 있다. MVP를 너무 일찍 끝내고 출시하면 별다른 가치를 창출하지 못하고 시장에서 사라질 수 있다. 모즈(Moz, 검색엔진 상위노출 앱)의 공동 창업자 랜드 피쉬킨(Rand Fishkin)은 MVP의 조급함에 주의를 기울일 것을 권장한다. 제품을 출시하는 일도 한정되어 있고 한계가 있다. 따라서 [그림 1.12]와 같이 가능하면 내부 및 외부 사용자가 "아하, 이 아이디어는 사회문제를 해결하면서도 시장과 고객의 반응이 좋겠는걸!" 하는 순간을 발견할 때까지 사내에서 혹은 표적 집단을 통하여 내부적으로 테스트하고 몇몇 고객을 대상으로 정보를 수집하고 분석하는 피드백을 반복한 다음에 탁월한 제품을 시장에 출시하는 것이 정말 성공하는 비결이라는 것이다.

탁월한 제품을 검증하는 시간이 더 걸리는 것이 답답하게 느껴질 수도 있지만, 30~90일 정도의 여유가 있다면 그 이상의 추가 노력으로 비범함의 고비를 넘긴 탁월하고 실행 가능한 제품, 즉 EVP(Exceptional Viable Product)가 필요하다. 너무 많은 스타트업이 군살을 빼고 MVP를 달성하기 위해 평범한 제품을 만들기 때문에 이러한 평범한 제품을 만들지 말고 뛰어난 제품을 만드는 데 필요한 시간과 노력을 투자할 것을 권장한다.[23)]

사례연구

에어비앤비(Airb&b)와 버퍼(Buffer)의 MVP

에어비앤비(AirBed&Breakfast)의 창업자 조 게비아(Joseph Gebbia)와 브라이언 체스키(Brian Chesky)는 2007년에 사업을 시작하고 싶었지만, 샌프란시스코의 아파트 월세를 내기도 어려운 상황이었다. 당시 디자인 컨퍼런스가 다가오고 있었고 그들은 인근 호텔을 구하기 어려운 컨퍼런스 참가자들을 대상으로 저렴한 숙박을 제공하기로 마음을 먹었다. 그들이 사는 아파트 사진을 찍은 후 단순한 웹사이트에 올리고 나서 며칠이 지나자 보스턴에서 온 여성, 유타에서 온 중년 남성, 인도에서 온 남자 등 3명의 손님을 받을 수 있었다. 잠재 고객과 바로 옆에서 지내면서 게비아와 체스키는 그들이 원하는 것이 무엇인지 소중한 통찰을 얻었다. 이러한 '컨시어지(Concierge) MVP(스타트업이 최종 제품이나 서비스의 자동화 작업을 개발 및 구현하기 전에 이를 수동으로 수행하고, 아이디어만으로 시장의 반응을 테스트하고 사람들이 구매할 의사가 있는지를 확인하는 MVP 기법)[24)]'를 통하여 사람들이 낯선 다른 이들의 집에서 묵으며 돈을 낼 의향이 있고 대학을 막 졸업한 대학생 이외에도 고객층이 꽤 넓다는 초기 가설을 확인한 것이다.[25)] 에어비앤비의 지속가능성은 다양성과 포용성에서 좋은 평가를 받는다. 특히, 전 세계 220개 이상의 국가와 지역에서 모든 배경, 정체성, 경험을 가진 호스트와 게스트를 연결하고, 60개 이상의 언어와 방언으로 교류하는 인프라를 만든다. 직장 다양성은 2022년 말에 미국 Airbnb 직원의 16%가 소수자로 확인되었으며 이는 2014년에 이 정보를 수집하기 시작한 이후 가장 높은 비율이다. 여성 직원의

그림 1.13 Airbnb 여성 인력 구성비

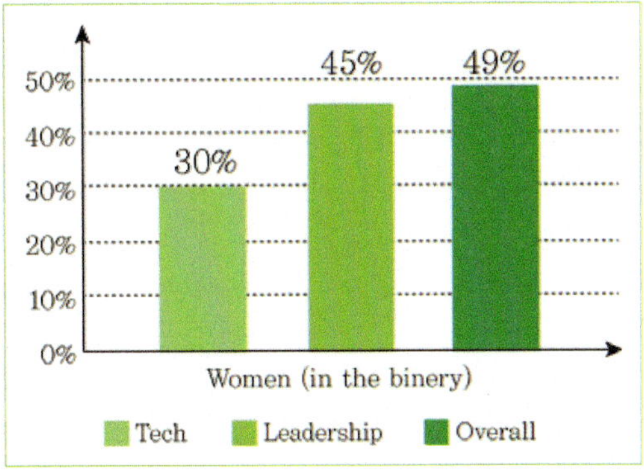

출처: Airbnb(2023), "Sustainability and Community Update November 2023", p.16.

비율도 전 세계적으로 49%에 이른다([그림 1.13]).[26]

버퍼(Buffer)는 소셜 미디어 등의 SNS(Social Network Service, 소셜네트워크서비스)에 콘텐츠를 쉽게 공유할 수 있도록 도와주는 응용 프로그램이다. 버퍼는 조엘 개스코인(Joel Gascoigne)과 공동창업자 레오 위드리치(Leo Widrich)가 2010년에 최초 버전를 출시하였고 2015년에 안정적인 버전을 출시하였다. 버퍼는 친구들의 뉴스피드에 자신의 콘텐츠가 한꺼번에 업로드되지 않도록 시간 간격을 도와주며 콘텐츠를 예약하여 등록할 수 있다. 버퍼의 창업자인 조엘 개스코인은 아무도 원하지 않는 응용 프로그램을 만드는 데 시간을 뺏기고 싶지 않았다. 그래서 MVP 테스트 버전으로 단순한 랜딩 페이지를 오픈하였다. 이들은 간단한 페이지를 통하여 버퍼는 무엇이며 어떻게 작동하는 것인지에 대한 정보를 올려놓았다. 회원가입을 유도하고 흥미를 느끼는 사용자는 가격을 확인할 수 있는 버튼을 만들어 놓았다.

실제로 신용 카드 정보를 입력할 곳은 없지만 버튼에 관심이 있는 사람은 적어도 이 페이지에서 돈을 나눌 준비가 되어 있다는 의미이다. 개발이 완료된 상태는 아니었고 회원가입한 사람들에게는 추후 진행 상황을 알려주겠다는 내용이 추가된 정도이다. 조엘은 회원가입한 사람들의 연락처를 이용해 제품을 사용할 여지가 있는 잠재 고객들과 소통하였고 그들이 원하는 것에 대한 가치있는 피드백과 통찰력을 얻을 수 있었다. 그리고 난 후 버퍼는 사람들이 가격을 지불할 의사가 있는지에 대한 가설을 확인하기 위하여 홈페이지에 가격표를 추가하였다. 이러한 과정을 통하여 얼마나 많은 사용자들이 잠재적으로 돈을 지불할 수 있는 고객이 될 것인가를 파악할 수 있었다. 고객이 개발되지 않은 상태에서, 고비용의 앱 개발에 자금을 투자하는 대신에 MVP를 통하여 고객과 시장의 가능성을 확인하고 제품의 기능들을 기획하는 데에 큰 도움을 얻게 되었다. 2023년 버퍼는 매출 1810만 달러(약 207억 원), 고객 수 57만 5000명을 달성하였다.[27]

검토 및 토론

- 지속가능성 목적과 ESG 요소 설명하기
- ASR 모형에서 지속가능성이 어떻게 통합되었는지 설명하기
- 파타고니아의 전략과 공급망 혁신은 어떤 노력이 있었는지 이야기하기
- 지속가능성 권고, 지침, 공시, 표준, 규제사항 각각 영문과 한글에 대해 설명하기
- 일반벤처와 소셜벤처의 차이 설명하기
- 소셜벤처의 기업가정신으로서 성공한 소셜벤처 행동 양상 체크하고 이야기하기
- MVP와 EVP의 차이점 설명하기
- 린스타트업 비즈니스 모델은 어떻게 하는지 설명하기
- 아라빈드 안과병원의 맥도널드식 수술을 이해하고 지역사회에 공헌한 점 이야기하기
- 에어비앤비와 버퍼 두 회사의 MVP 설명하기

제1장 **참고문헌**

1) David, F. R. and David, F. R.(2017), "Strategic management: A competitive advantage approach, concepts and cases, 16ed", Pearson.; Frank T. Rothaermel (2013), "Strategic Management, Concepts and Cases", McGraw-Hill Irwin.

2) Elkington, J.(1994), "Towards the Sustainable Corporation: Win-Win-Win Business Strategies for Sustainable Development", California Management Review, 36(2), 90-100.; Elkington, J.(1997), "Cannibals with folks: The triple bottom line of 21st century business", Capstone Publishing.; GRI(2024), "About GRI", https://globalreporting.org.; 최윤형 · 이기호 · 이상명(2022), "지속가능경영보고서의 중요성 분석을 통해 바라본 지속가능경영 이슈와 10년의 변화", KBR, 26(1), 125-148.; 이정기 · 이재혁(2020), "지속가능경영 연구의 현황 및 발전방향: ESG 평가지표를 중심으로", 전략경영연구, 23(2), 65-92.; UNDP(2024), "DESTINATION 2030, Accelerating progress on the Sustainable Development Goals", https://undp.org.; 최중석 외(2023), "사회적경제학(Social Economics)", 좋은땅.

3) Baumgartner, R. and Korhonen, J.(2010), "Strategic thinking for sustainable development", Sustainable Development, 75, 71-75.; Rupert J. Baumgartner and Daniela Ebner(2010), "Corporate Sustainability Strategies: Sustainability Profiles and Maturity Levels", Sustainable Development, 18, 76-89.; Durden, C.(2008), "Towards a socially responsible management control system", Accounting, Auditing and Accountability Journal, 21(5), 671-694.

4) Riccaboni, A. and Leone, E.(2010), "Implementing strategies through management control systems: The case of sustainability", International Journal of Productivity and Performance Management, 59(2), 130-144.; Morsing, M. and Oswald, D.(2009), "Sustainable leadership: management control systems and organizational culture in Novo Nordisk A/A", Corporate Governance, 9(1), 83-99.; Sroufe, R.(2017), "Integration and organizational change towards sustainability", Journal of Cleaner Production, 162, 315-329.; Lăzăroiu, G., Ionescu, L., Andronie, M., and Dijmărescu, I.(2020), "Sustainability management and performance in the urban corporate economy: a systematic literature review", Sustainability, 12(18), 7705, 1-13.

5) Frank T. Rothaermel(2013), "Strategic Management, Concepts and Cases", McGraw-

Hill Irwin.; David, F. R. and David, F. R.(2017), "Strategic management: A competitive advantage approach, concepts and cases, 16ed", Pearson.

6) ERM(2023), "GlobeScan/SustainAbility Survey, 2023 Sustainability Leaders".

7) Lăzăroiu, G., Ionescu, L., Andronie, M., and Dijmărescu, I.(2020), "Sustainability management and performance in the urban corporate economy: a systematic literature review", Sustainability, 12(18), 7705, 1-13.

8) Patagonia(2018), "Annual Benefit Corporation Report Fiscal Year", http://patagonia.com.; Patagonia(2024), "A Letter from Yvon Chouinard".

9) Starik, M. and Rands, G. P.(1995), "Weaving an integrated web: Multilevel and multisystem perspectives of ecologically sustainable organizations", Academy of management Review, 20(4), 908-935.; Whiteman, G., Walker, B., and Perego, P.(2013), "Planetary boundaries: Ecological foundations for corporate sustainability", Journal of management studies, 50(2), 307-336.; Williams, A., Kennedy, S., Philipp, F., and Whiteman, G.(2017), "Systems thinking: A review of sustainability management research", Journal of Cleaner Production, 148, 866-881.; Mio, C., Venturelli, A., and Leopizzi, R.(2015), "Management by objectives and corporate social responsibility disclosure: First results from Italy", Accounting, Auditing & Accountability Journal, 28(3), 325-364.

10) Paul Polman(2014), "Unilever CEO Paul Polman: Tackle Sustainability Challenges with a Systems-Based Approach", International Business Times UK, https://ibtimes.co.uk.

11) Khoo, H. H. and Tan, K. C.(2002), "Using the Australian business excellence framework to achieve sustainable business excellence", Corporate Social Responsibility and Environmental Management, 9(4), 196-205.; Panapanaan, V., Linnanen, L., Karvonen, M., and Phan, V.(2003), "Roadmapping corporate social responsibility in Finnish companies", Journal of Business Ethics, 44(2/3), 133-148.; Maon, F., Lindgreen, A., and Swaen, V.(2009), "Designing and implementing corporate social responsibility: An integrative framework grounded in theory", Journal of Business Ethics, 87, 71-89.

12) UN(2024), "Sustainable Development", https://sdgs.un.org.; UNCC(2024), "Climate action", https://unfccc.int.; GHG Protocol(2024), "Standards", https://ghgprotocol.org.; European Commission(2024), "The European Green Deal", https://commission.europa.eu.; CSRD and ESRS(2024), "Corporate sustainability reporting", https://finance.ec.europa.eu.; TNFD(2024), "Recommendations of the TNFD, https://tnfd.global.; TCFD(2024),

"Recommended disclosures", https://fsb-tcfd.org.; CDSB(2022), "cdsb_framework_2022".; GRI(2024), "How to use the GRI Standards", https://globalreporting.org.; SASB(2024), "Using the SASB Standards", https://sasb.org.; IFRS(2024), "IFRS Sustainability", https://ifrs.org; The White House(2023), "The Inflation Reduction Act Guidebook, Ver. 2".; SEC(2024), "The Enhancement and Standardization of Climate-Related Disclosures for Investors".; 환경부(2021), "배출권거래제, 탄소중립으로 가는 길".

13) Social Value UK(2024), https://socialvalueuk.org.; 사회성과인센티브(2024), http://socialincentive.org.; GIIN(2024), https://iris.thegiin.org.; B Lab Global (2024), https://bcorporation.net.

14) Ormiston, J., Charlton, K., Donald, M. S., and Seymour, R. G.(2015), "Overcoming the challenges of impact investing: Insights from leading investors", Journal of Social Entrepreneurship, 6(3), 352-378.; UN PRI(2024), "Introductory guides to responsible investment", https://unpri.org.

15) Florén, H. and Frishammar, J.(2012), "From Preliminary Ideas to Corroborated Product Definitions: Managing the Front End of New Product Development", California Management Review, 54(4), 20-43.

16) Aravind Eye Hospitals(2024), https://aravind.org.; TOMS(2024), https://toms.com.; Honest Company(2024), https://honest.com.; treeplanet(2024), https://treepla.net.; 3Bee(2024), https://3bee.com.; AlgaEnergy(2024), https://algaenergy.com.; eufonia(2024), https://eufonia.io.; imagiLabs AB(2024), https://imagilabs.com.

17) Aparna Katre, Paul Salipante(2012), "Start-Up Social Ventures: Blending Fine-Grained Behaviors From Two Institutions for Entrepreneurial Success", ENTREPRENEURSHIP THEORY and PRACTICE, September, 967-994.

18) Aravind(2023), https://aravind.org.; Jean Payton(2012), "In India, 'paraskilling' creates new jobs by slicing old ones to bits", The Christian Science Monitor.; Aravind(2021), "AECS(ARAVIND EYE CARE SYSTEM) Annual Reports 202-2021".

19) David J. Teece(2012), "Business Models, Business Strategy and Innovation", "Long Range Planning", 43(2-3), 172-194.; Rosanna Garcia and Roger Calantone(2002), "A Critical look at technological innovation typology and innovativeness terminology", Journal of Product Innovation Management, 19(2), 110-132.

20) Silvana Trimi and Jasmina Berbegal-Mirabent(2012), "Business model innovation in entrepreneurship", Int Entrep Manag J, 8, 449-465; 최중석 외(2023), "사회적경제학

(Social Economics)", 좋은땅.

21) Wikipedia(2024), "Kanban", https://en.wikipedia.org/wiki.

22) Eric Ries(2011), "The LEAN STARTUP: How Constant Innovation Creates Radically Successful Businesses", Penguin Books.; Chris Bank, Jerry Cao, and Waleed Zuberi(2014), "The Guide To Minimum Viable Products: A Master Collection of Frameworks, Expert Opinions, and Examples", UXPin.; Silvana Trimi and Jasmina Berbegal-Mirabent(2012), "Business model innovation in entrepreneurship", Int Entrep Manag J, 8, 449–465.

23) Rand Fishkin(2013), "7 Unlikely Recommendations for Startups & Entrepreneurs", https://sparktoro.com.; Chris Bank, Jerry Cao, and Waleed Zuberi(2014), "The Guide To Minimum Viable Products: A Master Collection of Frameworks, Expert Opinions, and Examples", UXPin.

24) codup/(2024), "What is concierge MVP–When is it the right approach?", https://codup.co.

25) Chris Bank, Jerry Cao, and Waleed Zuberi(2014), "The Guide To Minimum Viable Products: A Master Collection of Frameworks, Expert Opinions, and Examples", UXPin.; Joe Gebbia(2017), "How Airbnb designs for trust", https://youtu.be/16cM-RFid9U.

26) Airbnb(2023), "Sustainability and Community Update November 2023".

27) Buffer(2020), "Idea to Paying Customers in 7 Weeks: How We Did It", https://buffer.com.; Youtube(2016), "3 Awesome Minimum Viable Products", https://youtu.be/xPJoq_QVsY4.; Chris Bank, Jerry Cao, and Waleed Zuberi(2014), "The Guide To Minimum Viable Products: A Master Collection of Frameworks, Expert Opinions, and Examples", UXPin.; LATKA SaaS Database(2024), "Buffer", https://getlatka.com.

Chapter 2

지속가능성의 역사적 배경과 CSR

Chapter 2 목 차

2-1. 근 · 현대사 세계 경제 패러다임
- 18C 산업혁명과 자유주의 경제
- 1930년대 세계 대공항과 거시경제의 등장
- 1970년대 석유파동과 신자유주의 경제

2-2. 글로벌 지속가능발전목표
- 1990년대, TBL 삼중가치의 등장
- 2015년 발표 UN의 지속가능발전목표(SDGs)
- SDGs 달성을 위한 사회혁신 단계

2-3. CSR, 기업의 사회적책임
- 사회적책임의 4단계 피라미드
- 한국 (공)기업의 사회적책임 활동
- 글로벌 지속가능 리더 기업과 NGO

2-4. 지속가능 전략의 목표와 과정
- 사회혁신과 사회적기업가
- 사회적 가치의 3가지 범주
- UNGC, 유엔글로벌콤팩트
- 지속가능 전략의 목적(VMC), 과정(IGS, 익스), 결과(ESE, 에쎄)

Chapter 2 사례연구 & 실습도구

[사례연구] 코르테바(Corteva), 수자노(Suzano), 시스코(Cisco)의 공유가치창출
[사례연구] 네스프레소(Nespresso)의 지속가능성 전략

Chapter 2 학습목표

1. 근 · 현대사 세계 경제 연대기를 알고 지속가능성의 필요를 공감한다.
2. 글로벌 지속가능발전목표를 이해하고 사회혁신 단계를 식별한다.
3. 기업의 사회적책임을 식별하고 글로벌 지속가능 리더 기업을 파악한다.
4. 지속가능 전략의 목표로써 에쎄(ESE)와 과정으로써 익스(IGS)를 식별한다.
5. 코르테바, 수자노, 시스코, 네스프레소의 사례를 이해하고 시사점을 제시한다.

1 근·현대사 세계 경제 패러다임

18C 산업혁명과 자유주의 경제

가진 자와 가지지 못한 자 사이의 불평등 구조는, 18세기 말 생산성의 극대화와 자본주의 체제를 탄생시킨 '산업혁명'으로 인하여 더욱 심화되었다. 산업혁명 이전 유럽의 봉건제도나 각국의 계급사회에서도 이러한 불평등의 구조는 역사적인 배태성을 지녀온 것이기도 하다. 산업혁명은 미국, 유럽 및 일본 등 선진국을 시작으로 자본가의 거대한 축적을 불러왔다. '자유주의 혹은 소유주의' 시대로 부르는 이 시기는 자유방임 시장경제가 주류 경제로 작동하던 시대였다. 미국이 독립선언서를 발표하던 1776년, 영국의 경제학자이자 철학자인 아담 스미스(Adam Smith)는 그의 책에서 '분업의 생산성', '개인 이득을 위한 자본의 최대 활용', '자유 무역주의'의 필요를 주장하였다. 유럽 제국주의의 식민지 정책에 대한 경제적인 유·불리도 분석하여 제시하였다. 상품의 부족은 가격을 상승시키고 생산자에게는 더 많은 생산을 하도록 자극하며 상품의 과잉 공급은 가격을 하락시킨다는 '수요-공급의 가결 결정 원리'도 주장하였다. 자유시장 경제활동에서의 정부 간섭은 비판했다. 왜냐하면 경제 성장은 자유시장의 수요와 개인의 기업가적 성격에 따라 결정되는데 여기에 정부가 관여하면 경제 성장에 부정적인 영향을 미친다는 것이다. 즉, 자유주의 시장경제를 신봉한 셈이다.

하지만 아담 스미스는 자본가의 사심과 탐욕을 비판하고 경고했으며 수입에 비례하는 부자의 누진세 및 토지세 등의 세금 정책과 빈곤층에 대한 걱정, 노동 빈곤층을 막기 위한 정부의 대책을 주문하였다. 이후 '공급은 스스로 수요를 만든다'는 소위, 세이의 법칙(Say's law, 학자들 사이에 세이의 법칙을 만든 사람이 누군지는 의견이 엇갈림)이 회자되고 작은 정부, 자유주의 미시경제(Microeconomics: 가계, 기업, 정부 등 개별 경제주체 간의 재화 및 서비스의 수요와 공급, 가격결정 등을 통하여 시장이 어떻게 균형점을 이루는지 연구하는 학문 혹은 이론)가 주류 경제로 작동하게 된다.[1] 18세기 산업혁명과 자유주의 방임경제, 제국주의 식민정책의 결과는, 20세기 초반 약 40여 년간 선진국의 상위 십분위 계층이 전체 소득의 약 50%에 육박하는 부를 차지하는 소득 불평등의 판도라 상자를 열게 하였다 ([그림 2.1], 1900년~1940년).

| 그림 2.1 | 세계 소득 불평등의 파고(1900년~2020년, 미국, 유럽, 일본)[2]

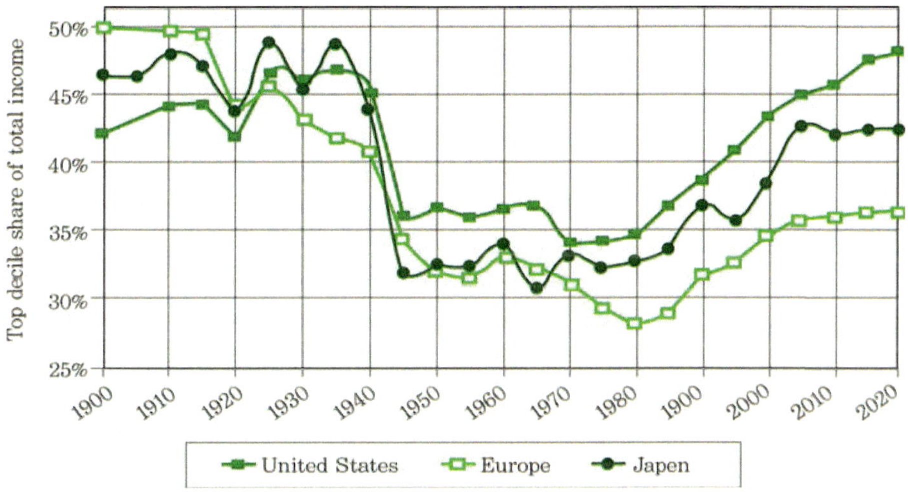

출처: Tomas Piketty(2019), "Capital and Ideology", translated by Arthur Goldhammer(2020), The Belknap Press of Harvard University Press, p.30.

1930년대 세계 대공황과 거시경제의 등장

유럽의 패권주의는 20세기 초인 1914년에서 1918년까지 제1차 세계대전을 겪게 했다. 제1차 세계대전 후 원인을 정확히 파악하기는 어렵지만 시장 만능과 방임적인 자유경제 패러다임은 1920년대 후반부터 미국을 시작으로 세계 대공황(Great Depression)을 불러오고 1930년대 말까지 전 세계는 극심한 경제 침체기를 겪게 된다. 1936년 영국의 경제학자이자 철학자인 존 메이너드 케인즈(John Maynard Keynes)는 국민소득 및 고용량을 중시하는 소득결정이론을 제시하면서 경기불황을 극복하기 위해서는 자유방임 시장에 맡기는 것이 아니라 재정정책으로 소비와 투자를 통한 유효수요의 확보가 필요함을 주장하였다. 케인즈는 거시경제(macroeconomics: 주로 국민소득, 경제성장, 물가, 실업, 고용, 환율 등 국가 전체의 경제현상을 연구하는 학문 혹은 이론)의 중요성을 주장하면서 20세기 세계 경제에서 가장 큰 영향을 미친 경제학자 중 한 사람이 되었다.

또한 1944년 오스트리아-헝가리의 경제인류학자이자 경제사회학자인 칼 폴라니(Karl Polanyi)는 시장사회가 개인과 공동체의 호혜성과 재분배를 기반으로 발달해 온 경제를 악화시켰으며 사회의 모든 관계를 빨아들이고 자연환경도 파괴하여 오래가지 못할 것이라고 주장하였다. 계획된 자유방임, 사회적 목적과 사회적 시장 정책의 필요성을 주장하였다. 이는 오늘날 지속적인 실업 문제, 불평등의 확대, 심각한 금융 위기의 인류사회 실패 원인과 경제민주화의 필요성을 설명하는 근거를 제공한다.[3)]

제1차 세계대전의 여파와 유럽에 불어닥친 민족주의 정서는 다시금 1939에서 1945년까지 제2차 세계대전을 치르게 하였다. 20세기 초반 대공항과 제1, 2차 세계대전을 치르면서 점차 선진 각국은 조세제도를 정비하고 미시경제에서 거시경제 정책으로 패러다임을 바꾸면서 소득 불평등은 줄고 보다 평등한 사회로 정착해 가는 듯하였다([그림 2.1], 1940년~1980년).

1970년대 석유파동과 신자유주의 경제

그러나 1970년대 중동지역의 전쟁과 불안으로 1973년과 1978년에 2차례나 석유파동을 불러오고 전 세계는 경기 불황과 물가 상승의 스태그플레이션(Stagflation, 경기침체 인플레이션: 물가는 높고, 경제 성장 지수는 낮으며 실업률은 높은 상태가 유지되는 상황)의 이중고를 겪게 되었다. 이러한 경제위기는 오스트리아-영국의 경제학자이자 정치철학자인 프리드리히 하이에크(Friedrich Hayek)와 미국의 경제학자이자 통계학자인 밀턴 프리드먼(Milton Friedman)으로부터 시작하여 로널드 레이건(Ronald Reagan), 마가렛 대처(Margaret Thatcher) 등 미국 및 영국의 정치 지도자를 중심으로 새로운 자유주의 경제정책을 따르게 하였다. 마가렛 대처와 로널드 레이건은 감세정책과 사회복지 지출을 줄이고 긴축재정으로 물가 인상을 억제하였다. 또한 국영 민영화, 정부 축소, 자유시장 경쟁체제, 연공 서열 폐지, 기업업무 간소화 정책을 실시하여 물가와 경기를 살리고 스태그플레이션을 해결하였다.

그림 2.2 2021년 글로벌 소득 및 부의 불평등

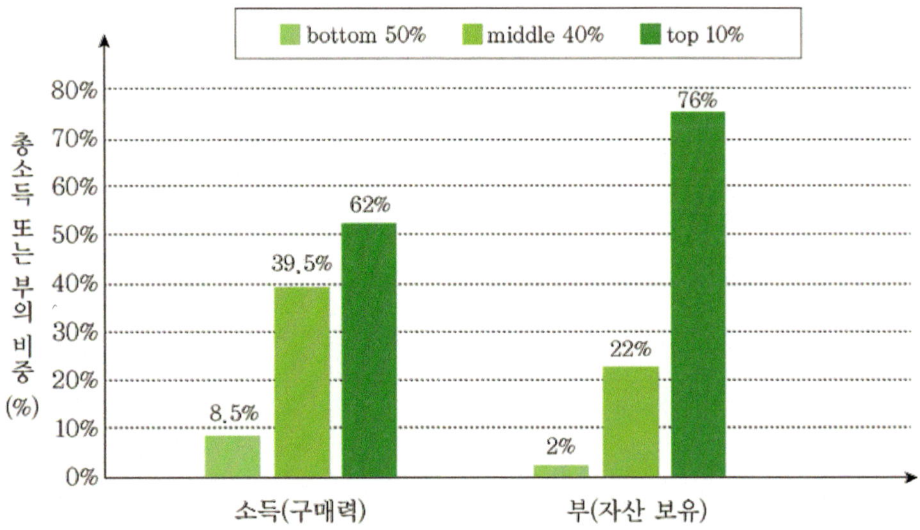

출처: World Inequality Lab(2022), "WORLD INEQUALITY REPORT 2022", https://inequalitylab.world/en, p.10.

하지만 빈부 격차 심화, 소수 계층 소외, 유럽공동체 반대와 핵 찬성 등 인류사회 문제를 심화시킨 정치가로도 기억된다.

기존의 자유주의가 국가개입을 반대했다면 신자유주의는 강한 정부를 배후로 미시경제 정책과 사상을 중시하면서 20세기 후반의 주류 경제로 작동한다. 프리드먼은 경제의 자유는 정치적 자유에서 오므로 정부는 법과 질서를 중시하고 재산권을 강화하며 화폐를 통제해야 한다고 하였다. 공정 고용 관련법은 고용주를 억압하여 경제에 부정적인 영향을 미치므로 반대하였다. 특히, 하이에크는 사회주의 중앙 계획경제는 개인주의와 고전 자유주의 시장경제에 위협이며 국민은 자유를 상실하고 사회주의 독재자의 노예가 될 것이라 경고했다.[4] 하지만 이것도 잠시, 세계는 2008년부터 2010년까지 글로벌 금융위기의 대침체(Great Recession)를 겪게 되었고 또다시 신자유주의 병폐, 소득과 부의 불평등 문제([그림 2.1], 1980년~2020년.; [그림 2.2] 2021년) 등 정기적으로 반복되는 위기 대응 시나리오 부재에 대한 해법 없는 혼란에 빠지게 되었다. 더구나 인류사회는 2020년 초부터 최근까지 코로나 대유행 감염병으로 대봉쇄(Great Lockdown) 사태를 겪었고, 세계 곳곳은 지구 온난화에 따른 심각한 기후 위기 재앙을 겪고 있다.

2 글로벌 지속가능발전목표

1990년대, TBL 삼중가치의 등장

1990년대 초 엘킹톤(Elkington)은 인류사회의 지속가능성을 위해서는 기업이 경제적 이윤과 더불어 사회와 환경에 대해서도 책임 있는 자세가 필요하다고 언급하면서 사람(People), 지구(Planet), 이익(Profit)이라는 세 측면을 모두 충족하는 TBL(Triple Bottom Line)을 제시하였다. TBL은 가치, 투명성, 생명주기, 협력, 기업지배구조의 원리와 함께 손익계산서의 맨 아래에 있는 당기순이익과 같은 재무적인 성과만이 아니라 환경적 가치와 사회(공동체) 가치를 중요하게 받아들여야 함을 강조하였다.[5)]

이제 사람과 지구가 함께 버텨내야 할 생존 문제, 빈익빈 부익부의 불평등 문제, 더불어 행복할 공동체 만들기 문제, 자본이 중심이 아니라 사람이 중심인 인류사회의 갈 길에 좌와 우의 이념이 따로 없고, 국가와 민간이 따로 없고, 선진국과 중진국, 후진국이 따로 없다. 2008년 노벨경제학상을 수상한 미국의 경제학자 폴 크루그먼(Paul Krugman)은 1994년에 아시아 경제위기를 예견한 사람으로도 알려져 있는데, 자유주의 보수적 경제학자들의 견해를 비판하면서 소득 분배, 세금 등 거시 경제와 국제 경제 등 광범위한 분야에 연구업적을 남겼다. 그는 이기주의와 이념적 정책에 매몰된 국가의 '정책 사업가(Policy Entrepreneurs)' 문제를 지적하면서 경계할 것을 주문한다. 프랑스의 경제학자 토마 피케티(Thomas Piketty)는 18세기 이후 유럽과 미국의 부와 소득 불평등에 초점을 맞추어 연구하면서 높은 자본수익은 부의 집중을 가져오며 부의 불평등한 분배는 사회·경제적 불안정을 가져온다고 하였다. 따라서 자본주의를 개혁하고 부의 집중에 따른 절대다수의 피해를 돕기 위하여 세계적인 누진적 부유세 도입을 제안했다.[6)]

국가의 공공사회복지 예산은 불리한 환경에 처해 있는 가구나 개인의 사회적 급여 및 재정적 지원을 말한다. 지출항목은 노령, 유족, 보건, 가족, 주거, 실업, 근로무능력관련 급여, 적극적 노동시장 프로그램 등을 말한다. 유럽의 국가들은 공공사회복지 정책에 예산을 집중하고 어느 선진국들보다 복지국가의 역할을 충실히 한다. 통계청 자료에 의하면 최근 OECD 국가별 국내총생산(GDP, Gross domestic product) 대비 공공사회복지 지출은 프랑스, 오스트리아, 이탈리아, 핀란드, 벨기에, 스페인, 덴마크, 독일, 그리스, 스웨덴 등이 높은 것으로 나타났다. 10대 순위 국가는 〈표 2.1〉과 같다.

표 2.1 2021년 OECD 31개 국가 GDP 대비 공공사회복지 지출(%) 10대 순위

순위	국가	비율(%)	순위	국가	비율(%)
1	프랑스	32.7	6	스페인	29.5
2	오스트리아	31.1	7	덴마크	28.3
3	이탈리아	30.7	8	독일	27.6
4	핀란드	30.3	9	그리스	25.3
5	벨기에	29.7	10	스웨덴	24.9

출처: 통계청(2024), "https://kosis.kr."

"국민의 행복은 소득 증가에 비례하여 계속 높아지는 것은 아니다"라는 '리처드 이스털린의 역설(Easterlin Paradox)'처럼 국민 1인당 GDP와 행복지수를 비교한 자료를 보면 행복 순위 10위 안에는 핀란드, 아이슬란드, 덴마크, 스위스, 네덜란드, 스웨덴, 독일, 노르웨이, 뉴질랜드, 오스트리아 등 유럽 국가들이 차지했는데 이것은 국민 1인당 GDP의 순위와는 다르다(〈표 2.2〉). 미국, 영국, 일본 그리고 한국의 행복지수는 세계적인 경제력에 비하여 낮다. 1인당 GDP 순위 5위인 미국의 행복 순위는 14위, 1인당 GDP 순위 18위인 영국의 행복 순위는 21위, 1인당 GDP 순위 23위인 일본의 행복 순위는 40위, 1인당 GDP 순위 25위인 한국의 행복 순위는 50위다.[7)]

표 2.2 2020년 세계국가 행복지수 10대 순위

행복순위	국가	GDP순위	행복순위	국가	GDP순위
1	핀란드	13	6	스웨덴	12
2	아이슬란드	8	7	독일	16
3	덴마크	6	8	노르웨이	4
4	스위스	2	9	뉴질랜드	20
5	네덜란드	11	10	오스트리아	14

출처: Sustainable Development Solutions Network(2021), “World Happiness Report 2021”, https://worldhappiness.report, pp.18-19.; 나무위키(2024), “2020년 국가별 1인당 명목 GDP 순위”, https://namu.wiki. 참조 재정리.

특히 높은 소득세율에도 불구하고 행복지수가 높은 핀란드, 스웨덴, 그리고 노르웨이 등의 북유럽 국가들은 남녀가 동등한 기회를 얻고 빈곤층과 중산층이 함께 번영하며, 소득이 사회 전체에 공정하게 분배되는 것을 경제적 번영이라고 생각한다. 일을 통한 복지 정책과 적극적인 노동시장 정책을 추진하고 있으며 사회적인 성과도 높아 포용 성장의 대표적인 국가로 꼽힌다. 환경지수, 경쟁력지수, 혁신지수도 높은 평가를 받는다.8)

인류사회가 당면한 지속가능성 문제해결에는 전 세계의 각 국가 섹터 너나없이 헌신하고 역할을 다해야 한다. 좋은 조직 운영 관행을 만들고 환경과 공동체에 헌신하며 지속가능 혁신 생태계를 구축하고 사회적 영향을 널리 확장해야 한다. 제1 섹터인 국가는 복지와 환경 국가 기능에 충실하고 지속가능 경제 기반 구축을 지원해야 한다. 제2 섹터인 민간(기업)은 자체 지속가능 경영에 충실하고 공동체 혁신체계 구축을 지원해야 한다. 또한 실행과정에서 국내·외 네트워크에 참여하여 협력하고 상승효과를 높여야 한다. 제3 섹터인 비영리 조직이나 사회적경제는 사회적 목적에 충실한 운영을 통하여 사회적 가치와 영향을 선도해야 한다.

| 그림 2.3 | 국가 섹터별 지속가능 발전의 역할

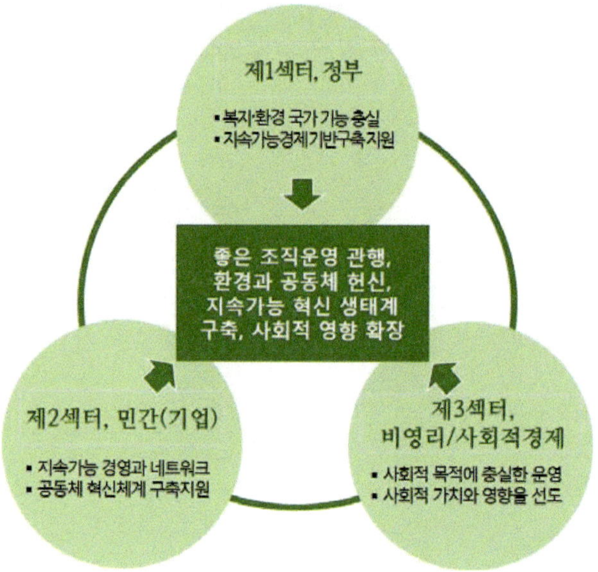

2015년 발표 UN의 지속가능발전목표(SDGs)

2015년 UN의 모든 회원국에 의해 채택된 '지속가능발전목표(SDGs, Sustainable Development Goals) 2030'은 현재 그리고 미래에 사람들과 지구를 위한 평화와 번영에 대한 공유된 청사진을 제공한 것이다. 그 중심에는 17개의 목표가 있는데, 이것은 선진국 및 개발도상국 모두가 글로벌 파트너십을 통해 함께 행동할 것을 긴급히 요구한 것이다. 여기에는 기후 변화에 대처하고 우리의 바다와 숲을 보존하기 위해 일하는 동안, 빈곤과 다른 박탈을 퇴치하고, 건강과 교육을 개선하고, 불평등을 줄이며 경제를 성장시키는 전략에 함께 한다는 동의가 전제되어 있다. 지속가능발전목표는 1992년 브라질에서 열린 정상회의에서 178개국 이상이 인류의 삶을 개선하고 환경을 보호하기 위한 포괄적 행동계획 아젠다 21을 시작으로, 2000년 미국 뉴욕 정상회의, 2002년 남아프리카공화국 정상회의, 2012년 브라질 지속가능발전회의와 2013년, 2015년 UN 총회 및 2015년 지속가능발전정상회의 등 지난

30여년 이상 동안의 노력의 결실이 채택된 것이다. 17개 주요 목표는 [그림 2.4]와 같다.[9)]

| 그림 2.4 | 17개 SDGs 주제와 로고

출처: UN(2024), "Sustainable Development", https://sdgs.un.org.

하지만 UN은 이러한 지속가능발전목표가 기후 완화 전략 중 하나인 탄소 제로 기술 도입과 같은 분야에서는 진전을 이룬 것으로 평가하지만, 2020년 이후 코로나 19 감염병, 인플레이션 상승, 생활비 위기, 국가 및 지역적인 불안과 분쟁, 자연재해에 따른 지구적, 환경적, 경제적 고통 등의 여러 위기가 복합적으로 나타나고 있어 많은 분야에서 진전이 중단되었다고 평가한다. 따라서 인류사회 모두는 공동체의 일원으로서 다시금 추진력을 구축하고 연대와 포용으로 시급히 지속가능발전목표의 진전 속도를 높여야 함을 강조한다. 이제 의사결정권자들은 인적, 지식, 재정, 제도 등 시간과 자원을 최대한 현명하고 효과적으로 사용해야 하며, 체계적이고 전략적으로 접근하여 변화를 주도하고 가속화 할 것을 주문한다. UN 지속가능보고서는 '인간 복지와 역량', '지속가능하고 공정한 경제', '식품 시스템과 건강한 영양', '보편적 접근을 통한 에너지 탈 탄소화', '도시 및 도시 주변 개발', '지구 환경 공유지' 등과 같은 사회혁신을 종합하고 시간에 따른 목표 달성의 단계를 제시하고 있다.

SDGs 달성을 위한 사회혁신 단계

지속가능발전목표를 위한 사회혁신은 절실히 요구되지만, 그 과정과 방향, 속도는 예측한 대로 움직이지 않는다. 사회혁신은 인간의 결단으로 긍정적인 방향으로 이끌 수 있고 또 그래야 한다. [그림 2.5] 두 개의 S-곡선처럼 지속불가능한 체계는 줄이고(위쪽) 지속가능한 체계가 발전(아래쪽)하는 선을 따라 사회혁신의 진로와 속도가 움직여야 한다. S-곡선이 변곡점(Tipping point)을 만나 사회혁신이 가속화(지속불가능한 체계는 붕괴)되고 그 이상으로 널리 공유되고 확장되어 빠른 성장(지속불가능한 체계는 퇴보)으로 이어질 수 있도록 해야 한다. 궁극적으로는 안정화(지속불가능한 체계는 단계적 폐지)에 들어서서 사회혁신 기술과 관행은 뉴 노멀(New Normal)로 일상화되고 인류사회는 지속가능한 체계 속에서 작동되어야 한다. 우리는 그것이 인류사회가 살길임을 안다.

그림 2.5 지속가능발전목표 달성의 사회혁신 변화 단계

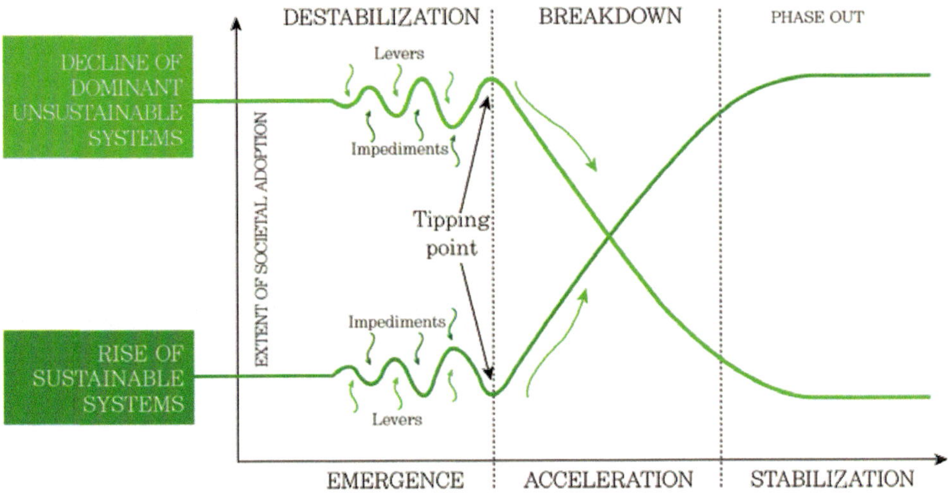

출처: UN(2023), "GLOBAL SUSTAINABLE DEVELOPMENT REPORT 2023", p.XXV.

초기 출현(불안정화) 단계에서 정부는 신뢰할 수 있는 장기 정책 및 목표를 위한 채택과 투자를 통해 시장에 명확한 신호를 보내야 한다. 이때는 지속가능한 대안을 생성하며 혁신과 대화를 위한 비공식적이고 보호된 공간을 제공한다. 가속화(붕괴) 단계에서는 갈등, 긴장 및 정치적 투쟁이 일어나기 쉽다. 정부는 연구와 혁신을 촉진하고, 공공 기반 시설에 투자하고, 목표를 설정하고, 표준화와 사업을 규제함으로써 시장을 형성할 수 있다. 방해와 장애를 극복하기 위한 임시방편의 조치가 아닌 사회혁신이 성공할 수 있는 강력한 조치가 필요하다. 안정화(단계적 폐지) 단계에서는 신뢰와 공감대를 형성하고 강력한 조세 및 세입 기반, 금융 제공, 지속적인 인적 및 재정적 자원의 투입, 정치적 지원 유지, 이행을 위한 제도적인 역량을 구축하고, 바람직하지 않은 결과가 초래되지 않도록 보호해야 한다. 집단적인 노력으로 상호 책무성, 과감한 리더십, 비전과 방향의 공유, 바른 조종간을 사용하여 갈등, 긴장 및 정치적 투쟁을 극복해야 한다.[10)]

덴마크의 장난감 제조회사 '레고(Lego Group)'는 2032년까지 지속가능한 소재로 장난감을 만들기 위하여 2025년까지 이 작업에 예년의 3배나 늘어난 14억 달러(약

1886억 원)를 지출하기로 하였다. 벨기에의 양조회사 '뉴벨기에 브루잉 컴퍼니(New Belgium Brewing Company)'는 2013년에 100% 직원 소유 기업이 되었다. 이 회사의 주요 양조장은 미국 콜로라도주 포트 콜린스(Fort Collins)에 있다. 이 양조장은 미국 최초의 풍력 발전 양조장이며 북미 최초의 인증된 탄소 중립 맥주 공장이다. 태양 전지판과 폐수를 통해 전기를 생산하며 2030년까지 맥주의 탄소 중립을 목표로 하고 있다. 이 회사는 2012년에 B Corporation 인증 회사가 되었으며, 2023년 성소수자 옹호 단체인 '인권캠페인(HRC, Human Rights Campaign)'의 기업 평등 지수에서 100점 만점을 획득한 최초의 회사이다. 미국의 신발 제조회사 '탐스(TOMS)'는 2019년까지 고객이 신발 1켤레를 구매할 때 도움이 필요한 지역의 어린이들에게 1켤레를 기부하는 방식으로 9500만 켤레 이상의 신발을 기부하였다. 최근에는 수익의 3분의 1을 정신 건강, 시력 회복, 안전한 물, 총기 폭력 종식 등의 분야에서 풀뿌리 캠페인에 기부한다.[11)]

3 CSR, 기업의 사회적책임

사회적책임의 4단계 피라미드

기업의 사회적책임, CSR(Corporate Social Responsibility)은 다양한 관점에서 해석되고 정의된다. 조직은 "브랜드 명성을 얻는 전략적 프로그램"으로, 제도주의는 "바람직한 사회·정치적 운동"으로, 경제학은 "환경 및 사회 비용에 대한 이익의 희생"으로, 경영학은 "준법을 넘어선 윤리와 사회적 목적의 실현"으로, 정책은 "환경과 사회에 대한 기업의 자율 규제"로, 법률은 "이사의 의무 규정"으로 다양하게 논의된다.[12)]

그림 2.6 기업의 사회적책임 피라미드

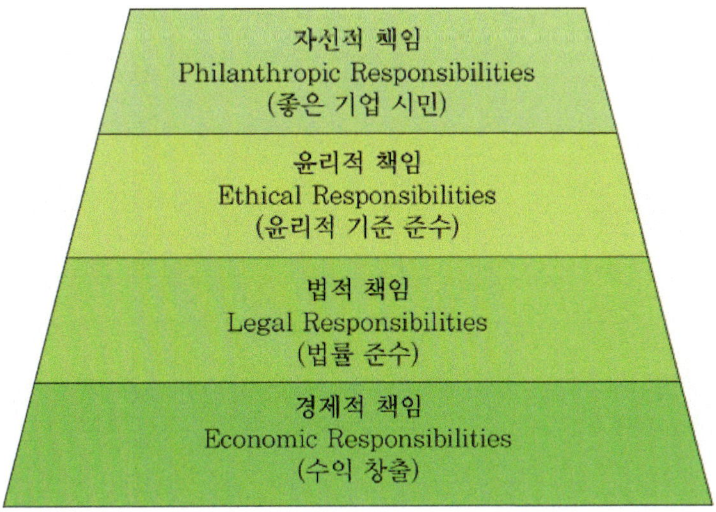

출처: Archie B. Carroll(1991), "The Pyramid of Corporate Social Responsibility: Toward the Moral Management of Organizational Stakeholders", Business Horizons, July-August, p.42.

CSR이 성공하기 위해서는 비즈니스 모델과 일관성 있게 조정되고 통합되어야 한다. 규제 요구 사항의 준수를 넘어서 사회적 전체 이익을 같이 생각해야 한다. 최근에는 다양한 관점과 현상을 촉진하고 인센티브를 부여하기 위해 국내 및 국제 표준, 법률 및 비즈니스 모델이 개발되고 있다.[13)]

CSR의 수준을 피라미드(Pyramid)의 단계로, 경제적 책임, 법적 책임, 윤리적 책임, 자선적 책임까지 표현한다([그림 2.6]). 사람들은 기업이 수익 창출과 법규 준수를 넘어서 옳고 공정하고 정의로운 윤리적 기준을 준수하고, 더 나아가 좋은 기업 시민이 되길 바란다. 윤리적 책임 단계에서 기업은, 사회적으로 더 많은 사람들의 기대와 윤리적 규범에 부합하는 방식으로 일을 수행할 필요가 있다. 사회가 채택하는 새로운 또는 진화하는 윤리적 및 도덕적 규범을 인정하고 존중하는 것이 필요하다. 기업 목표를 달성하기 위해 윤리 규범이 훼손되지 않게 하고 기업의 청렴성과 윤리적 행동은 단순한 법령 준수를 넘어서야 한다는 점을 중요하게 인식한다.

자선적 책임 단계에서 기업은, 사회의 박애적, 자선적 기대에 부합하는 방식으로 일을 수행하는 것이 중요하다. 관리자와 직원들이 지역사회 내에서 자발적이고 자선적인 활동에 참여한다. 좋은 공연 예술을 지원하고 지역사회의 '삶의 질'을 높이는 사업들을 자발적으로 진행 혹은 지원한다.[14)] CSR의 최상위에 있는 '기업 시민권(Corporate citizenship)의 책임'은 "개인이 건강과 안전, 교육과 복지 등 다양한 분야에서 사회적인 참여와 혜택을 누릴 '사회적 권리'", "사상과 행동, 언론 및 신앙 등에 있어서 자유로울 '시민적 권리'", 그리고 "집단적인 의사 표현과 정치 참여, 투표권 행사 등의 '정치적 권리'"에 대한 기업의 책임을 말한다.[15)] 기업은 어떤 경우에는 주도적으로 어떤 경우에는 국가 및 지방, 지역공동체와 협력하여 시민권을 보호해야 한다는 CSR에 대한 최상의 제안이라고 볼 수 있다.[16)]

한국 (공)기업의 사회적책임 활동

한국의 100대 기업과 35대 공기업은 연간 사회공헌 프로그램에 각각 1조 9100억 원(매출대비 0.16%)과 2166억 원(매출대비 0.05%)을 지출한 것으로 나타났다. 두 기관 합하여 24만 명 이상의 임직원이 200만 시간 이상의 자원봉사를 한 것으로 나타났다. 국민들은 기업이 환경과 사회적 문제에 적극적으로 대응(4점 이상/5점 만점)하길 바라지만 실제로는 부족(3점 미만/5점 만점)하다고 느끼고 있으며, 노동(안전, 건강, 복리후생, 비정규직 처우), 고객, 인권(차별, 폭력, 인권침해), 사회문제 해결 및 지역투자 등의 전반적인 분야에서 변화가 필요함을 인식하고 있다. 국민, 이해관계자, 사회공헌 실무자로 나누어 조사한 자료에서, 기업이 사회공헌 활동을 위해 필요한 조건은 세 집단 모두 '경영진의 실천 의지'를 가장 중요하게 꼽았다. 10년 후 기업이 생각해야 할 중대 사회문제로, 국민은 '고용 및 노동 불안'을 꼽은 반면, 이해관계자와 실무자는 '환경오염 및 기후변화, 자연재해'를 꼽았다([그림 2.7]).[17]

MZ[Millennial and Z(Zero)] 세대에게 있어 기업의 사회적책임은 더욱 중요하다. 그들은 기업이 사회를 개선하는 데 투자하고 그러한 개선을 도울 해결책을 찾아야 한다고 믿는다. 젊은 미국인들의 80%는 기업의 사명이나 목적에 따라 브랜드를 구매할 가능성이 있으며, 74%는 윤리적인 선을 넘고 개인적 가치에 어긋난다면 브랜드 구매를 거절할 것으로 나타났다. 따라서 기업들은 어떻게 세상에 긍정적인 영향을 미치려고 노력하고 있는지 공유할 필요가 있으며, 그래야 대중들이 그들의 사회적 가치와 영향을 볼 수 있고 이러한 노력이 소비자로서의 선택을 좌우할 것이기 때문에 노력을 보여주는 것이 중요하다.

| 그림 2.7 | 기업의 사회공헌 활동 조건(상) 및 10년 후 중대 사회공헌 문제(하)

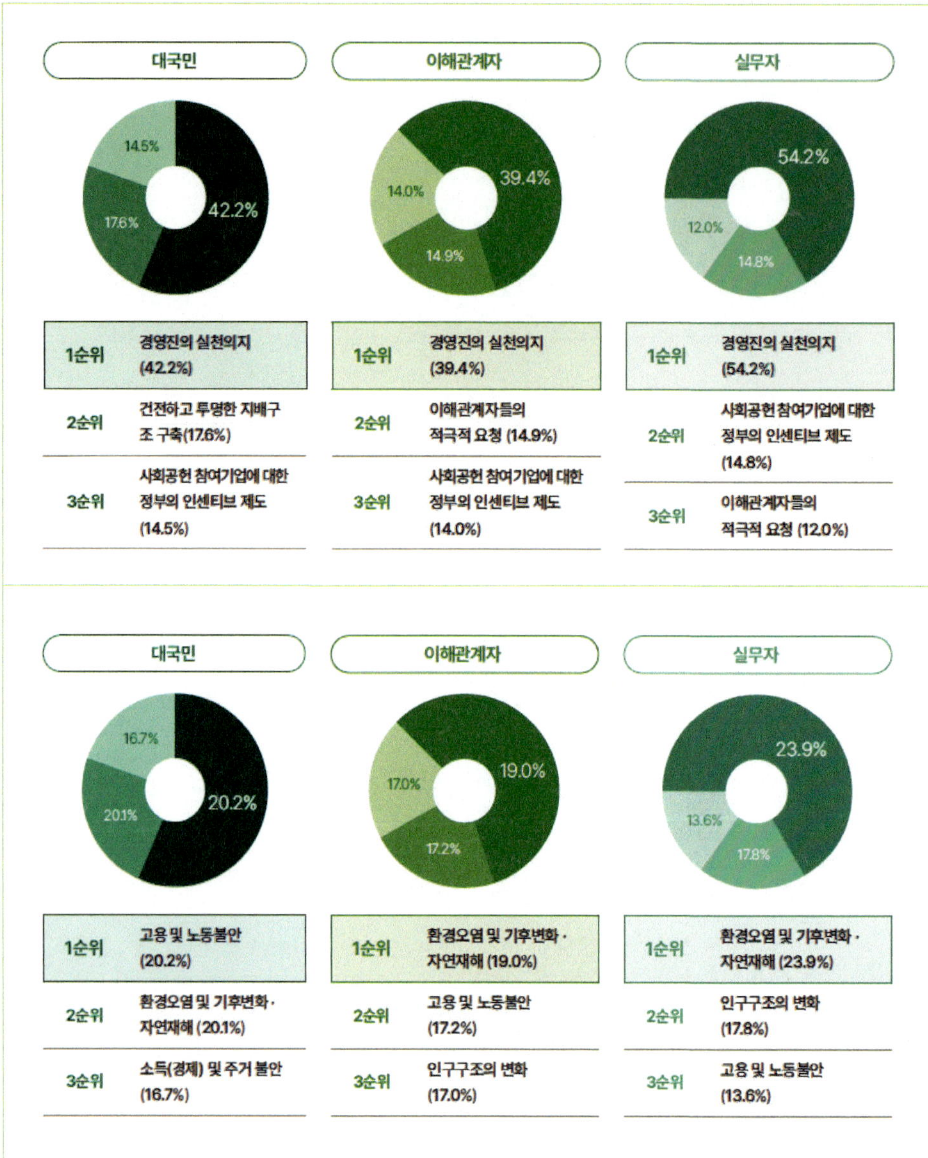

출처: 한국 사회복지협의회(2023), "2023 사회공헌백서", 보건복지부, pp.66-67.

글로벌 지속가능 리더 기업과 NGO

기업들은 지속가능발전목표를 위한 사회혁신 단계에 동참하고 있다. 지속가능 최고책임자(CSO, Chief Sustainability Officer)를 두고 이를 지원하는 경영위원회와 관리팀을 운영한다. 이케아(IKEA)의 지속가능성 관리는 CSO와 세 가지 핵심 사업인 소매 개념, 범위 및 공급(Retail Concept, Range and Supply)의 지속가능성 관리자가 참여하여 운영한다. 이들은 지속가능성 비전과 약속을 조정, 개발하며 성과에 대한 보고를 담당한다. 또한 환경 및 사회적 영향이 있는 전략적 비즈니스 결정의 권장 사항을 제공하고 지속가능위원회(Sustainability Committee)를 지원한다. 유니레버는 ULE(Unilever Leadership Executive)인 최고경영자와 최고재무책임자를 중심으로 지속가능성에 책임을 진다. 최고법률책임자도 참여하는 ULE 팀은 지속가능성 전략 및 성과, 진화하는 지속가능성 보고 요구와 기타 비재무적 지속가능성 지표에 대한 다양한 주제와 내용을 준비하고 지원한다.[18)]

기업은 비즈니스에 있어서 보다 강력하고 포용적인 방식으로 지속가능체계 형성을 위한 전략적 의사결정을 장려하고 지원할 수 있어야 한다. 최근 지속가능성 글로벌 전문가 조사자료에 의하면 지속가능성 기업 리더는 파타고니아(Patagonia), 유니레버(Unilever), 이케아(IKEA), 나투라앤코(Natura &Co)가 가장 인정받은 기업으로 선정되었다. 이외에도 마이크로소프트(Microsoft), 다논(Danone), 구글(Google), 인터페이스(Interface), 네슬레(Nestle), 슈나이더 일렉트릭(Schneider Electric), 오스테드(ø rsted), 테슬라(Tesla), 월마트(Walmart), 베스타스(Vestas), 애플(Apple)이 뒤를 이었다. 전문가들은 '지속가능성을 비즈니스 모델의 핵심으로 삼는 기업'을 점점 더 지지하고 있으며, '검증(측정 · 평가) 가능한 지속가능 성과와 영향'의 중요성에 대해서도 점점 더 많이 인식하고 있는 것으로 나타났다. 이외에도 '야심찬 목표 설정', '지속가능성 목적 중심', '혁신', '장기적인 헌신' 등이 지속가능성 기업 리더십의 중요한 요인으로 언급하고 있다.

지속가능성 NGO 리더는 세계야생동물기금(WWF, World Wildlife Fund), 그린피스(Greenpeace), UN 글로벌콤팩트(UNGC, UN Global Compact), 세계자원연구소(WRI, World Resource Institute), 자연보호단체(The Nature Conservancy), 지속가능한 개발을 위한 세계 비즈니스 협의회(WBCSD, World Business Council for Sustainable Development), 옥스팜(Oxfam), 세레스(Ceres), 엘렌맥아더재단(Ellen MacArthur Foundation), 환경보호기금(Environmental Defence Fund), 국제자연보호협회(Conservation International), 국경없는의사회(Doctors without Borders) 등의 순으로 꼽혔다. 지속가능성 NGO 리더십으로 인정받는 가장 큰 이유는 '협력과 이해관계자 참여'이다. NGO의 '장기적인 헌신'과 '실천 프로그램(이니셔티브)의 규모와 범위'도 전문가들이 강조하는 리더십의 중요한 측면이다. 이번 조사에는 들어있지 않지만 지난 조사에서 지속가능성 국가 리더는 스웨덴, 독일, 노르웨이, 영국, 코스타리카, 뉴질랜드, 네덜란드, 프랑스, 핀란드 등의 순위로 조사되었다.[19]

사례연구

코르테바(Corteva), 수자노(Suzano), 시스코(Cisco)의 공유가치창출

기업은 CSR를 통하여 홍보에만 집중하고 사회적 가치를 실현하는 데는 소홀히 한다는 비판이 있다. 따라서 기업이 사회에 책임 있는 방식으로 CSR를 수행하는 '공유가치창출(CSV, Creating Shared Value)' 방법이 주목받는다. CSV는 "기업이 사회문제를 사업 기회로 전환하도록 자신들의 경영정책 및 사업추진 과정을 지역공동체와 공유하면서 자신들은 경쟁력 강화와 수익을 창출하고, 동시에 지역공동체는 사회적 가치를 창출하는 CSR의 전략적인 과정"이다. CSV는 첫째, '제품 혹은 서비스와 시장을 재조사하여 새로운 성장을 찾는 과정'에서, 둘째, '비즈니스 전체 절차를 재정립하는 과정'에서, 그리고 셋째, '지역사회 문제 분석 및 해결을 지원하는 과정'에서 기회를 발견하고 실현할 수 있다([그림 2.8]).[20]

미국의 화학기업 다우듀폰(DowDuPont)에서 분사한 코르테바(Corteva Agriscience)는 생물체에서 해충을 막을 수 있는 원료를 추출하여 만든 제품, '스파인토람(Spinetoram)'을 개발하였다. 이 제품은 기존의 살충제보다 적은 양으로도 해충 방지 효능을 볼 수 있으며, 자외선 및 토양 미생물을 통한 자연 분해가 가능하다. 물에 대한 용해도도 낮다. 사람에게 끼치는 위해 수준은 낮으며 농산물에 대한 유기농 인증에도 문제가 없다. 이 제품은 출시 이후 지속적인 성장을 유지하고 있다. 제품의 새로운 개발을 통하여 기업의 수익과 환경적인 가치를 동시

| 그림 2.8 | CSR 공유가치창출의 3가지 방법

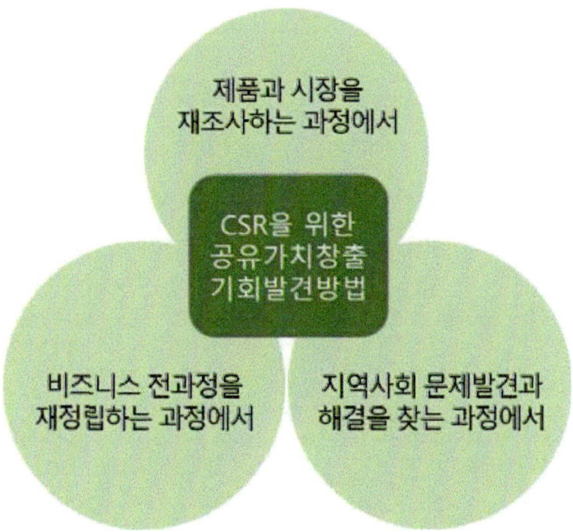

에 창출한 사례이다.[21]

세계 최대의 펄프 생산 기업인 브라질의 수자노(Suzano)는 '유칼립투스(Eucalyptus)' 나무에서 펄프 원료를 추출하고 100개 국가 이상에 수출한다. 수자노는 오염을 제어하는 기술을 개발하고 유기물질로 토양을 관리하는 방식으로 사업을 친환경으로 재정립하였다. 또한 나무 보호구역을 지정하고 산림지 내 소작농의 농산물 재배를 허용하는 방식으로 사회적인 가치도 추가하였다. 이를 통하여 유칼립투스 농장 1600㎢ 중에서 전체의 62.5%인 1000㎢가 자연보호구역이 되었으며 생물 다양성이 증가하여 생태계가 균형을 유지하고 있다. 사회 프로그램 및 소작 농산물 재배를 통하여 한해 1만 8000여명이 빈곤에서 탈출하는 데 도움을 준다. 수자노는 비즈니스 전체 과정을 재정립하고 환경적 및 사회적 가치를 창출한 사례이다.[22]

미국의 네트워킹 전문기업 '시스코(Cisco)'는 전 세계 190개 국가의 낙후 지역에 1만 1700개의 '시스코 네트워킹 아카데미(Cisco Networking Academy)'를 세우고 청년에게 교육과 직장을 찾도록 돕는다. 1997년 이후 2만 9700명의 강사로부터 2050만명의 학생이 수업을 들었으며 그 결과로 졸업생 중 95% 이상이 직업 혹은 새로운 교육의 기회를 얻었다. 시스코 공급 업체, 지역공동체 및 정부와의 관계도 강화되었다. 이는 지역사회 문제를 분석하고 해결하는 과정에서 사회적 가치를 창출한 사례이다.[23]

4 지속가능 전략의 목표와 과정

사회혁신과 사회적기업가

지금까지 세계의 기업가들은 인류사회의 주요 문제들을 해결하고 국민의 삶을 향상하기 위해 끊임없이 아이디어를 개발하고, 사회문제들을 대규모로 해결해 왔으며, 그것은 도시, 국가 및 세계를 넘어서 실행되었다. 아쇼카 재단은 사회문제 해결 목적을 달성하기 위하여 1980년부터 43년 동안 90개 국가 이상에서 3700명 이상의 사회적기업가 및 290개 이상의 '체인지 메이커 스쿨(Changemaker Schools)'과 35개 이상의 '체인지 메이커 캠퍼스(Changemaker Campuses)'를 통하여 재정, 교육, 지식 등의 지원을 제공하고 있으며, 광범위한 네트워크를 지속해서 개발함으로써 인류사회 문제해결을 위한 활동을 전 세계와 공유하고 있다. 아쇼카 재단은 사회적기업가를 선발하는 과정에서 다음의 다섯 가지를 기준으로 삼고 있다.

첫째, 사회문제 해결책 또는 접근법이 있어야 하며, 혁신적이고 실제 변화 가능한 '새로운 아이디어'가 있어야 한다. 둘째, 목표를 달성하기 위한 비전 수립과 사회문제 해결의 '창의력'을 요구한다. 셋째, 사회혁신 생태계로 정착하도록 끊임없는 '도전정신'을 가지고 있어야 한다. 넷째, 새로운 아이디어는 실용적이어야 하며, 현장에서 그것을 사용하고 표준이 되는데 유용해야 하며, 이 분야를 변화시킬 큰 잠재력과 전국적인 파급의 '사회적 영향력'을 가지고 있어야 한다. 다섯째, 다양한 이해관계자 집단에 변화의 영감을 주고 신뢰할 '윤리적 근성'을 평가한다.[24] 알보르드, 브라운과 레츠(Alvord, Brown, and Letts)는 사회적기업가의 역량으로 '사회문제 발견과 혁신의 실행', '협동과 연대를 통한 조직화', '사회적 영향의 창출과 확산'이 필요함을 제시하였다(〈표 2.3〉).[25]

| 표 2.3 | 사회문제 해결의 성공을 위한 사회적기업가의 역량

역량	세부 내용
사회문제 발견과 혁신의 실행	• 지역 역량을 구축하고 솔루션 패키지 제공 • 사회적 목표그룹의 잠재 능력을 발굴하고 혁신에 사용 • 사회적 목표그룹을 의사결정에 참여시키고 반영 • 역량 있는 지도자와 함께 조직 설립 • 정보 공유와 체계적인 학습 제공
협력과 연대의 조직화	• 다양한 이해관계자와 협동과 연대 구축 • 사회적 목표그룹 범위 확장과 조직성장의 체계에 투자 • 활동가가 참여하도록 동맹 구축에 투자함 • 확장을 위한 동맹 및 캠페인 실행
사회적 영향 창출 및 확산	• 지역조직화 운동으로 나쁜 경쟁에 대응 • 지역역량 강화 후에 다른 지역 또는 대상 범위 확장 • 지역공동체 규범, 기대 및 역할 변화의 혁신 문화 만듦 • 솔루션은 경제성 강화의 도구 및 자원과 함께 제공 • 정책 변화와 생태계 구축에 목소리를 높이고 영향을 확장

참조: Sarah H. Alvord, L. David Brown, and Christine W. Letts(2004), "Social Entrepreneurship and Societal Transformation: An Exploratory Study", The Journal of Applied Behavioral Science, 40(3), p.267-275. 참조 재정리.

| 그림 2.9 | 사회혁신 비즈니스 활동의 범위와 사회적경제 기업 포지션

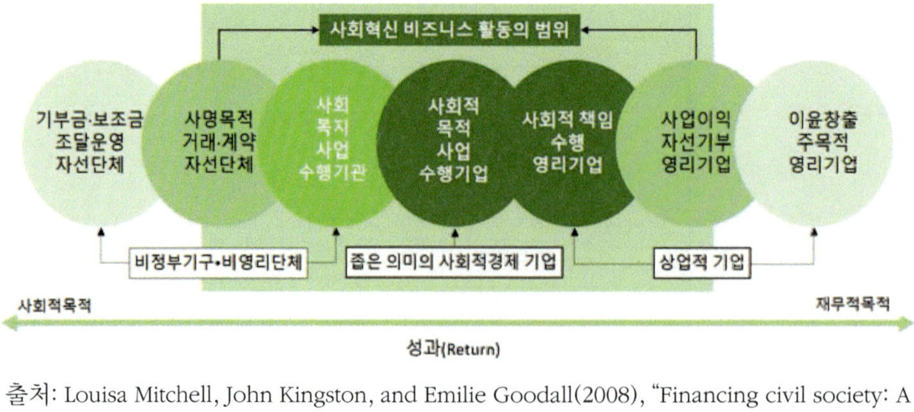

출처: Louisa Mitchell, John Kingston, and Emilie Goodall(2008), "Financing civil society: A practitioner's view of the UK social investment market", Venturesome, p.7. 참조 재정리.

사회혁신 활동은 '비정부기구(NGO)' 및 '비영리단체(NPO)'에서부터 상업적 기업에 이르기까지 다양한 조직에서 나타나고 있지만 재무적인 성과뿐만 아니라 사회적 목적을 창출하는 사회혁신 기업가들은 영리기업보다는 사회적 목적 기업에서 더 광범위하게 나타난다. [그림 2.9]는 사회적 목적 및 재무적 목적의 비중에 따라 사회혁신 비즈니스 활동의 범위와 조직 형태의 유형을 나타낸 것이다.[26)]

사회적 가치의 3가지 범주

사회혁신 활동을 통하여 사회적 가치를 창출하고 사회적 영향을 확산하는 기업가정신을 명확히 설명한 정의는 없지만 대체로 개인적으로 특유의 사회적 지향성을 가지고 있으면서 재정 및 사업성과 부분에서 통찰력이 있는 것으로 나타난다. 비즈니스 수행 과정에서도 사회적 목표그룹(약자)을 우선으로 고려하면서 자본보다는 사람을 중시하고 민주적이며 투명한 운영, 협동과 연대 등의 사회적 과정을 지키는 진정성을 갖는다. 사회적 목표그룹은 "금전적·사회적·정치적·육체적·지리적 등의 문제로 영향력이 부족하여 고통을 받거나 배제 또는 소외당하는 사람들이 안정을 이루고 배제 또는 소외가 해결되어 해당 공동체 구성원들과 평등한 사회적 가치를 누릴 수 있도록 선정된 당사자 또는 당사자 그룹을 말한다. 일반적으로 사회적 약자, 수혜자 혹은 문제해결 욕구그룹 등으로도 표현되며 공동체 전체 가치 및 환경적 가치를 지향하는 기업의 경우에는 조직, 기업 혹은 지역공동체 구성원 전체를 사회적 목표그룹으로 포함할 수 있다.

사회적경제 기업에서 말하는 '사회적 가치'의 의미는 "개인 또는 자본의 이익보다는 사회적 목표그룹을 우선으로 고려하면서 공공의 이익과 사람을 중심으로 더불어 살아가는 사회 속에서 지역공동체 구성원 등의 이해관계자가 얻는 만족감 및 행복감"을 말한다. 세부적으로는 '(포용)경제적 가치', '사회(공동체) 가치', '환경적 가치'로 구분한다. 이는 기업이 지향하는 목표에 따라 더욱 다양하게 확대될 수 있다. 각각의 의미는 다음과 같다.

첫째, '(포용)경제적 가치'란 "사회적 과정을 통하여 진행된 비즈니스가, 개인 측면에서는 사회적 목표그룹에게 일할 기회를 제공하고 의·식·주를 포함한 가난을 극복하게 하며 더 나아가 일을 통하여 육체적·사회심리적 회복과 일반적인 사회활동 참여의 노동통합을 이루도록 하는 일과, 기업 측면에서는 왜곡된 경제구조(한국 사회의 경우 농축산업과 같은 1차 산업의 유통구조, 대기업과 중소기업 사이의 상생구조, 소상공인의 생존구조 등)로 인하여 불이익을 받는 경제주체에게 바람직한 경제구조가 만들어져 얻는 정성적 혹은 정량적인 만족이나 행복"을 말한다. 둘째, '사회(공동체) 가치'란 "사람들이 공동체 속에서 사회적 과정을 통하여 건강, 교육, 보육, 금융, 노동, 영양, 안전, 문화, 예술, 언론, 법률, 정치, 민주, 평화 등의 서비스 또는 먹거리를 포함한 생필품 등의 제품 공급에 있어서 균등한 혹은 바람직한 기회를 보장받고 공동체성을 회복하게 하는 등의 일로 인하여 얻는 정성적 혹은 정량적인 만족이나 행복"을 의미한다. 셋째, '환경적 가치'란 "비즈니스에 있어서 사회 전체 또는 공동체 구성원들이 한편으로는 위생과 물 및 기후를 포함하여 지역, 지방, 국가 및 지구의 천연자원과 다른 한편으로는 경제주체들의 생산물이 안전하고 지속가능하도록 친환경적으로 관리 및 공급됨으로 인하여 인류사회가 얻게 되는 정성적 또는 정량적인 만족이나 행복"을 의미한다([그림 2.10]).

그림 2.10 사회적경제 기업의 사회적 가치 범주와 가치 창출 순환 과정

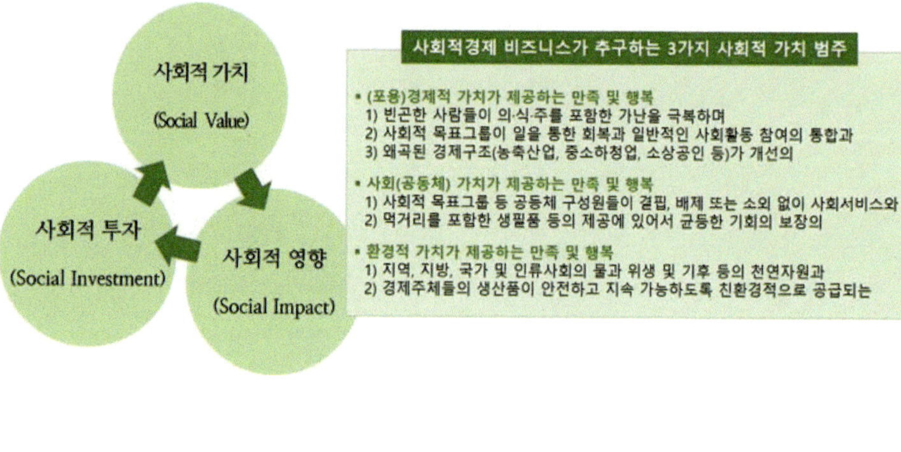

여기서 말하는 '사회적 영향'은 "기업이 지속가능한 사업의 수행을 통하여 사전에 의도하였든 의도하지 않았든, 긍정적이든 부정적이든, 단기적이든 혹은 장기적이든 관계없이 내부 및 외부 이해관계자가 인지한 성과(Outcome)와 그 이상의 사회적, 환경적, 그리고 경제적인 기대효과(영향, Impact)를 의미하며, 더 넓게는 사업 수행으로 제공된 산출물(Output) 및 이를 위하여 투입된 자원의 활동(Activity) 내용"을 포함하여 말한다.[27] 그리고 '사회적 투자'란 이러한 사회적 영향에 투자하는 것을 말한다. 즉, '사회적 영향 투자'란 "재정적 이익도 고려하지만 이보다는 측정 가능한 유익한 사회적 및 환경적 영향을 창출하려는 의도를 가지고 회사, 조직 및 기금에 자본을 대거나 정성을 쏟는 일"이다. 궁극적으로 사회적 가치는 사회적 영향으로 측정 및 평가되고 사회에 확장될 때, 그리고 여기에 자본이 투자되고 정성을 쏟는 순환 과정이 이루어질 때 인류사회의 행복과 지속가능한 발전을 이룰 수 있다.[28]

UNGC, UN 글로벌콤팩트

전통적으로 수익만을 생각했던 기업들은 자본 중심 경제 체제 하에서 생산성과 효율성을 중심으로 총자산 대비 매출액을 증가시키거나 매출액 대비 순이익을 높이는 일에 몰두해 왔다. 또한 GDP와 같은 경제 성장이 사람에게 재화와 서비스를 풍족하게 제공함으로써 행복한 삶을 지켜 준다고 여겨 왔다. 그러나 인류사회는 빈익빈 부익부의 불평등이 심화하고 기후 위기에 직면했으며, 어떤 수단과 방법을 동원하더라도 제 몫만 챙기는 이기주의가 만연하고 공동체는 점점 더 사라지고 있다. 기업이 지속가능한 경영을 추진해야 하는 이유가 여기에 있다. 기업은 가치체계와 원칙에 기반하여 경영해야 한다. UNGC의 10원칙은 이것에 대하여 최소한 인권, 노동, 환경, 반부패 등의 분야에서 근본적인 책임을 다하는 방식으로 운영되어야 한다는 것을 의미한다(〈표 2.4〉).

| 표 2.4 | UN 글로벌콤팩트 10원칙

구 분	10원칙
인 권	1. 기업은 국제적으로 선언된 인권 보호를 지지하고 존중한다. 2. 기업은 인권 침해에 연루되지 않도록 적극 노력한다.
노 동	3. 기업은 결사의 자유와 단체교섭권의 실질적인 인정을 지지한다. 4. 모든 형태의 강제노동을 배제한다. 5. 아동의 노동을 효율적으로 철폐한다. 6. 고용 및 업무에서 차별을 철폐한다.
환 경	7. 기업은 환경 문제에 대한 예방적 접근을 지지한다. 8. 환경적 책임을 증진하는 조치를 수행한다. 9. 환경친화적 기술의 개발과 확산을 촉진한다.
반부패	10. 기업은 부당 취득 및 뇌물 등을 포함하는 모든 형태의 부패에 반대한다.

UNGC는 '사회적 지속가능성(Social Sustainability)'에 대하여 "사람들에게 긍정적이거나 부정적인 사업적 영향을 확인하고 관리하는 것"을 의미하며 그 대상은 직원과 공급망과 함께 고객과 지역사회 등 내·외부 이해관계자로 확대된다. 인권 보호와 양질의 일자리, 가난과 불평등의 사회적 약자 보호, 양성평등 실현, 새로운 지속가능 시장 개척 및 비즈니스 파트너 개발, 혁신적인 제품 또는 서비스 개발, 공급망의 지속가능성을 포함한다. '환경'은 기후, 물, 해양과 같은 다양한 문제들 간의 연계성을 해결하기 위하여 천연 자원에 대한 관리를 높이고 혁신적인 해결책을 구현하며 지속 가능한 개발에 기여하는 노력을 의미한다. '지배구조'는 부패, 폭력적인 갈등, 불법적인 재정 흐름, 불처벌의 동인을 효과적으로 해결하며 공정성과 예측가능성을 보장하는 법과 규범을 갖추고 투명하고 책임감 있게 운영하는 체계와 절차를 의미한다.[29)]

지속가능 전략의 목적(VMC), 과정(IGS, 익스), 결과(ESE, 에쎄)

GRI는 "생물 다양성, 경제적 성과, 성별 임금과 지역 임원, 간접 경제성과, 조달 관행, 반부패, 반경쟁 행위, 세금, 소재, 에너지, 물과 방류수, 배기가스, 유출수, 폐기물, 공급업체 환경평가, 고용, 중요 운영 변경 공지, 산업보건 및 안전, 연수와 교육, 다양성과 기회균등, 비차별, 결사의 자유와 단체교섭, 아동노동, 강제노동, 보안, 원주민 권리, 지역공동체, 공급자 사회평가, 공공 정책, 고객건강과 안전, 라벨 표시와 마케팅 위반"과 같은 지속가능성 주제를 보고하도록 한다.[30)]

세계 시민의 인식조사를 통하여 기업의 평판을 분석하고 순위를 매기는 래프트랙 컴퍼니(RepTrak Company)는 "기업이 책임있는 행동으로 환경을 보호하고 사회에 긍정적인 영향을 미치는 선의의 '시민권'"과 "구성원에게 동등한 기회를 제공하고 공정한 보상과 웰빙을 제공하는 '직장'"을 포함하여 '지배구조', '혁신', '리더십', '제품 혹은 서비스', '성과'의 7가지 요인을 평가하고 100대 기업을 발표한다. 최근 조사에 의하면 밀레니얼 세대(Millennials, 1981년~1996년 태생)가 기업에 대하여 긍정적으로 말하도록 하려면 회사는 비재무적 요소인 환경, 사회 그리고 지배구조의 ESG 경영을 중요시해야 하며 밀레니얼 세대는 다른 세대에 비하여 ESG를 1.8배 더 중요하게 생각하는 것으로 나타났다. Z 세대(Generation Z, 1997년~2012년 태생) 역시 기업에 대해 좋게 말하고 신뢰할 것인지를 결정할 때 환경, 사회 그리고 지배구조의 비재무적인 요소를 가장 중요하게 생각하는 것으로 나타났다. 이 두 세대는 모두 디지털 시대에 성장하여 디지털 기술과 기기에 능통하고, 사회적 의식이 높으며 다양성, 사회 정의, 기후 변화와 같은 문제에 적극적으로 참여하는 성향이 있다. 브랜드를 선택할 때도 투명성과 진정성을 중시하며 소셜 미디어에서 분노를 표현하는 것은 말할 것도 없고, 자신이 좋아하는 것과 싫어하는 것을 부끄러움 없이 공유한다.[31)]

최근 지속가능성 조사자료에 의하면 "기후, 생물 다양성, 수자원, 산림 벌채, 가난, 식량 안보, 수질 오염, 경제적 불평등, 플라스틱 폐기물, 양질의 교육에 대한 접근성"은 세계가 해결해야 할 가장 시급한 지속가능성 과제로 꼽았다. 60여 개 국가 500명 이상의 지속가능성 전문가 설문을 통해 조사한 이번 보고서는 지속가능성의 가장 중요한 진척 사항으로 '법률 제정[미국의 인플레이션 저감법(IRA, Inflation Reduction Act), EU의 Green Deal 등]', '지속가능성 공개 표준(GRI, SASB 등의 ESG 표준, TNFD와 TCFD 등)', '생물다양성 합의[COP15과 프레임워크(Global Biodiversity Framework)]', '지속가능성을 위한 비즈니스 행동', '지속가능성 금융 증가', '재생 에너지·탄소 관련 개발' 등을 꼽았다. 이러한 긍정적 발전은 여러 부문과 국가에 걸쳐 일관되게 나타나고 있고 그 영향력도 폭넓게 나타났다.

전문가 그룹별로 보면, NGO와 학계는 '지속가능성 중심 투자 확대'에 중점을 두며, 아프리카·중동 지역의 전문가들은 탄소 관련 개발 등 '기후 위기 대응'에 보다 중점을 둔다. 라틴 아메리카 및 아시아 태평양 지역의 전문가들은 '지속가능성을 위한 기업의 행동과 약속'의 중요성을 강조한다.[32)]

지속가능 경영전략은 좋은 지배구조와 이해관계자 참여의 원칙을 준수하고 지속가능 경영환경의 기회와 위협을 활용 혹은 극복하면서, 지속가능 시장을 개발하고 제품 및 서비스를 혁신하여 재무적 성과와 사회적 및 환경적인 가치와 영향의 비재무적인 성과를 추구하는 것이다([그림 2.11]).

그림 2.11 지속가능 경영전략의 핵심요소 통합

구 분	성과범주	항 목	중 요 요 소
목 적 VMC	비재무	기업의 존재 이유	기업 비전(Vision)과 사명(Mission), 핵심가치(Core value)
목 표 (결과) ESE	비재무	• 환경적 가치와 영향(Environmental)	• 기후변화, 탄소배출, 자원 및 폐기물 관리, 에너지 효율 • 공급망의 환경 관리, 생태계 및 생물 다양성
	비재무	• 사회적 가치와 영향(Social)	• 인권, 다양성, 형평성, 일과 삶 균형, 보건, 보안, 안전, 교육 • 품질, 공급망과 이용자 보호, 이용자 만족, 약자 보호, 지역사회 공헌
	재무	• 경제적 가치와 영향(Economic)	• 지속가능발전에 기여한 자본(투자자) 수익, 세금 • GDP, 국민 일자리, 자본 수익의 지속가능경영 재투자
조건 (과정) IGS	재무	• 지속가능 제품 또는 서비스 혁신 (Innovation)	• 지속가능 시장 개발, 책임 소비 진작, Lca 영향 고려 • 제품 또는 서비스 혁신, 지속가능 시장점유율, 매출, 고객만족도
	비재무	• 좋은 지배구조(Governance)	• 이사회 및 감사 제도, 뇌물 및 반부패, 준법, 기업윤리 • 불법적인 재정흐름, 로비 및 정치 기부, 공정경쟁
	비재무	• 이해관계자 참여(Stakeholder)	• 소통, 공유, 공감, 반영, 기여, 피드백 등 직원 참여 • 공급망 및 지역사회 공유가치 등 외부 이해관계자 참여

사례연구

네스프레소(Nespresso)의 지속가능성 전략

스위스 기업 네스프레소(Nespresso)는 2019년 현재 전 세계 50여 국가에서 7000명 이상의 직원이 근무한다. 네스프레소는 "커피 원두를 재배하고 수확하는 사람들을 지원하는 것이든, 재료, 생산 과정 및 사람들이 커피 캡슐을 재활용할 수 있도록 지원하는 것이든 우리의 모든 가치사슬은 파트너, 직원 및 고객을 위한 공유 가치를 창출하도록 설계되었습니다."라고 지속가능성을 약속하고 ESG를 실천한다. '지배구조'는 "모기업의 통제가 아닌 자율적인 의사결정과 투명성, 이해관계자의 적극적인 참여로 협치의 지배구조"를 만들었다. 특히, NGO 단체인 '열대우림연합(Rainforest Alliance)'과 협업 관계를 맺고 6만 2000명이 넘는 농부들과 지속적인 관계 및 개발을 통하여 커피를 공급받고 있으며 그들의 수입이 증대되도록 협력한다. 열대우림연합은 1987년에 설립되었으며, 2019년 현재 76개국에서 130만여 가구 이상의 농가가 참여하여 농촌 지역사회의 연대, 산림보전, 지속가능한 생계유지를 위하여 협력한다. [그림 2.12]의 열대우림연합 (개구리)인증 마크는 "사람과 지구의 더 나은 미래에 기여하는 제품으로 인식되고 선택될 수 있도록 지속가능한 농업 표준을 통과한 농장에게 주는 인증 마크"이다. 네스프레소는 재생 농업 관행의 정착을 위하여 열대우림연합과 함께 재생커피 점수카드를 만들고 토양, 생물 다양성, 작물 및 재정 관리 전반을 평가하여 농가들이 재생 농업의 관행을 정착하도록 돕는다. 2022년에는 네스프레소 커피의 44%가 열대우림연합 또는 유기농 인증을 받았으며, 생두의 76%가 재생커피 점수 카드에서 브론즈로 평가되었다. 네스프레소는 2025년까지 80% 이상이 브론즈에 도달하는 것을 목표한다.

| 그림 2.12 | 열대우림연합 인증 로고

출처: https://rainforest-alliance.org

한편 커피의 부정적인 영향으로서의 '사회적 비용'을 파악하고 관리한다. 먼저 "농가와의 계약으로 인하여 기존의 농업 문화와 공동체 관행에 혼란스러움을 불러올 수 있는 점"과 "카페인 중독의 영향으로 인한 사회적 질병 가능성"을 인식하고 정책을 개발한다. '직원'은 "고객 지향성과 글로벌 다양성을 고려하여 구성하고 정기적인 조사와 관리"를 한다. 직원의 70% 이상이 고객 지향적이며 전 세계에서 90개국 이상의 국적을 가진 이들이 60개국 이상에서 근무하고 있다. 직원의 고객 지향성과 구성의 다양성은 네스프레소가 강력한 고객 관계를 유지하면서 전 세계에서 성장할 수 있는 핵심으로 작용한다.

네스프레소의 탄소배출 관리는 정량적인 지표를 중심으로 측정치의 증감 여부를 추적하고 관리한다. 관리 단위인 40㎖ 캡슐에 대하여 1년을 기준으로 '원재료', '생산', '공급 및 아웃소싱', '유통', '수명 종료'로 구분하여 추적 관리한다. 탄소배출의 46.6%를 차지하는 사용 단계의 환경 비용을 낮추기 위하여 기계를 재설계함으로써 탄소배출을 20.7%를 감소시키는 효과를 거두었다. 네스프레소는 알루미늄 캡슐의 100%를 재활용하기 위하여 스웨덴의 자전거 브랜드인 벨로소피(Velosophy)와 제휴하여 재활용 알루미늄 커피 캡슐로 만든 자전거를 생산하고 판매 및 기부하고 있다. 네스프레소는 B Corp 인증을 받았다. 네스프레소는 홈페이지에서 "우리는 단순히 이윤 극대화가 아닌, 더 의미있는 목적을 위해 노력하는 기업과 소비자들이 함께하는 세계적인 움직임의 일원이며 새로운 재활용 프로그램 또는 열대우림연합, 공정무역기구와 같은 파트너들과 협력하여 혁신 및 개선을 도모한다."라고 언급하고 있다.[33]

검토 및 토론

- 아담 스미스와 세이의 이론을 알고 설명하기
- 자유주의를 이해하고 이야기하기
- 케인즈의 거시경제 이론을 알고 설명하기
- 신자유주의의 의미를 알고 이야기하기
- 국가 1, 2, 3 각 섹터별 지속가능 발전의 역할을 알고 설명하기
- SDGs 17개 주제를 알고 설명하기
- 사회적책임 피라미드의 4단계를 알고 이야기하기
- 글로벌 지속가능 리더 기업과 NGO 평가의 중요 요소 이야기하기
- 사회적기업가의 역량을 알고 이야기하기
- UNGC의 10원칙을 알고 설명하기
- 지속가능경영의 에쎄(ESE)와 익스(IGS)를 알고 설명하기
- 코르테바, 수자노, 시스코 각각의 CSV 추진 방법을 알고 이야기하기
- 네스프레소의 열대우림연합 협력, 탄소배출 저감 노력 알고 설명하기

제2장 **참고문헌**

1) Adam Smith(1776), "An Inquiry into the Nature and Causes of the Wealth of Nations", Oxford University Press, published by R. H. Campbell, A. S. Skinner, and W. B. Todd(1981), LibertyClassics.; Jean-Baptiste Say(1803), "A treatise on political economy; or The production, distribution, and consumption of wealth", Deterville, translated by Prinsep, C. R. and Biddle, Clement C.(1827), Philadelphia.; Mill, James (1808), "Commerce Defended", C. and B. Baldwin, published by Liberty Fund, Inc.(2011), "Commerce Defended, E-Book", https://libertyfund.org.; William O. Thweatt(1980), "Baumol and James Mill on "Say's" Law of Markets", Economica, 47, 467-469.

2) Tomas Piketty(2019), "Capital and Ideology", translated by Arthur Goldhammer (2020), The Belknap Press of Harvard University Press.

3) John Maynard Keynes(1936), "The General Theory of Employment, Interest, and Money", Palgrave Macmillan, published by International Relations and Security Network(ISN), https://css.ethz.ch.; Karl Polanyi(1944), "The Great Transformation", Farrar & Rinehart.

4) Friedrich Hayek(1944), "The Road to Serfdom", Routledge Press.; Milton Friedman (1962), "Capitalism and Freedom", University of Chicago Press,

5) Elkington, J. B.(1997), "Cannibals with folks: The triple bottom line of 21st century business", Capstone Publishing.

6) Wikipedia(2024), "Paul Krugman and Peddling Prosperity", https://en.wikipedia.org/wiki.; Thomas Piketty(2013), "Capital in the Twenty-First Century", translated by Arthur Goldhammer(2014), The Belknap Press of Harvard University Press.; 최중석 외(2023), "사회적경제학(Social Economics)", 좋은땅.

7) Easterlin, Richard A.(1974), "Does Economic Growth Improve the Human Lot?", University of Pennsylvania.; Sustainable Development Solutions Network(2021), "World Happiness Report 2021".; 나무위키(2024), "2020년 국가별 1인당 명목 GDP 순위", https://namu.wiki.

8) 김흥종 · 오태현 · 임유진(2019), "북유럽 경제의 특징과 협력 확대방안: 스웨덴, 핀란

드, 노르웨이를 중심으로", 대외경제정책연구원, 오늘의 세계경제, 19(14).

9) UN(2024), "Sustainable Development", https://sdgs.un.org.

10) UN(2024), "Sustainable Development Goals", https://unfoundation.org.; UN(2023), "Global Sustainable Development Report 2023".

11) LEGO(2024), "Sustainability", https://lego.com.; New Belgium Brewing Company (2024), "Our story", https://newbelgium.com.; HRC(2024), "Equality for All, not for some", https://hrc.org.; TOMS(2024), "Impact", https://toms.com.; Digital Marketing Institute(2024), "16 Brands Doing Corporate Social Responsibility Successfully", https://digitalmarketinginstitute.com.

12) Sheehy, Benedict(2012), "Understanding CSR-An Empirical Study of Private Regulation", Monash University Law Review, 38, 103–127.; Johnson, Zachary, Mao, H., Lefebvre, S., and Ganesh, J.(2019), "Good Guys Can Finish First: How Brand Reputation Affects Extension Evaluations", Journal of Consumer Psychology, 29(4), 565–583.; Archie B. Carroll(1991), "The Pyramid of Corporate Social Responsibility: Toward the Moral Management of Organizational Stakeholders", Business Horizons, July August, 39-48.

13) McWilliams, Abagail and Siegel, Donald(2001), "Corporate social responsibility: A theory of the firm perspective", Academy of Management Review, 26(1), 117–127.; Benedict Sheehy(2014), "Defining CSR: Problems and Solutions", Journal of Business Ethics, 131, 625–648.;

14) Archie B. Carroll(1991), "The Pyramid of Corporate Social Responsibility: Toward the Moral Management of Organizational Stakeholders", Business Horizons, July-August, 39-48.

15) Dirk Matten and Andrew Crane(2005), "Corporate Citizenship: Toward an Extended Theoretical Conceptualization", Academy of Management Review, 30(1), 166–179.

16) T. H. Marshall(1950), "Citizenship and Social Class and other essays", Cambridge University Press.

17) 한국 사회복지협의회(2023), "2023 사회공헌백서", 보건복지부.

18) IKEA(2024), "Sustainability governance", https://ikea.com.; Unilever(2024), "Sustainability governance", https://unilever.com.

19) ERM(2023), "GlobeScan/SustainAbility Survey, 2023 Sustainability Leaders".

20) Porter, M. E. and Kramer, M. R.(2011), "Creating Shared Value", Harvard Business Review, 89(1/2), 62-77.; Prem Sagar Menghwar and Antonio Daood(2021), "Creating shared value: A systematic review, synthesis and integrative perspective", International Journal of Management Reviews, 23(4), 466-485.

21) CORTEVA(2024), "Sustainable Solution That Meets the Demands of Consumers and Farmers", https://corteva.com.; Michael E. Porter(2011), "Creating Shared Value: Redefining Capitalism and the Role of the Corporation in Society", FSG CSV Leadership Summit Material.; 최중석 외(2023), "사회적경제학(Social Economics)", 좋은땅.

22) SUZANO(2024), "Commitments to Renewing Life", https://suzano.com.br/en.; Michael E. Porter(2011), "Creating Shared Value: Redefining Capitalism and the Role of the Corporation in Society", FSG CSV Leadership Summit Material.; 최중석 외(2023), "사회적경제학(Social Economics)", 좋은땅.

23) Cisco Networking Academy(2024), "Learn the technology, land your dream job", https://netacad.com.; 최중석 외(2023), "사회적경제학(Social Economics)", 좋은땅.

24) Ashoka(2024), "Ashoka envision a world in which everyone is a changemaker" http://ashoka.org.

25) Sarah H. Alvord, L. David Brown, and Christine W. Letts(2004), "Social Entrepreneurship and Societal Transformation: An Exploratory Study", The Journal of Applied Behavioral Science, 40(3), 260-282.

26) Louisa Mitchell, John Kingston, and Emilie Goodall(2008), "Financing civil society: A practitioner's view of the UK social investment market, Venturesome", Charities Aid Foundation(CAF).

27) Jenny Onyx(2011), "Conceptualising social impacts, Environmental Impact Assessment Review", Cosmopolitan Civil Societies Journal, 6(1), 1-18.; NESTA(2015), "Investing In Innovative Social Venture: A Practice Guide".; S&P Global and RobecoSAM(2020), "The Sustainability Yearbook 2020".; 최중석 외(2023), "사회적경제학(Social Economics)", 좋은땅.

28) Michael Drexler and Abigail Noble(2013), "From the Margins to the Mainstream: Assessment of the Impact Investment Sector and Opportunities to Engage Mainstream Investors", World Economic Forum.; Hand, D., Sunderji, S., and Pardo, N.(2023), "2023 Market GIINsight: Impact Investing Allocations, Activity & Performance",

The Global Impact Investing Network (GIIN).; Jessica Shortall(2008), "Introduction to Understanding and Accessing Social Investment: A Brief Guide for Social Entrepreneurs and Development Practitioners", SEEP Network.

29) UN Global Compact(2024), "The Ten Principles of the UN Global Compact", https://unglobalcompact.org.

30) GRI(2024), "GRI Standards: GRI 101 ~ GRI 418".

31) Britannica(2024), "millennial: demographic group", https://britannica.com.; RepTrak Company(2021), "2021 Global RepTrak 100".; KOISRA(2023), "MZ Generation in Korea: Trends and Impact", https://koisra.co.kr.

32) ERM(2023), "GlobeScan/SustainAbility Survey, 2023 Sustainability Leaders".

33) Nespresso(2024), "Sustainability commitment", http://nestle-nespresso.com.; Joyce, A. and Paquin, R. L.(2016), "The triple layered business model canvas: A tool to design more sustainable business models", Journal of Cleaner Production, 1-13.; Nespresso(2022), "The Positive Cup, 2022 Progress Report".

PART

Ⅱ

지속가능성 분석과 사업전략 수립

Chapter 3 기업 내·외부 경영환경 분석

1. 지속가능 거시환경 분석
2. 지속가능 산업구조 및 제품·서비스 분석
3. 지속가능 시장환경 분석
4. 지속가능 내부역량 및 경쟁·협력 분석

Chapter 4 지속가능 사업전략 수립 방법론

1. 지속가능 비전 및 기업전략 수립
2. 지속가능 사업전략 수립의 조건
3. 지속가능 사업전략 수립 및 선택
4. 지속가능 사업전략의 목표와 정책

Chapter 3

기업 내·외부 경영환경 분석

Chapter 3 목 차

Chapter 3 사례연구 & 실습도구

[실습도구] 지속가능 거시환경 STEEP 분석 실습
[실습도구] 지속가능 산업구조 5 Forces 분석 실습
[실습도구] 지속가능 시장분석 SMS 실습
[실습도구] 지속가능 CSF 분석 실습
[실습도구] 지속가능 내부역량 분석 실습

Chapter 3 학습목표

1. 각 ESG 공시 혹은 보고 표준, 규제사항을 식별하고 이해한다.
2. 거시환경의 기회와 위협을 식별한다.
3. 지속가능 산업구조의 5가지 요인을 이해하고 기회와 위협을 식별한다.
4. 글로벌 지속가능 몇몇 사례의 시장 규모를 이해한다.
5. 지속가능 제품 또는 서비스 세그멘트를 식별한다.
6. STEEP, S5F, SMS, CSF, 내부역량 각 분석 매트릭스를 이해하고 사용한다.

1 지속가능 거시환경 분석

지속가능 책임자와 전략팀 운영

지속가능 전략의 분석과 수립을 위해서는 CSO의 책임하에 지속가능위원회와 같은 조직 내 공식적인 기구와 전략팀 운영이 필요하다. 전략팀은 비즈니스 관리를 위한 제품, 시장, 재무, 관리 기능이 참여하고 지역사회(조직), 고객(마케팅), 공급망(조달구매), 직원(인사), 지배구조(법무) 등 내·외부 이해관계자 소통이 가능한 멤버가 중요하게 포함되어야 한다([그림 3.1]). 전략팀은 자사의 전략과 실행(안) 방안 마련을 위하여 작업계획을 수립한 이후 작업을 진행해야 한다. 보통 '정보 수집', '정보 분석', '전략 수립 설계', '전략 수립 및 실행(안)', '전략 발표'의 절차로 진행한다([그림 3.2]). 전략팀은 조사의 이해를 돕고 해당 분야별 전문적인 의견을 얻기 위하여 내부 설명회 혹은 사전 교육이 필요할 수도 있다. 분임토의, 인터뷰, 전문가 의견 듣기 및 통계검증을 진행할 수도 있다.

그림 3.1 지속가능 전략팀 구성 기능과 연결

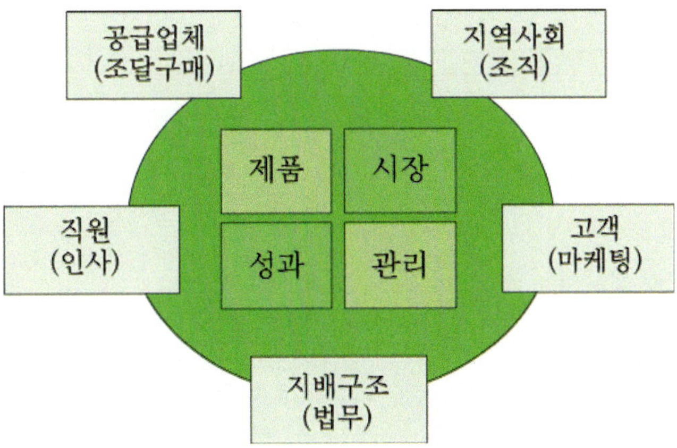

정보 수집 및 분석을 위해서는 사무실 안에서 또는 현장 조사를 통하여 필요한 자료를 찾아 분석한다. 기존 자료를 가공하여 새로운 정보를 만들 수 있어야 한다. 소비자 혹은 이해관계자 조사를 통하여 불확실한 가설을 검증할 필요도 있다. 자료조사를 위해서는 먼저 정보 원천이 어디에 있는지 알아야 한다. 정보 원천을 획득한 다음에는 자료를 분석하고 전략 수립에 사용한다.[1)]

정보를 얻기 위한 첫 번째 방법은 문헌자료를 조사하는 일이다. 문헌자료는 과학적이며 일정한 형식을 띠고 있다. 각종 인구통계 자료, 연간 시장 규모 및 성장률 자료, 품목별 국내·외 유통물량, 탄소 배출량 정보, 신재생 에너지 시장점유율, 사회적 영향 통계 등이 그것이다. 먼저, 국내·외 공신력 있는 기관, 정부 부처 및 유관 기관 홈페이지에서 자료를 얻을 수 있다. 협회가 발행한 보고서 및 잡지, 학회의 저널 및 보고서를 통해서도 찾을 수 있다. 자료의 신뢰성은 높지만, 과거 정보이기 때문에 현재 혹은 미래의 전망치를 예측하여야 한다.

그림 3.2 지속가능 프로젝트팀 운영 절차

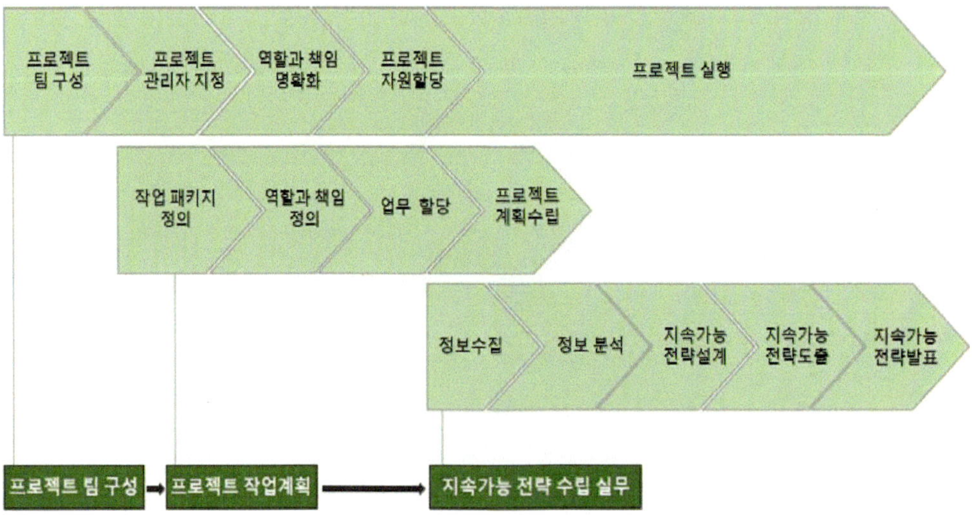

출처: Gerald Schwetje and Sam Vaseghi(2007), "The Business Plan: How to Win Your Investors' Confidence", Springer, pp.10-12. 참조 재정리.

통계청은 이러한 정보를 얻을 수 있는 대표적인 기관이다. UN, EU 및 국내·외 지속가능 표준화 및 평가기관, 환경부, 기획재정부, 고용노동부, 문화체육관광부 등의 정부 부처에서 자료를 찾을 수 있다.

정부 부처별 유관 기관을 검색하여 그 속에서도 자료를 얻을 수 있다. 기업부설 경제경영연구소에서도 정보를 찾아볼 수 있다. 대부분은 해당 기관의 홈페이지에 접속하여 회원등록 후 자료를 내려 받을 수 있다. 유료로 제공되는 정보도 있다. 금융기관 및 컨설팅회사의 보고서와 간행물, 기업의 연말보고서 및 신용평가회사의 자료도 유용하다(〈표 3.1〉).

문헌조사와 함께 현장 조사가 필요하다.

표 3.1 자료조사를 위한 주요기관 현황

국내·외 경제/경영 유관기관	국내·외 경제/경영 유관기관
• UN(www.un.org)	• EU위원회(commission.europa.eu)
• UN환경계획(www.unep.org)	• GRI(www.globalreporting.org)
• UN기후변화(www.unfccc.int)	• 지속가능회계기준위원회(www.sasb.org)
• 온실가스프로토콜(www.ghgprotocol.org)	• 세계지속가능표준위원회 (www.ifrs.org/groups/international-sustainability-standards-board)
• GIIN(iris.thegiin.org)	
• OECD(www.oecd.org)	
• 국제표준화기구(www.iso.org)	• B Lab Global(www.bcorporation.net)
• 계간경제학저널(academic.oup.com/qje)	• 사회성과인센티브(www.socialincentive.org)
• 한국경제학회(www.kea.ne.kr)	• Social Value UK(www.socialvalueuk.org)
• 통계청(www.kostat.go.kr)	• 경영아카데미저널(journals.aom.org)
• 산업연구원(www.kiet.re.kr)	• 한국경영학회(www.kasba.or.kr)
• 국회도서관(www.nanet.go.kr)	• 앙트레프레너(www.entrepreneur.com)
• 대외경제정책연구원(www.kiep.go.kr)	• FORTUNE(www.fortune.com)
• 국립중앙도서관(www.nl.go.kr)	• Forbes(www.forbes.com)
• 한국교육학술정보원(www.riss.kr)	• LG경제연구원(www.lgeri.com)
• 구글학술검색(http://scholar.google.co.kr)	• 삼성글로벌리서치(www.samsungsgr.com)
• 한국보건사회연구원(www.kihasa.re.kr)	• 현대경제연구원(www.hri.co.kr)

한국 정부 부처 및 유관기관	한국 정부 부처 및 유관기관
• 중소벤처기업부(www.mss.go.kr)	• 금융감독원(www.fss.or.kr)
• 농림축산식품부(www.mafra.go.kr)	• 정보통신정책연구원(www.kisdi.re.kr)
• 산업통상자원부(www.motie.go.kr)	• 정보통신산업진흥원(www.nipa.kr)
• 환경부(www.me.go.kr)	• 에너지경제연구원(www.keei.re.kr)
• 외교부(www.mofa.go.kr)	• 섬유개발연구원(www.textile.or.kr)
• 문화체육관광부(www.mcst.go.kr)	• 한국해양과학기술원(www.kiost.ac.kr)
• 보건복지부(www.mohw.go.kr)	• 자동차모빌리티산업협회(www.kama.or.kr)
• 여성가족부(www.mogef.go.kr)	• 한국건설산업연구원(www.cerik.re.kr)
• 교육부(www.moe.go.kr)	• 중소벤처기업진흥공단(www.sbc.or.kr)
• 기획재정부(www.moef.go.kr)	• 프랜차이즈산업협회(www.ikfa.or.kr)
• 고용노동부(www.moel.go.kr)	• 공정위가맹거래(https://franchise.ftc.go.kr)
• 국토교통부(www.molit.go.kr)	• 벤처기업협회(www.venture.or.kr)
• 행정안전부(www.mois.go.kr)	• 한국장애인고용공단(www.kead.or.kr)
• 한국은행(www.bok.or.kr)	• 소상공인시장진흥공단(www.semas.or.kr)
• 중소기업중앙회(www.kbiz.or.kr)	• 사회적기업진흥원(www.socialenterprise.or.kr)
• 한국산업인력공단(www.hrdkorea.or.kr)	• 한국자활복지개발원www.kdissw.or.kr)
• 코트라(www.kotra.or.kr)	• 창업포탈(www.k-startup.go.kr)

거시환경 STEEP 분석

전략팀은 기업 내·외부 이해관계자의 요구와 희망, 과제를 파악하고 지속가능 전략 수립과 실행의 중요한 자료로 활용해야 한다(예시: 〈조사 1〉).

<조사 1>

우리가 속한 산업에서 사회적, 환경적, 그리고 경제적으로 좋은 영향(Impact)을 주기 위하여:

1. 현재 작업에서 만족스러운 중요한 역량(강점)을 보호하고 유지하기 위해 수행해

야 할 작업은 무엇인가?

2. 현재 작업에서 결함(약점)의 원인을 해결하기 위해 수행해야 할 작업은 무엇인가?

3. 향후 운영에서 기회를 얻기 위하여 무엇을 해야 하는가?

4. 향후 운영에서 위협을 개선 혹은 방지하려면 무엇을 해야 하는가?

5. 최고가 되려면 무엇을 가장 잘해야 하는가?

또한 최근의 산업 동향이나 경쟁기업의 제품 개발 및 판매 동향을 파악하거나 관련된 사업의 박람회 및 전시회를 찾아 자료를 얻는다. 특별한 세미나나 포럼에 참가하여 연구자 및 기업 CEO 연설을 듣거나 배포된 자료를 통하여 자료를 찾을 수 있다. 약간의 외부 전문가를 선정하여 집단 면접 또는 토론 형식으로 진행하는 표적집단면접 조사(FGI, Focusing Group Interview) 방법을 사용하기도 하는데, 참가자 몇 사람의 독단적 의견을 배제하기 위하여 개별적인 면접방식을 취하기도 한다. 보통의 설문조사가 수치를 중시하는 점에 비추어 표적집단면접 조사는 생각, 이향, 태도 등을 파악하는 정성적 조사방법이다. 과학적이고 실증적인 조사 결과가 필요한 경우에는 통계조사를 실시한다. 이를 통하여 두 개의 변수, 즉 연관성을 가지고 있는 한쪽의 수치(이해관계자 참여도, 지배구조 혹은 광고비와 같은 비용요인 등)를 가지고 다른 한쪽의 영향 혹은 잠재수요를 예측하여 상관관계나 인과관계를 파악할 수 있다. 적절한 그룹화를 위한 요인분석, 집단 간 차이를 검증하거나 어느 방향으로 회귀하는가를 보는 분산분석 및 회귀분석 등의 통계적인 방법을 사용할 수도 있다.

거시환경 분석은 지속가능성이 사업전략으로 통합되도록 외부환경을 분석하는 절차이다. 지금까지 많은 기업들이 지속가능한 행동에 헌신하고 있지만 다른 한편으로 지속가능 성과는 여전히 '그린워싱(Greenwashing, 환경적 성과를 부풀려 소비자 및 투자자를 기만하는 행위)'과 연결되어 있다. 그린워싱의 한 가지 이유는 기업이 지속가능성 문제를 비즈니스 전략과 일상에 어떻게 통합할 수 있는지 잘 모르기 때문이다. 따라서 거시환경 분석 단계에서 지속가능성의 과정과 사회적 및 환경적 이슈를 식별하고 내부 및 외부 지향성에 초점을 맞추어 사업전략으로 연결해야 한다.[2)]

거시환경 분석은 생태, 환경, 사회, 문화, 경제, 기술, 정책, 법규 등과 관련된 지속가능성의 핵심 이슈를 이해하고 사업전략에 통합하는 일이다. Social(사회·문화), Technological(기술·정보), Ecological and Environmental(생태·환경), Economic(경제), Political(정책·법규)의 5가지 영문 머리글자를 따서 '스티프(STEEP) 분석'으로 설명할 수 있다. 거시환경 분석은 계량화되기 어려운 측면이 있다. 대략적으로 거시환경의 기회와 위협을 전망하거나 단기적이거나 제한적인 예측으로 전략적인 판단에 오류를 범할 수 있다. 따라서 지속가능 산업 및 시장의 시나리오를 예측하고 현재와 미래를 함께 보는 동태적인 분석과 전략이 필요하다. 특히 지속가능 거시환경의 제약조건과 영향도를 파악하여 개선하거나 극복하고 산업 내 세부적인 위협과 기회 요인을 추출하여 극복 혹은 적극적인 비전 전략으로 채택한다(〈표 3.2〉).

표 3.2 국내·외 거시환경 STEEP 분석 항목

구 분	내 용
Social(사회·문화)	사람, 사회, 문화, 조직, 공동체 관련한 이슈
Technological(기술·정보)	지속가능 기술, IT, 기술변화, 신기술 등의 이슈
Ecological and Environmental (생태·환경)	동식물, 자연, 환경과 관련된 생태·환경적인 이슈
Economic(경제)	소비, 물가, 금융, 고용, 실업 등 경제적인 이슈
Political(정책·법규)	지속가능 국가·사회·산업·시장·기업 정책과 제도적인 이슈

글로벌 ESG 표준(GRI, ESRS, SASB, ISO, IFRS S1/S2) 및 규제

거시환경 분석의 항목과 내용은 지속가능 보고 표준을 참고하여 범위와 깊이를 조절하고 조직의 지속가능 경영전략에 참고한다. 지금까지 공공 혹은 민간의 사업 또는 투자 프로젝트로 발생된 사회적, 환경적, 그리고 경제적인 가치를 잘 설명할 수 있는 더 나은 방법이 필요하다는 인식이 꾸준히 증가해 왔다. 이러한 동기로 1997년에 설립된 GRI를 시작으로 SASB 등 세계의 다양한 기관에서는 지속가능한 경제를 위한 ESG 등의 보고 모형과 표준지표들을 제시해 왔다. GRI는 1997년 미국의 환경단체인 환경책임경제연합(CERES, Coalition for Environmentally Responsible Economies)과 UN 환경계획(UNEP, United Nations Environment Programme) 등이

| 그림 3.3 | GRI 표준 구성 : 범용, 부문, 주제 표준

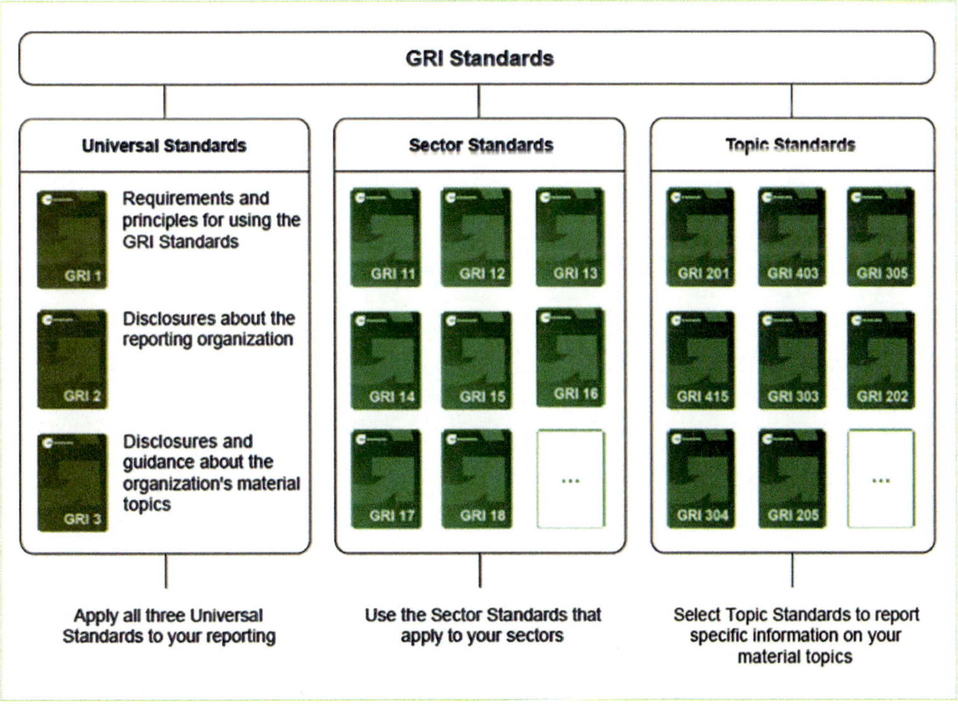

출처: GRI(2024), "GRI 1: Foundation 2021", p.6.

설립한 비영리 단체로 지난 25년 이상 지속가능성 보고를 위한 ESG 표준을 지속적으로 업데이트하여 제공하고 있다. GRI 표준은 [그림 3.3]과 같이 ① 범용 표준, ② 부문 표준, ③ 주제 표준과 용어해설집으로 구성되어 있다. 모든 조직은 GRI 표준에 따라 보고할 때 범용 표준을 보고하고, 중요한 주제와 내용을 결정할 때 해당 부문에 적용되는 부문 표준을 사용한다. 주제 표준은 범용 표준 3(GRI 3)에서 결정한 중요 주제와 내용을 보고할 때 사용한다. GRI 보고 대상은 투자자를 포함한 모든 이해관계자이며, 전 세계에서 가장 널리 알려진 글로벌 지속가능성 보고의 표준이라고 할 수 있다.[3)]

유럽 연합은 지속가능성 보고에 관한 새로운 지침인 CSRD를 발효하였다. 이 지침은 대기업과 상장 기업이 직면한 사회적, 환경적 위험, 그리고 그들의 활동이 사람들과 환경에 어떤 영향을 미치는지에 대한 정기적인 보고서를 발표하도록 요구한다. CSRD의 적용을 받는 회사는 유럽 지속가능성 보고 표준인 ESRS에 따라 보고해야 한다. 이는 투자자와 다른 이해관계자들이, 기업이 사람과 환경에 미치는 영향을 평가하는 데 필요한 정보에 접근할 수 있도록 보장하고 투자자들이 기후 변화와 다른 지속가능성 문제로 인해 발생하는 재무 위험과 기회를 평가할 수 있도록 보장하는 것이다. ESRS는 일반공시 관련 2개 영역과 기업 관행 1개 영역, 환경 분야 5개 영역과 사회적 분야 4개 영역으로 구성되어 있다(〈표 3.3〉).[4)]

SASB는 2011년 미국 증권거래위원회(SEC, Securities and Exchange Commission)에 보고할 기업의 공시 기준 마련을 위하여 설립된 단체로써 ESG 경영정보를 제공하고 비교할 수 있도록 보고 표준을 마련하였다. 이 표준은 ① 소비재, ② 추출 및 광물 처리, ③ 금융, ④ 식음료, ⑤ 건강관리, ⑥ 인프라, ⑦ 재생 가능 자원 및 대체 에너지, ⑧ 자원 변환, ⑨ 서비스, ⑩ 기술 및 통신, ⑪ 운송 산업의 총 11개 분야 77개 업종별 중대 이슈에 대한 기업의 정보 공시 표준이다. 각 표준에는 평균 6개의 공개 주제와 13개의 지표가 담겨있는데 이해관계자들은 기업이 공시한 자료를 통하여 산업별로 중요한 ESG 이슈에 대하여 기업별 성과를 비교할 수 있다. 국제표준화기구(ISO, International Organization for Standardization)는 2010년 기업의 사회적 책임에 관한 국제 표준인 ISO 26000을 발표하였다.

| 표 3.3 | ESRS의 구성

구 분	보고 표준의 구성
내 용	ESRS 1 일반 요구사항(General requirements) ESRS 2 일반 공시(General disclosures) ESRS E1 기후변화(Climate change) ESRS E2 오염(Pollution) ESRS E3 수자원 및 해양 자원(Water and marine resources) ESRS E4 생물다양성과 생태계(Biodiversity and ecosystems) ESRS E5 자원사용 및 순환경제(Resource use and circular economy) ESRS S1 자체 인력(Own workforce) ESRS S2 가치사슬의 근로자(Workers in the value chain) ESRS S3 영향을 받는 커뮤니티(Affected communities) ESRS S4 소비자 및 최종 사용자(Consumers and end-users) ESRS G1 경영행위(Business conduct)

출처: ESRS(2023), "Commission Delegated Regulation(EU) 2023/2772 of 31 July 2023", Official Journal of the European Union", L series, p.3.

ISO 26000은 ① 지배구조, ② 인권, ③ 노동관행, ④ 환경, ⑤ 공정거래, ⑥ 소비자 문제, ⑦ 지역사회 참여 및 개발의 7대 핵심 주제에 대한 실행 지침과 권고사항을 담고 있다. ISO 26000을 구현하는 조직은 시장에서의 경쟁우위와 평판, 직원 또는 회원, 고객 및 사용자를 유치하고 유지하는 능력을 향상하고, 직원 사기와 헌신, 생산성을 높인다. 또한 투자자, 소유자, 기부자, 후원자 및 금융 커뮤니티의 인식과 회사, 정부, 미디어, 공급업체, 동료 및 지역사회와의 관계를 개선하고 긍정적인 영향을 미친다.[5)]

IFRS S1은 일명 '지속가능 재무공시'로 '지속가능성 관련 재무 정보의 공시를 위한 일반적인 요구사항'을 말한다. S1의 목적은 기업에 자원을 제공하는 데 의사결정을 내리는 범용 재무보고의 주요 이용자에게 유용한 지속가능성과 관련한 위험과 기회에 대한 정보를 공시하도록 요구하는 것이다. 기업이 단기, 중기 및 장기에 걸쳐 현금흐름을 창출할 수 있는 능력은 기업의 가치사슬 전반에 걸쳐 기업과 이해관계자, 사회, 경제 및 환경 간의 상호작용과 불가분의 관계에 있으므로 지속가능성 관련 위험과 기회에 대한 정보는 재무정보 이용자에게 유용하다. 기업은 가치 사슬 전반에 걸쳐 사용하는 자원과 상호 의존적인 관계에 있으며 이러한 관계 또는 영향은 기업에게 지속가능성 관련 위험과 기회를 발생시킨다. 따라서 S1은 기업의 현금흐름, 금융에 대한 접근성, 자본조달 등의 재무에 단기, 중기 또는 장기에 걸쳐 합리적으로 영향을 미칠 것으로 예상할 수 있는 모든 지속가능성 관련 위험과 기회에 대한 정보를 공시할 것을 요구한다.[6]

IFRS S2는 '지속가능 기후공시'로 기업에 자원을 제공하는 것과 관련된 의사결정을 할 때 범용 재무보고의 주요 이용자에게 유용한 기후 관련 위험과 기회에 대한 정보를 공시하도록 요구하는 것이 목적이다. 따라서 S2는 단기, 중기 또는 장기에 걸쳐 기업의 현금흐름, 금융에 대한 접근성, 자본조달 등의 재무에 합리적으로 영향을 미칠 것으로 예상할 수 있는 기후 관련 위험과 기회에 대한 정보를 공시하도록 요구하고 있다. 기업이 노출하는 기후 관련 위험은 물리적인 위험과 기후 관련 전환 위험이 있으며 반대로 기업이 이용할 수 있는 기후 관련 기회도 있다.[7]

한편 EU, 미국, 캐나다, 한국 및 중국 등에서 시행되고 있는 배출권거래제(ETS)는 앞으로 더 큰 영향을 미칠 것이다. EU ETS에 따른 역외 탄소 누출 방지를 위하여 발효된 유럽의 탄소국경조정제도(CBAM)는 철강, 전력, 시멘트, 비료 등을 유럽에 수출하는 기업이 자국에서 탄소배출을 엄격히 관리하지 않는다면 새로운 무역장벽으로 작용할 것이다. EU에서 활동하는 기업의 협력업체에 대한 인권 및 환경의 영향을 공동으로 책임지도록 하는 공급망실사법(CSDDD, Corporate Sustainability Due Diligence Directive)도 마찬가지이다. 미국 증권거래위원회(SEC)의 '투자자를 위한 기후 관련 공시 강화 및 표준화(The Enhancement and Standardization of Climate-Related Disclosures for Investors)'는 등록자가 사업 전략, 운영 결과 또는 재무 상태에 중대한 영향을 미쳤거나 합리적으로 중대한 영향을 미칠 가능성이 있는 기후 관련 위험에 대한 정보를 공시해야 한다는 규칙이다. 또한 등록자의 감사 재무제표에는 악천후 및 기타 자연 조건과 관련된 특정 정보를 공개해야 한다. 캘리포니아주는 SEC와는 별도로 기후공시를 발효하여 온실가스 배출량 공시를 의무화하고 있다. 국제회계기준(IFRS)의 기후공시에 따라서 한국도 관련된 공시제도를 마련하고 있다.[8]

글로벌 지속가능성 보고 추세

세계적으로 ESG 지속가능성 보고는 계속 가속화되고 있으며 대기업 및 상장 기업에 대한 요구 사항은 날로 증가하고 있다. 최근 매출액 세계 최대 250개 기업(G250)의 96%가 CSRD 등 지속가능성 정보를 공개했으며, 58개국에서 매출액이 가장 큰 상위 5800개 기업으로 구성된 N100 기업의 79%가 지속가능성 정보를 보고하고 있다.[9] TCFD 등 기후 위기 및 탄소 저감 정보도 G250의 80%, N100의 71%가 보고한다. GRI와 SASB 합동보고서에 따르면 싱가포르의 글로벌 부동산 회사 CDL (City Developments Limited), 영국의 주류 생산기업 디아지오(Diageo), 미국의 자동차 제조업체 GM, 캐나다의 글로벌 에너지 공급업체인 썬코어 에너지(Suncor Energy)를 포함하여 세계의 많은 기업들이 두 기관의 ESG 보고 표준에 함께 공시하고 있다.

| 표 3.4 | GM의 SASB 공시의 일부 주제(예)

<table>
<tr><th>TOPIC
(주제)</th><th>METRIC
(측정기준)</th><th>CATEGORY</th><th>UNIT OF MEASURE</th><th>CODE</th><th>RESPONSE & COMMENT</th></tr>
<tr><td>Labor Practices (노동 관행)</td><td>Percentage of active workforce covered under collective-bargaining agreements (단체교섭적용인력비율)</td><td>Quantitative (정량)</td><td>Percentage (%) (백분율)</td><td>TR-AU-310a.1</td><td>64% global</td></tr>
<tr><td>Fuel Economy & Use-phase Emissions (연비 및 사용 단계 배출)</td><td>Number of ①zero emission vehicles(ZEV) sold, ②hybrid vehicles sold, and ③plug-in hybrid vehicles' sold.(①무공해 차량(ZEV) 판매, ②하이브리드 차량 판매, ③플러그인 하이브리드 차량 판매 대수)</td><td>Quantitative (정량)</td><td>Vehicle units sold (판매차량 단위)</td><td>TR-AU-410a.2</td><td><table><tr><th>구분</th><th>2017</th><th>2018</th><th>2019</th></tr><tr><td>①</td><td>29,348</td><td>61,473</td><td>111,950</td></tr><tr><td>②</td><td>34,596</td><td>24,697</td><td>22,575</td></tr><tr><td>③</td><td>34,276</td><td>29,209</td><td>6,868</td></tr></table></td></tr>
</table>

출처: GRI and SASB(2021), "A Practical Guide to Sustainability Reporting Using GRI and SASB Standards", p.10.

〈표 3.4〉는 GM의 ESG 공시 일부 자료인데, 내용을 보면 GM의 단체교섭 적용인력의 비율은 전 세계적으로 64%에 이르며, 무공해 차량의 판매 대수는 급속히 증가하고 있음을 알 수 있다.[10)]

전 세계적으로 지속가능하게 관리되는 임업 및 토지는 약 5억 헥타르(500만 Km^2)가 인증을 받고 있는데, 산림으로 덮여있는 이런 지역은 달 표면의 13%에 이른다. 글로벌 목표 탄소 배출량의 30%는 이렇게 지속가능하게 관리되는 임업과 토지를 통해 달성할 수 있으며 2016년에는 전 세계 총 에너지 공급의 10%가 바이오매스에서 나왔다. 산림은 지구 온난화를 낮추고 탄소배출을 줄이는 논의의 핵심 요소가 되고 있으며 2015년 파리 기후협약 및 EU 등 산림 분야에 대한 지속가능한 금융 실행 계획으로 더 많은 제도적 자본이 산림으로 유입되고 있으며 점점 더 많은 국가에 영향을 미치고 있다. 여기에 산림기업의 사회적 공헌과 보존지역권, 바이오매스와 같은 탄소 상쇄의 산림상품이 더해져서 산림분야의 ESG 투자는 가속화할 것이다. 이러한 산림분야의 ESG는 〈표 3.5〉의 예와 같이 다양한 주제들을 중심으로 논의되고 있다.

표 3.5 산림분야 ESG 요소별 주제(예)

구분	Environmental	Social	Governance
주제	① 물 사용·가용성, 유역에 대한 광범위한 영향 ② 오염(예: 살충제·토양품질에 대한 영향) ③ 긍정적이고 부정적인 기후 영향 ④ 심기·수확 기술, 자원 관리 ⑤ 생물 다양성·생태계 보호	① 토지 권리(취득, 임대 및 토지 사용). ② 지역 사회 및 기타 주요 이해관계자와의 관계 ③ 건강 및 안전을 포함한 노동 기준 ④ 특히 불법 벌목과 관련된 공급망 관리	① 뇌물 수수 및 부패 방지 기준 ② 관리 계획 및 시스템의 품질 ③ 주요 이해관계자가 사용할 수 있는 고충 처리 메커니즘

출처: UNPRI(2019), "An Introduction to Responsible Investment in Forestry", p.7.

산림기업은 환경 분야 분석의 '생물 다양성'과 '생태계 보호'와 관련하여 "독점, 과도한 수확(산림 벌채로 이어짐) 또는 동식물의 열악한 보호로 인해 발생하는 부정적 평판, 상업적 및 잠재적인 법적 위험" 등의 부정적인 측면과 함께 "지속가능하게 관리되는 산림을 통한 탄소 흡수 상품 개발 제공 및 보다 일반적으로는 목재 관련 제품의 인증 및 가치 향상을 통한 가격 프리미엄 확보" 등의 긍정적인 기회를 파악한다. 이처럼 긍정적 혹은 부정적 환경 요인을 함께 파악하고 발생 빈도와 중요도를 고려하여 지속가능 경영의 전략과 목표에 활용한다. '지역사회와의 관계'에 있어서도 "지역사회 및 핵심 이해관계자와의 관계가 좋지 않으면 항의와 봉쇄, 잠재적인 업무방해 등의 문제가 발생할 수 있으며 그러한 문제를 관리하는 데 상당한 시간과 자원이 필요"하다. 반대로 "지역사회와의 긍정적인 교류는 더 강력한 토지 보유, 개선된 지역 운영 환경, 잠재적 노동 원천 또는 지원 서비스와 같은 다양한 혜택"을 가져올 수 있다.[11]

지속가능보고서 사례(목차)

기업의 지속가능보고서는 인류사회 문제 인식과 조직의 위협 및 기회를 파악하는 것으로 시작한다. 이를 통하여 비즈니스와 지속가능성의 중대 전략을 정하고 사업을 실행하는 방법을 다룬다. 또한 실행과정에서 중요하게 고려해야 할 이해관계자 참여, 공급망 문제, 지배구조의 정당성을 다루고 있다. 〈표 3.6〉은 기업들의 지속가능보고서 주요 목차를 정리한 자료이다. 성과는 대체로 사회, 환경, 경제 성과를 중심으로 기술하고 있다. 그중에서 사회 부분은 내부 이해관계자 차원의 고용, 노동, 일과 삶 균형, 보건, 안전, 품질, 다양성 등을 다루며 외부 이해관계자 차원의 인권, 공급망, 이용자 만족, 서비스 접근성, 지역사회 관계, 청년 관련 이슈, 사회적경제 기업 지원, 사회적 영향 등을 중심으로 보고 한다.[12]

표 3.6 국내·외 기업 지속가능보고서 목차 요약

구분	한국기업		외국기업	
	S**(109p)	N****(159p)	I***(53p)	N*****(63p)
본문	• Overview - 기업 소개 - ESG 요약 - Highlights • ESG Story - 세대·성장·혁신 • Leap to Reap - 사업 분야 • ESG 이행 - 환경 - 사회 - 지배구조	• Introduction - 기업 소개 - Highlights • 경영 보고 - 리더십·사람 - 비즈니스 현재 - 비즈니스 미래 • ESG 보고 - ESG 구조 - ESG 조직 - 이해관계자 참여 - 중요 주제 - ESG 성과	• Introduction - 사업 분야 - Highlights • People·Planet - 개인·비즈니스 - 생태·환경·자원 - 공정·평등 • 공급망 • 이해관계자 참여 • Governance	• Introduction - Progress - Approach - Overview • Governance • Material topics • 이해관계자 참여 • Net zero • 비즈니스 이행 • 사회적 이행
첨부	• Appendix - 재무정보 - 사회적 가치 - 중대성 평가 - 리스크 관리 - GRI·TCFD·SASB - UN SDGs - 제3자 검증 의견 - 온실가스 배출 - 참여협회 및 단체	• Appendix - 재무성과표 - ESG성과표 - ASB INDEX - GRI INDEX - 온실가스 배출량 - 검증 성명서 - 제3자 검증 의견서 - 수상	• Appendix - SDG index	• 참조 - 작성 범위·방법 - GRI·SASB 참조 - 독립성 검증 참조

출처: 각 기업 2022년 혹은 2023년 지속가능보고서 보고서 참조 정리.

실습도구

지속가능 거시환경 STEEP 분석 실습

[그림 3.4]는 거시환경을 분석하는 매트릭스의 예이다. 내·외부 이해관계자에게 수집된 자료를 통하여 분석하고 지속가능 전략의 기초자료로 사용한다.

| 그림 3.4 | 지속가능 거시환경(STEEP) 분석 매트릭스

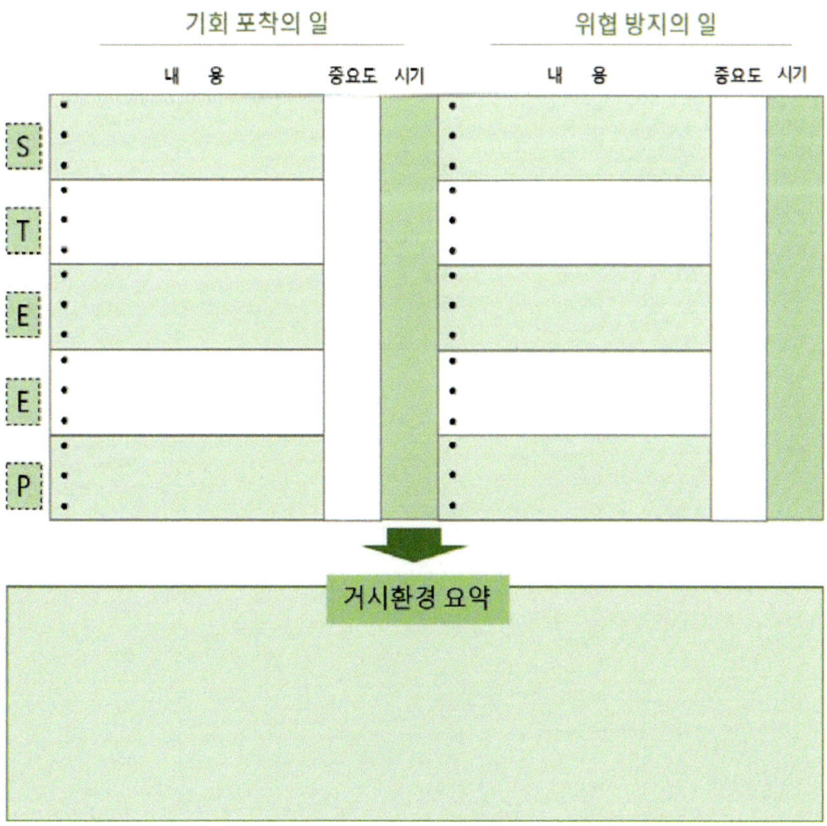

⇨ 분석 방법은,

첫째, 수집된 '기회 포착을 위한 일'(이하 'O')과 '위협 방지를 위한 일'(이하 'T') 중에서 중복을 제거한다.

둘째, 각 STEEP의 'O'와 'T'를 정리한다. 어떤 요인은 'O'이자 동시에 'T'이기도 하다.

셋째, 각 'O'와 'T'가 지속가능성 시나리오를 고려하였는지 검토하여 제거 혹은 수정한다.

넷째, 각 'O'와 'T' 사이의 중요도를 '상', '중', '하'로 평가하여 적는다.

다섯째, 중요도 순서대로 'O'와 'T' 각각 총 30개 내 · 외로 선별한다.

여섯째, 각 'O'와 'T'의 시기에 'S(단기)' 혹은 'M(중기)' 혹은 'L(장기)'의 영문을 표기한다.

단기 혹은 중기 혹은 장기에 중복이 필요하면 S, M, L을 중복으로 표기한다.

일곱째, 거시환경 분석이 주는 시사점을 요약한다.

2 지속가능 산업구조 및 제품·서비스 분석

지속가능 산업구조 5 Forces 분석

마이클 포터는 '신규 진입자의 위협', '공급자의 교섭력', '구매자의 협상력', '대체품의 위협', '기존 경쟁자들 사이의 경쟁'의 다섯 가지 요인을 분석하여 경쟁우위를 이루려는 산업구조 모델(5 Forces Model)을 제시하였다. '지속가능 산업구조 5 Forces(S5F)'는 "산업구조를 분석하는 데 있어서 사회적, 환경적, 그리고 경제적 지속가능성 문제가 어떻게 산업환경을 변화시키고 기업의 전략적 위치에 새로운 기회와 위협을 조성하는지 파악하여 기업이 지속가능성 경쟁우위와 협력 상승을 이루도록 돕는 산업구조 분석 모델"이다([그림 3.5]). 기업이 산업구조 분석에서 지속가능성 문제를 설명하고 관리하지 않는다면 업계 내에서 지속가능한 경쟁과 협력을 정의하는 데 있어 점점 더 어려움에 빠질 것이다. 다음은 S5F의 변화 예시들이다.[13)]

실리콘 밸리의 전기 자동차 '신규 진입자'인 테슬라(Tesla)와 창업자 일론 머스크(Elon Musk)는 그들의 존재만으로도 유명 인사로 주목받는다. 이들은 닛산(Nissan)과 GM과 같은 자동차 제조업체들이 그들의 전기 자동차를 개발하는 데 수십억 달러를 사용하도록 이끌었다. 이들은 지속가능한 방식으로 태양광과 청정에너지 분야에서도 경쟁한다. 녹색 건물 인증제도인 미국의 LEED(Leadership in Energy and Environmental Design), 사무용 가구의 안전 및 친환경 인증 표준인 BIFMA(Business and Institutional Furniture Manufacturers Association), 국제산림인증제도인 FSC(Forest Stewardship Council) 등은 비용과 전문 지식 측면에서 더 작거나 새로운 기업이 시장에 진입하는 데 장벽을 만든다. 이러한 인증은 전통적인 재료보다 최대 30~40%의 추가 비용이 소요되기 때문에 규모의 경제를 달성한 큰 기업이 유리하다. 반대로 지속가능 정부 정책 혹은 새로운 인증 획득에 최적화된 시스템을 갖추고 시장에 진입한 신규 진입자는 기존 기업에게 위협이다.

용기와 포장 산업은 새로운 규제와 지속가능한 제품에 대한 소비자 선호도가 증가하면서 시장이 변하고 있다. 친환경적인 포장을 선호하면서 금속, 유리, 플라스틱 및 종이와 같은 전통적인 '대체재' 시장도 변한다. 이러한 이유로 코카콜라(Coca-Cola)와 펩시(Pepsi)가 더 지속가능한 식물성 플라스틱병을 시장에 내놓기 위해 경쟁한다. 전통적인 페트병 제조업체가 이에 응답하지 않는다면 시장에서 사라질 수도 있다. 소비자 및 규제 요구를 더 잘 충족하는 투입물을 대체함으로써 지속가능한 포장 시장은 빠르게 성장하고 있다.

| 그림 3.5 | 지속가능 산업구조 5 Forces Model

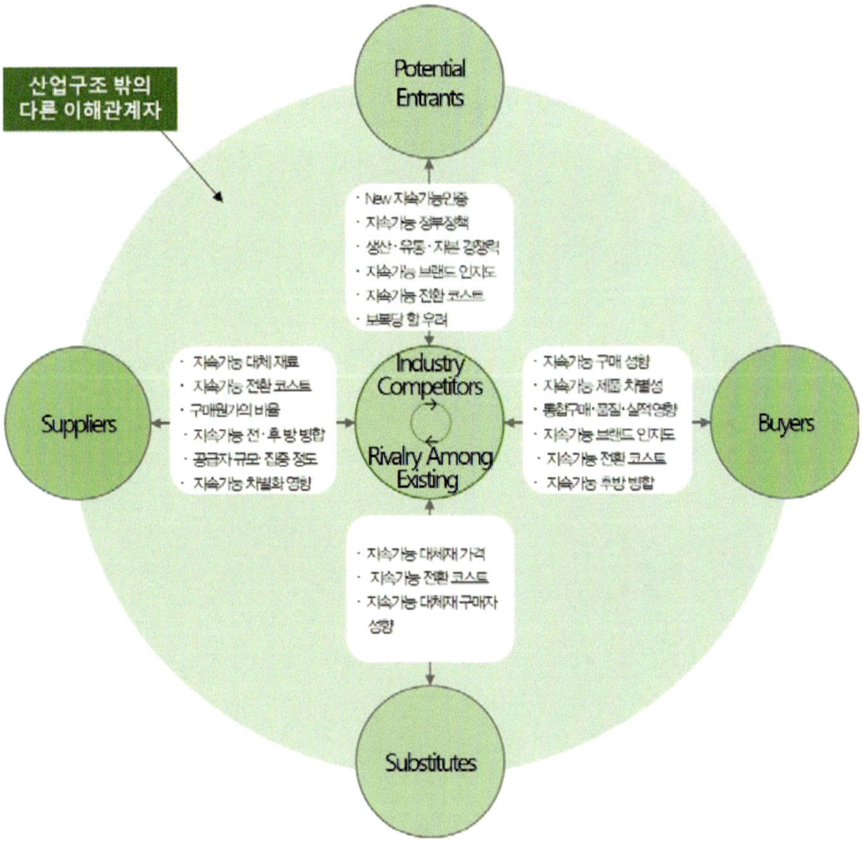

출처: Michael E. Porter(1980), "Forces Driving Industry Competition in Competitive Strategy-Techniques for Analyzing Industries and Companies", Free Press, p.4. 참고 재정리.

지속가능한 시장의 리더들은 '공급자'에게 친환경 또는 공정무역 등의 이유로 더 많은 새로운 변화를 요구한다. 이러한 지속가능성 행동 지시로 공급자는 구매자의 사업을 잃을 수 있다. 반대로, 상대적으로 적은 공급 대안을 사용할 수밖에 없을 때, 공급자 협상력이 증가하며 가격도 공급자가 결정할 수 있다. 식품 및 음료 산업에서 물 및 자원 부족은 총원가에서 구매 원가가 차지하는 비율을 높인다. 물 자원을 확보해야 하는 음료 회사는 물 부족으로 어려움을 겪는 지역에서 공급자의 가격 압력을 줄이고 장기적인 부정적 영향에 대응하기 위하여 음료 산업의 환경 라운드 테이블을 구성하여 지역사회의 이해와 문제를 돕고, 물 자원 확보 및 공급 가격의 안정을 꾀한다.

지속가능한 시장의 리더들은 '시장 내 경쟁자들'에 앞서 지속가능성을 추구하여 경쟁의 지형을 바꾸어 놓는다. 이들은 지속가능성 차별화 전략으로 경쟁우위를 이루고 있다. 반면에 좀 더 진보적인 기업에서는 경쟁사를 포함해 낯선 동료들과 협력하는 것이 이해관계자 모두에게 유익하다는 사실을 깨닫고 협력 상승의 효과를 보기도 한다.[14] 페덱스(FedEx)와 유피에스(UPS)는 전기차 도입 및 연료 사용 기술의 효율성 프로그램으로 재정적 및 환경적 영향을 모두 달성하였다. 연료 비용이 FedEx 총 운영 비용의 11%를 차지하는 상황에서, 효율성 프로그램을 통해 절감된 원가는 고객의 비용을 절감하고 투자자에게 가치를 제공한다.[15] 소비자와 투자자는 더 이상 지속가능 성과와 시장의 경쟁 환경 사이의 연결고리를 무시하지 않는다.

구매자는 '조직체 구매자와 개인 소비자'로 구별할 수 있다. 조직체 구매자는 예산의 일정 부분을 지속가능성 제품이나 서비스를 구매하는 의무 규정으로 영향력을 행사한다. 지속가능 소비자 단체도 이와 마찬가지이다. 특히, 친환경 인증 분야에서는 더욱 그렇다. 개별 소비자의 경우, 모든 소비자가 지속가능한 제품에 대해서만 지갑을 열지는 않겠지만, 친환경 및 사회적 가치에 중점을 둔 제품 혹은 기업 관행에 영향을 미치고 강제할 가능성이 높다. 대규모 소매 고객은 공급업체에 대해 상당한 협상력을 가질 수 있으며, 그들이 구매하고 궁극적으로 소비자에게 판매하는 제품의 지속가능성에 영향을 미친다. 예를 들어, 월마트의 '지속가능한 제품

엑스포(Sustainable Product Expo)'는 더 효율적이고 폐기물을 덜 생산하는 공급망 혁신 소매 업계 정상회의를 소집하였다. 또한 문제를 해결하고 효율성을 높이기 위하여 공급망 구성원 10만 명 이상에게 지속가능성 점수 카드를 사용한다.

지속가능 제품 또는 서비스 분석

지속가능 제품 또는 서비스 분석은 고객 만족과 함께 사회문제 해결의 다양한 관점을 포함해야 한다. 왜냐하면 지속가능성은 궁극적으로 제품에 내재한 에너지 및 물질적 자원의 지속가능성, 제품의 배후 공급망 내 모든 기업의 사회적 및 환경적 행동, 제품을 구매하고 사용하는 방법, 제품 수명이 다했을 때 발생하는 일에 달려 있기 때문이다. 제품의 절대적인 지속가능성은 제품이 생산되고 소비되는 사회의 지속가능성에도 달려 있다. [그림 3.6]과 같이 마켓 중심의 상업적 거래에서 더 넓게 사회와 지구를 고려하는 지속가능한 시장으로의 변환이 요구된다.

그림 3.6 지속가능 시장으로의 초점과 관점 변환

초점 \ 관점	시장(좁은)	시장·사회·지구(넓은)
관계	관계 마케팅	지속가능 마케팅
상거래	현대 마케팅	환경·윤리 마케팅

출처: Peattie, K. and Belz, F. M.(2010), "Sustainability marketing-An innovative conception of marketing", Marketing Review St. Gallen, 27(5), p.9.

지속가능한 제품 및 서비스에 대한 가장 실용적인 정의는 기존 또는 경쟁 제품과 비교하여 제품 수명 주기 전반에 걸쳐 고객 요구에 대한 만족스러운 해결책과 사회적 및 환경적 성과의 상당한 개선을 제공하는 제품 및 서비스를 의미한다. 이는 다음과 같은 특성을 강조한다. 그것은 첫째, '고객만족'이다. 지속가능한 제품과 지속가능한 서비스가 고객의 요구를 충족시키지 못한다면 장기적으로 시장에서 살아남지 못할 것이다. 둘째, '이중초점'이다. 순수한 환경 제품과 달리 지속 가능한 제품은 생태적 측면과 사회적 측면의 두 가지에 초점을 두고 있다. 셋째, '생애주기 방향'이다. 지속가능한 제품은 요람에서 무덤까지, 즉 원료 추출, 운송, 제조, 유통, 사용 및 사용 후의 전체 수명 주기를 고려해야 한다. 넷째, '대폭적인 개선'이다. 지속가능한 제품 및 서비스는 거시 수준의 사회 및 환경 문제 또는 Lca에 따른 혁신적인 개선이 요구된다. 다섯째, '지속적인 개선'이다. 지속가능한 제품 및 서비스는 절대적인 기준이 아닌 시간에 지남에 따는 지식과 기술의 진보, 사회적 열망에 의존한다. 따라서 지속가능한 제품 및 서비스는 고객, 사회적 및 환경적 성과와 관련하여 지속적으로 개선되어야 한다.[16)]

BCG 매트릭스의 지속가능성 변용

BCG(Boston Consulting Group, 보스턴컨설팅그룹)의 시장성장율과 시장점유율 매트릭스는 널리 사용되는 비즈니스 포트폴리오 분석 매트릭스이다. 이 매트릭스는 산업의 성장률과 상대적인 시장점유율을 비교하여 포트폴리오 전략에 참고할 수 있도록 하였다. 시장성장률 기준은 0~20% 사이이다. 10%면 높은 시장성장율로 간주한다. 시장점유율은 시장에서 가장 큰 경쟁자와 비교한 시장성장률 배수이다. 상대적인 시장점유율이 0.1인 경우는 해당 회사의 판매량이 리더의 10%에 불과하다는 것을 의미하고, 상대적인 시장점유율이 10인 경우는 회사가 그 시장에서 점유율이 1위인 리더라는 의미이다. 이 매트릭스는 지속가능성 시장의 포트폴리오 전략으로 변경하여 사용할 수 있다. 세로축은 지속가능 시장의 제품 또는 서비스에 대한 성장률로 대체하고 가로축은 지속가능 시장의 상대적인 시장점유율을 산출하여 사용한다([그림 3.7]).[17]

| 그림 3.7 | BCG의 시장성장율과 시장점유율 포트폴리오 매트릭스

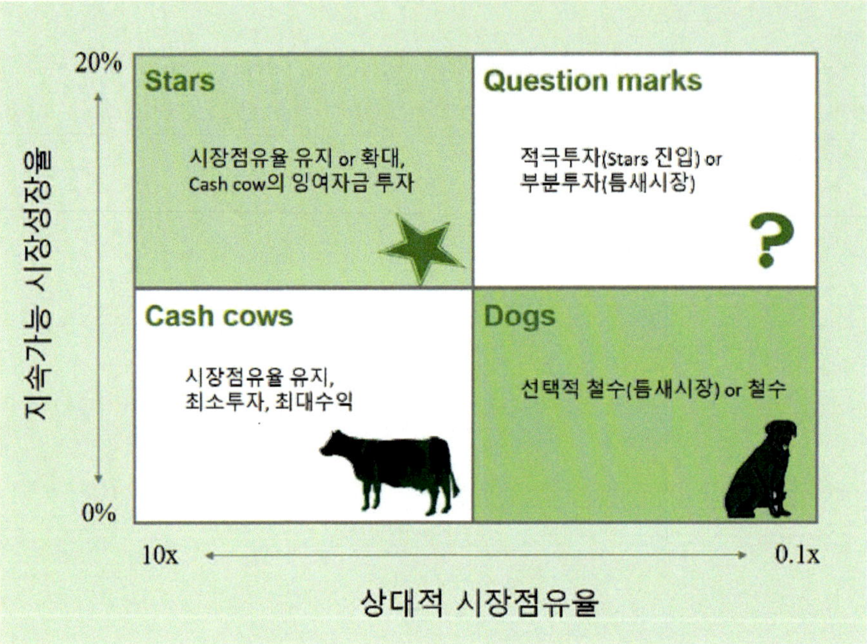

판매가 증대될수록 생산비용이 낮아지는 규모의 경제 원리를 달성할 수 있다면 수익극대화를 위하여 시장점유율을 극대화하는 전략을 꾀해야 할 것이다. 산업의 생명주기상 성숙기나 쇠퇴기의 사업보다는 도입기와 성장기의 사업에 눈을 돌려야 한다. [그림 3.7]의 4가지 관점별 사업선정 및 자원배분 전략은 다음과 같다. 먼저 높은 시장성장률과 낮은 시장점유율의 사업인 매트릭스의 우측 상단 'Question Marks'에 속한 제품 또는 서비스이다. 시장성장율이 높은 사업인 반면 시장점유율이 낮아 규모의 경제원리를 따져보면 경쟁자보다 불리한 위치에 놓여있는 사업이다. 자사의 역량에 따라 과감한 투자를 선택하여 Stars 사업으로 진입하거나 틈새

시장전략을 펼쳐야 한다. 다음으로 높은 시장성장률과 시장점유율이 높은 사업인 매트릭스의 좌측 상단 'Stars'에 위치한 사업처럼 시장성장률과 시장점유율이 둘 다 높은 상태이다. 높은 시장성장률 만큼이나 경쟁자가 많다. 결국 경쟁에서 이기기 위해서는 많은 투자가 필요하지만 반대급부로 많은 수입을 기대할 수 있는 Stars 사업이다. 이럴 경우는 다른 Cash cows 사업의 잉여자금을 투자하여 시장점유율을 유지하는 전략이 필요하다(〈표 3.7〉).

표 3.7 지속가능 Question Marks와 Stars 분면의 사업전략 방향

구 분	산업의 생명주기	전략방향
Question Marks	지속가능 도입기 및 성장기 초기	적극 투자로 Stars로 진입, 부분 투자로 틈새시장 진입 또는 철수
Stars	지속가능 성장기 및 성숙기 초기	다른 Cash cows의 잉여자금을 투자하여 시장점유율 유지 및 확대 전략

매트릭스의 좌측 하단 'Cash cows'에 속한 사업은 현금흐름이 우수한 경우이다. 지속가능 시장이 아니더라도 이런 위치에 있는 사업은 유망한 다른 지속가능 사업의 투자자금 원천이 된다. 낮은 시장성장률과 낮은 시장점유율의 사업인 매트릭스의 우측 하단과 같은 경우는 낮은 시장성장률인 사업이면서 자사의 시장점유율도 낮은 경우이다. 이 부분에 속한 사업은 시장점유율 증가를 위해서는 비싼 대가를 치러야 한다. 시장성장률이 낮기 때문에 시장점유율을 높이고 유지하는데 많은 투자가 요구되는 사업이다. 철수전략 혹은 선택적 철수를 통한 틈새시장 유지전략이 필요하다.

RE100 실천과 제품 수명주기 확대

RE100(Renewable Electricity 100%)은 기업이 필요한 전력을 태양광·풍력·수력 등 100% 친환경 재생에너지원을 통해 발전된 전력으로 사용하겠다는 기업들의 자발적인 글로벌 재생에너지 사용 실천 운동이다. RE100은 재생 에너지 사용과 온실가스 배출 감소를 목적으로 활동하는 국제 비영리 단체 'The Climate Group'과 투자자, 기업, 도시 및 지역의 환경 관리 글로벌 공시 시스템을 운영하는 CDP(Carbon Disclosure Project, 탄소공개프로젝트)가 연합하여 2014년에 발족하였다. 2024년 4월 현재 약 430개 기업이 회원으로 활동하고 있다. RE100 회원사들의 재생 가능 전력 사용은 2020년 45%에서 2021년 49%로 증가했다. RE100 회원사 334개 사가 2021년에 사용한 전기는 376TWh(테라와트아우어)이다. 이는 영국의 전체 전기 소비보다 많은 양이며 이 중에서 184TWh는 재생 가능 전력으로 소비했다. 한국, 중국, 일본 그리고 싱가포르는 재생 가능 전력 조달이 가장 까다로운 시장으로 알려져 있다. 풍력 및 태양열과 같은 재생에너지는 화석 연료와 같은 토지 사용의 제한이 적다. 태양열 패널은 물 위에서 혹은 농경지에도 설치될 수 있다. 미국은 약 80억㎡의 태양열 패널 옥상 공간이 있다. 부유식 풍력 터빈도 점점 저렴해져서 해상 풍력은 더 이상 얕은 바다에만 국한되지 않는다. 한국은 해상 풍력으로 624기가와트(GW)의 전력을 생산할 수 있는 잠재력을 가지고 있다. 원자력과 수소에 대한 오해도 많은데 원자력은 재생 가능한 에너지원이 아니며 한정된 에너지원인 방사성 연료를 사용한다. 수소도 에너지원이 아니라 에너지 운반체이다. 순 제로의 미래에는 그린 수소(재생 에너지를 사용하여 만든)가 답이지만 문제는 재생 에너지를 사용하여 규모의 경제에 도달할 수 있는 수소의 생산량에 있다.[18)]

기업들은 혁신 기술을 채택하고 제품과 서비스의 사회적 마케팅을 통하여 제품의 생명주기를 연장하거나 새롭게 창출하고 있다. 포트폴리오 전략을 고려할 때는 생명주기 이외의 다양한 변수에 대해서 같이 고려해야 한다. 제품 또는 서비스의 생명주기에 집중한 나머지 제품 또는 서비스의 유통기간을 너무 짧게 설정하여 잠재적인 가능성과 시장 확대를 최대화하지 못할 수도 있다. 한동안의 정체기에서 벗어나 다시 시장이 확대되는 제품이나 서비스가 있는가 하면 사업의 혁신, 새로운 지속가능 용도의 추가, 신규 시장 창출 등을 통하여 장기간 성숙기에 머물거나 성장기로 다시 들어서는 제품 또는 서비스가 이를 뒷받침하고 있다. 따라서 산업의 생명주기 상에서 투자를 줄이고 철수해야 하는 상황이라도 지속가능 생명주기를 연장시키거나 새로운 주기를 만들어 나갈 수 있는지를 같이 고려해야 한다. 즉, 시장성장률과 시장점유율이 외의 마케팅과 관련된 다양한 변수를 고려하여 경쟁전략을 어떻게 실천할 것인가를 같이 생각하는 것이 필요하다.

좋은 예로는 전기 자동차, LED 조명, 친환경 주택 소재와 전통적인 시장 리더를 대체하는 자동차 부문의 테슬라와 같은 경우이다. 지속가능성과 혁신을 성공적으로 만든 3M과 같은 기업들은 여러 경로를 파괴하는 지속가능한 제품을 시장에 출시하여 성공했으며 지속가능성 리더로 자리매김했다. 제품 또는 서비스의 혁신뿐만 아니라 기업은 소비자의 손에 있는 제품의 영향과 제품이 만들어지고 판매되는 과정을 뛰어넘어 생각해야 한다. 기업은 제품의 생애 주기 전반에 걸쳐 위험과 영향을 최소화하는 제품을 만들고 폐기하는 데 필요한 자원뿐만 아니라 여러 사용 주기 또는 세대에 걸쳐 전체 또는 부분적으로 재사용 할 수 있도록 설계하고 유통해야 한다. 마케팅 전략에는 여러 세대에 걸쳐 재소비 될 수 있고 그에 따라 소비자를 교육하는 일도 포함되어야 한다.[19] 소비자가 지속가능성을 의식하게 되고, 그러한 제품을 개발하고 유통하면서 제품의 이점에 대해 소비자를 설득하는 데 성공하는 기업은 다른 기업보다 경쟁우위에 있을 것이다.[20]

기업의 역할과 책임이 제품의 판매에서 끝난다고 생각한다면 마케팅 관리자들은 새로운 상황에 대처할 가능성이 적다. 전 세계적으로 각 정부의 주도하에 제품의 소비가 끝날 시점에 패키지 및 제품 폐기에 대한 규제 조치를 취하고 있다. 일부 환경 친화적인 제품의 경우는 거의 25%의 프리미엄을 받기도 한다. 예를 들어, 소비자의 지속가능성 인식이 높아진 국가에서는, 관광지에서 사람들이 유기적으로 재배된 식품과 덜 오염되고 혁신적으로 설계된 더 지속 가능하게 포장된 제품 혹은 지속가능한 서비스에 대하여 더 많은 비용을 지불하고 구매한다.[21] 지속 가능한 마케팅은 오염 감소와 생명주기 이상의 책임을 의미한다. 기업은 '오염 제로', '낭비

제로' 및 지속가능성 요구를 충족시키기 위한 제품의 개발뿐만 아니라 생명주기 연장의 노력을 해야 한다. 목표는 제품의 생산, 사용 및 폐기를 지속가능한 개발과 함께 더 오래 더 양립할 수 있도록 만드는 것이다. 여기에는 지구온난화에 영향이 큰 축산 기반의 식품을 식물 기반 대체품으로 전환하는 경우와 같이 산업 전체를 더 적은 탄소 배출 또는 더 지속가능한 산업으로 전환하는 노력을 포함한다.[22)]

실습도구

지속가능 산업구조 5 Forces 분석 실습

[그림 3.8]은 지속가능 산업구조를 분석하는 매트릭스의 예이다. 내·외부 이해관계자에게 수집된 자료를 통하여 분석하고 지속가능 전략의 기초자료로 사용한다.

| 그림 3.8 | 지속가능 산업구조 5 Force(S5F) 분석 매트릭스

5 Force	What or Who	지속가능 산업구조 분석					
		위협 방지의 일	중요도	시기	기회 포착의 일	중요도	시기
신규 진입자	• •	• •			• •		
공급자	• •	• •			• •		
산업내 경쟁자	• •	• •			• •		
구매자	• •	• •			• •		
대체재	• •	• •			• •		

산업구조 요약

⇨ 분석 방법은,

첫째, 수집된 '지속가능 산업구조 5 Forces(S5F)'의 '누구' 혹은 '무엇'은 각각 1~2개로 정리한다. 해당 S5F의 '누구' 혹은 '무엇'이 없으면 제외한다.

둘째, 각 S5F의 중복된 'O'와 'T'는 제거한다.

셋째, 각 S5F의 'O'와 'T'를 정리한다. 어떤 요인은 'O'이자 동시에 'T'이기도 하다.

넷째, 각 'O'와 'T'가 지속가능성 시나리오를 고려하였는지 검토하여 제거 혹은 수정한다.

다섯째, 각 'O'와 'T' 사이의 중요도를 '상', '중', '하'로 평가하여 적는다.

여덟째, 중요도 순서대로 'O'와 'T' 각각 20개 내·외로 선별한다.

일곱째, 각 'O'와 'T'의 시기에 'S(단기)' 혹은 'M(중기)' 혹은 'L(장기)'의 영문을 표기한다.

단기 혹은 중기 혹은 장기에 중복이 필요하면 S, M, L을 중복으로 표기한다.

여덟째, 산업구조 분석이 주는 시사점을 요약한다.

3 지속가능 시장환경 분석

지난 한 세기 동안 마케팅은 소비자의 욕구와 필요를 가장 잘 충족시킬 수 있는 정책과 함께 다중 이해관계자가 참여하는 사회개발 문제의 사회 마케팅까지 광범위하게 발전해 왔다. 그러나 이러한 마케팅의 지식과 실천은 대부분 시장 세력이 주도하는 반응형 접근 방식을 따르고 있다. 그러나 전 세계적으로 지속가능성 문제는 우려스러울 정도로 증가하고 있으며, 그것은 대부분은 현재의 지속 불가능한 생산 및 소비 패턴에서 발생한다. 때로는 무책임한 마케팅으로 소비자들은 취약성에 직면한다.[23] 이제 마케팅 패러다임은 시장주도보다는 지속가능한 책임있는 마케팅으로 바뀌어야 한다([그림 3.9]). 사회 생태적 제품 및 서비스에 대한 상당한 규모의 수요를 창출하기 위해 시장이 어떤 전략과 과정을 통해 바람직한 특정 방향으로 나아가야 하는지 김도해야 한다.

그림 3.9 지속가능 주도 마케팅으로 전환

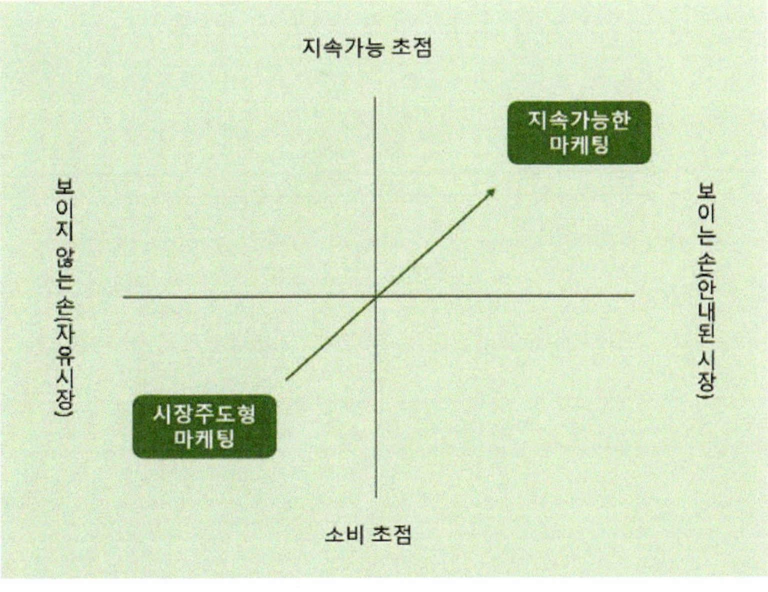

글로벌 녹색 기술 시장

전 세계 녹색 기술(Green Technology)과 지속가능성 시장은 2022년에 167억 4000만 달러(약 22조 3217억 원)로 평가되었으며, 2030년까지 연평균 27.71% 성장하면서 2030년까지 1184억 5000만 달러(약 157조 9460억 원)에 이를 것으로 예상된다. 녹색 기술 및 지속가능성 분야는 사물인터넷(IoT), 클라우드 컴퓨팅(Cloud Computing), 인공지능과 분석(Artificial Intelligence & Analytics), 디지털 드윈(Digital Twin), 사이버 보안(Cybersecurity), 블록체인(Blockchain) 등의 기초 기술 위에서 녹색 빌딩(Green Building), 탄소 발자국 관리(Carbon Footprint Management), 기후 감시 및 예측(Weather Monitoring & Forecasting), 공기 및 물 오염 감시(Air and Water Pollution Monitoring), 숲 감시(Forest Monitoring), 농작물 감시(Crop Monitoring), 토양 상태 및 습기 감시(Soil Condition · Moisture Monitoring), 정수(Water Purification) 등 다양한 분야에 적용된다. 탄소발자국은 지구온난화의 주범인 24가지 이상의 온실가스를 이산화탄소로 환산한 값을 말한다. 솔루션을 개발하는 주요 업체는 지이(General Electricy), 이네이블론(Enablon), 세일즈포스닷컴(Salesforce.com, Inc)', 마이크로소프트(Microsoft), 슈나이더 일렉트릭(Schneider Electric), 엔지 임팩트(Engie Impact), 센서스(Sensus), 에비앙스(Enviance), 인텔렉스 테크놀로지(Intelex Technologies Inc), 아큐비오(Accuvio) 등 주로 북미와 유럽에 분포해 있다. 미국에 있는 데이터 센터들은 연간 약 730억kWh의 전기를 소비하는 것으로 알려졌는데, 에너지 효율적인 기술을 사용하여 데이터를 관리, 저장 및 운영하는 그린 데이터 센터 도입은 미국의 모든 지역에서 늘어나 시장점유율이 높아진다. 녹색 기술 및 지속가능성 분야의 기업은 이러한 녹색 기술과 지속가능 시장추정, 지역별 시장점유율, 제품 또는 서비스 출시, 유형별 및 애플리케이션별 시장현황 및 개발 동향, 가격 및 이익 현황, 마케팅 현황, 시장 성장요인, 시장 애로사항 등을 분석하고 전략에 참고한다. 기업은 이러한 산업의 성장영역과 잠재적인 미래 전망을 더 잘 이해함으로써 다양한 이해관계자의 이익에 기여할 수 있다.[24)]

UN SDGs 문제해결 시장 수요

UN의 지속가능발전목표 17개 주제별 사회문제 해결이 필요한 전 세계의 수요는 다음과 같이 예측된다(〈표 3.8〉). 첫 번째 '빈곤퇴치'는, 1억 명 이상의 사람들이 여전히 극심한 빈곤 속에서 살고 있다. 경제 성장은 지속가능한 일자리를 제공하고 평등을 촉진하는 것을 포함해야 한다. 두 번째 '기아종식'은, 배고픔을 끝내고, 식량 안보를 달성하고, 영양을 개선하는 일이다. 세계 식량의 3분의 1이 낭비되고 있지만, 여전히 8억 2100만 명의 사람들이 영양실조 상태이다. 음식물 쓰레기를 줄이고 지역의 농부를 지원해야 한다. 세 번째 '건강과 웰빙'은, 모든 연령대의 건강한 삶을 보장하고 복지를 증진시키는 일이다. 전 세계적인 산모, 영유아 사망률을 낮추고, 에이즈, 결핵, 말라리아의 전염병을 종식시키며, 도로 및 유해 화학 물질 사고로 인한 사망을 줄인다. 네 번째 '양질의 교육'은, 포괄적이고 공평한 양질의 교육을 보장하고 모든 사람을 위한 평생 학습 기회를 촉진하는 일이다. 전 세계 6억 1700만 명의 어린이와 청소년들은 읽기와 수학에서 최소한의 능력이 부족한 상태이다. 다섯 번째 '양성 평등'은, 양성 평등을 통하여 모든 여성과 소녀들에게 권한을 부여하는 일이다. 15세에서 49세 사이의 여성 3명 중 1명은 신체적 및 성 폭력을 경험했다. 여성들에게 교육, 의료, 괜찮은 일, 정치적 및 경제적 대표성에 대한 동등한 접근권을 제공해야 한다.

여섯 번째 '깨끗한 물과 위생'은 모두를 위한 물과 위생의 가용성과 지속 가능한 관리를 보장하는 일이다. 물 부족은 전 세계 인구의 40% 이상에 영향을 미치며 20억 명 이상의 사람들이 담수 자원에 대한 접근성 감소의 위험을 안고 산다. 일곱 번째 '저렴하고 깨끗한 에너지'는 모든 사람이 저렴하고, 신뢰할 수 있고, 지속 가능한 현대 에너지에 접근할 수 있도록 보장하는 일이다. 30억 명의 사람들은 여전히 깨끗한 음식에 접근하지 못하고 위험한 대기 오염 수준에 노출되어 있다. 여덟 번째 '양질의 일자리와 경제 성장'은 포용적이고 지속 가능한 경제 성장, 완전하고 생산적인 고용, 모두를 위한 양질의 일자리를 촉진하는 일이다. 젊은이들의 5분의 1은 교육, 훈련 및 고용 기회를 받지 못하고 있다.

표 3.8 지속가능발전목표 전 세계 사회문제 해결의 요구 수요

주 제	사회문제 해결 목표 수요
1. 빈곤퇴치	• 1억 명 이상의 사람들이 극심한 빈곤 상태
2. 기아종식	• 8억 2100만 명이 영양실조 상태(세계 식량의 1/3이 낭비)
3. 건강과 웰빙	• 매년 신생아 230만 명, 산모 28만 명 사망
4. 양질의 교육	• 6억 1700만 명의 어린이와 청소년이 읽기와 수학 능력에 문제
5. 양성 평등	• 15~49세 여성 3명 중 1명이 신체 및 성 폭력 경험
6. 깨끗한 물과 위생	• 20억 명 이상이 담수 자원에 대한 접근성 감소의 위험
7. 저렴하고 깨끗한 에너지	• 30억 명이 깨끗한 음식 접근 불가, 대기 오염에 노출
8. 양질의 일자리와 경제 성장	• 젊은이의 5분의 1은 교육, 훈련 및 고용 기회 불가 • 전 세계 인구의 약 절반이 하루에 약 2 달러로 생활
9. 산업, 혁신 및 기반시설	• 1인당 제조업 부가가치 격차 심화됨 : 4500 달러(북미와 유럽) 대 100 달러(최빈국)
10. 불평등 감소	• 최빈층 40%는 전 세계 소득의 25% 미만을 벌어들임
11. 지속가능 도시와 지역공동체	• 2030년까지 도시 거주자는 50억 명으로 증가 • 도시 거주자의 10명 중 9명은 오염된 공기 마심
12. 책임감 있는 소비와 생산	• 이대로면 2050년까지 세 개 행성 분의 천연자원이 필요
13. 기후행동	• 1990년 이래로 이산화탄소 배출이 거의 50% 증가
14. 해양 보존	• 해양 생태계에 의존하는 30억 명 이상이 생계에 악영향
15. 토지 보존	• 숲 고갈과 사막화로 수백만 명의 삶과 생계에 영향
16. 평화와 정의, 강력한 제도	• 2018년 전쟁, 박해, 분쟁 난민이 7000만 명을 초과
17. 이행 파트너십	• 이상의 이행은 2030년까지 총 12조 달러 시장과 3억 개의 일자리 기회 발생

전 세계 인구의 약 절반은 여전히 하루에 약 2 달러(약 2667 원)에 해당하는 돈으로 살고 있고, 많은 곳에서 빈곤에서 탈출할 수 있는 능력을 보장하지 않는 직업을 가지고 있다. 아홉 번째 '산업, 혁신 및 기반 시설'은, 탄력적인 인프라를 구축하고 지속 가능한 산업화를 추진하며 혁신을 촉진하는 일이다. 유럽과 북미의 1인당 제조업 부가가치는 4500 달러(약 600만 원) 이상인 것에 비해 최빈국은 100 달러(약 13만 원)에 불과하다.

열 번째 '불평등 감소'는 국가 내 및 국가 간의 불평등을 완화하는 일이다. 최빈층 40%는 전 세계 소득의 25% 미만을 벌어들인다. 불평등은 지속되고 있으며, 다른 자산 외에 보건 및 교육 서비스 접근성에 대해서도 큰 격차가 남아 있다. 열한 번째 '지속가능한 도시와 지역공동체'는, 도시와 인간 정착지를 포용적이고, 안전하고, 회복력 있고, 지속 가능하도록 만드는 일이다. 2030년까지 도시 내에서 사는 사람들은 50억 명으로 증가할 것으로 예상된다. 게다가, 도시 거주자 10명 중 9명은 오염된 공기를 마신다. 일반적인 도시 문제는 많은 사람들에게 필수적인 서비스의 부족, 적절한 주택의 부족, 혼잡, 감소하는 사회 기반 시설의 부족, 고체 폐기물 처리, 그리고 도시 내의 오염을 포함한다. 열두 번째 '책임감 있는 소비와 생산'은, 지속가능한 소비와 생산 패턴을 보장하는 일이다. 천연 자원의 물질적 소비가 증가하고 있다. 2050년까지 현재의 생활 방식을 유지하기 위해서는 세 개의 행성에 해당하는 양의 자원이 필요할 수 있다. 이 목표는 "더 적은 양으로 더 많이 그리고 더 잘 사용하는 것"을 목표로 한다. 열세 번째 '기후행동'은 기후 변화와 그것의 영향을 막기 위해 긴급히 조치를 취하는 일이다. 이산화탄소의 세계적인 배출은 1990년 이래로 거의 50% 증가했다. 혁신적인 조치가 없다면, 세계의 평균 표면 온도는 금세기에 3도까지 상승할 것이다.

열네 번째 '해양 보존'은, 해양과 바다, 그리고 해양 자원을 보존하고 지속 가능하게 사용하는 일이다. 오염된 산성화로 인한 연안 해역의 지속적인 악화는 해양 및 연안 생물 다양성에 의존하는 30억 명 이상의 사람들의 생계에 악영향을 미치고 있다. 열다섯 번째 '토지 보존'은, 육상 생태계를 보호, 복원 및 지속 가능한 이용을 촉진하고 숲을 관리하며 사막화를 방지하고 토지 황폐화와 생물 다양성 손실을 중단 및 역전시키는 일이다. 매년 300만 헥타르(3만 Km^2)의 숲이 사라지고 건조지의 지속적인 황폐화로 인해 36억 헥타르(3600만 Km^2)가 사막화되어 수백만 명의 삶과 생계에 영향을 미치고 있다. 열여섯 번째 '평화와 정의, 강력한 제도'는, 지속가능한 발전을 위해 정의롭고 평화롭고 포용적인 사회를 촉진하는 일이다. 2018년에 전쟁, 박해, 분쟁에서 도망치는 사람들의 수가 7000만 명을 초과했다. 국제 살인, 인신매매, 성폭력, 아동에 대한 폭력의 위협이 해결되어야 한다. 열일곱 번째 '이행 파트너십'은 지속가능한 발전을 위해 정부, 민간, 시민사회가 서로 글로벌 파트너십을 활성화하여 실행 수단을 강화하는 일이다. 이 17가지 지속가능발전목표를 제공하면 2030년까지 12조 달러(약 1593조 5280억 원)의 시장 기회가 열리고 3억 개의 일자리가 창출되어 민간 자원의 변혁적 힘이 될 것이다.[25]

글로벌 공정무역 시장

'공정무역(Fairtrade)'이란 남반구 저개발국가 농가 등의 생산자와 노동자가 작물의 값을 제대로 받으면서 공평하고 정의로운 관계 속에서 지속가능한 생산과 유통을 추구하려는 무역 운동을 말한다. 공정무역은 세계에서 가장 인정받고 신뢰받는 지속가능성 분야이다. 공정무역 제품은 바나나, 꽃, 커피, 설탕, 차, 면화, 과일과 쥬스, 허브와 향신료, 꿀, 견과와 오일, 퀴노아, 쌀, 채소, 와인, 금, 스포츠 공, 초콜릿과 같은 복합 제품을 포함한다. 전 세계 공정무역 생산자 네트워크는 약 2백만 명 이상에 이른다. 이중 라틴 아메리카와 카리브해에는 37만 895명의 농부가 참여하고 있다. 아프리카에는 138만 7382명의 농부가 참여하고 있다. 이는 전체의 68%를 차지한다. 아시아와 태평양 연안은 27만 372명의 농부가 참여하고 있다. 이들이 한 해에 판매한 작물은 2억 160만 유로(약 2884억 원)이다. 이 중에는 커피의 비중이 41%로 제일 높고, 코코아 비중은 24%, 바나나는 17%, 사탕수수는 4%를 차지한다. 총 재배면적은 약 316만 헥타르(약 3만 1600km^2)에 이르며 코코아와 커피가 전체의 약 83%를 차지한다. 공정무역 제품은 농장에서 매장까지 엄격한 사회적, 환경적, 그리고 경제적 기준을 충족하며 독립적으로 감사를 받는다. 지속가능한 생산 관행을 개선하기 위하여 공정무역 생산자 네트워크, 협동조합 및 상업적 파트너는 우수한 농업 관행 교육, 여성의 의사결정 참여, 생계 소득 이상으로 가계 소득 증가를 위하여 가족과 협력하고 농장 생산성과 소득 회복력을 향상하는 일을 한다. '생계 소득 기준 가격 모델(Living Income Reference Price model)'은 농부들이 지속가능한 생산성 목표에 도달하고 구매자는 관련 비용을 충당하는 가격을 지불하는 점에서 공동 책임 개념을 기반으로 한다([그림 3.10]). 현지 환경 및 시기에 따라 생계 소득 기준 가격은 변동한다. 2023년을 전후로, 온두라스 친환경(organic dried parchment) 커피는 kg당 약 3.89 달러, 콜롬비아 친환경 커피는 kg당 약 3.03 달러, 가나의 코코아는 kg당 약 2.12 달러, 에티오피아의 산림(forest) 친환경 커피는 kg당 약 0.9 달러, 스리랑카의 코코넛은 넛트당 약 108루피, 마다가스카르의 바닐라는 kg당 약 13.16 유로 정도이다. 이러한 가격은 풀타임으로 일을 할 수 있는 충분한 토지가 있는 경우를 조건으로 책정하였으며 그렇지 않은 소규모 농부들은 생계를 유지하기 위해서 보완적인 소득원 혹은 더 높은 가격 조건이 필요하다. 공정무역 인증을 받은 모든 생산자 조직의 약 80%가 농업 생태학에 맞춰 기후 복원 관행을 채택하고 있으며 이는 이전 연도에 비하여 3배 증가한 수치이다.[26]

| 그림 3.10 | 생계 소득 기준 가격 산출 공식

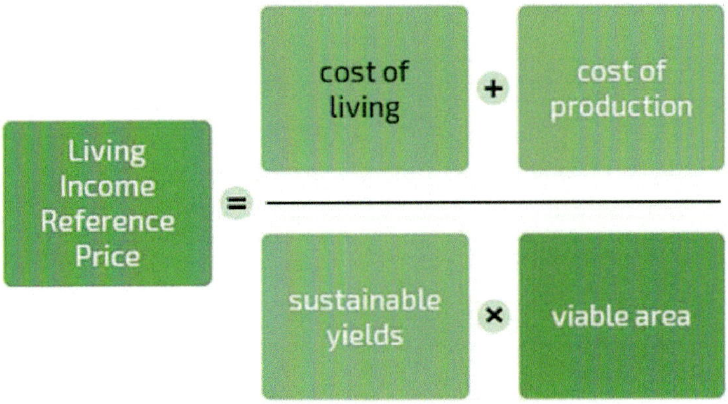

출처: Fairtrade International(2023), "Fairtrade Living Income: PROGRESS REPORT 2023", p.12.

글로벌 장애인 채용 현황과 포용성

세계건강조사 자료(2002-2004)에 의하면 전 세계 15세 이상 인구의 15.6%(약 7억 8천5백만 명)가 장애인이다. 이들 중 1억 1천만 명(2.2%)의 사람들이 매우 심각한 기능상의 곤란을 겪는다. 아동(0~14세)은 9천 5백만 명(5.1%)이 장애를 가지고 있으며 이들 중에서 1천 3백만 명(0.7%)의 아동이 심각한 장애를 가지고 있다.

장애인은 비장애인과 비교하여 노동시장에서 지속적인 불이익을 받고 있다. EU 27개 국가에서 장애인과 비장애인의 고용률 격차는 2022년 기준 약 21%의 차이가 난다. 한국의 경우는 이보다 더 심각하여 2023년 상반기 기준 약 28% 정도의 차이가 난다. 한국의 비장애인 취업률은 약 60%대 중반이며, 장애인의 취업률은 30%대 중반으로 이보다 훨씬 못 미친다. 미국의 장애인 취업률은 더 심각한데 미국 노동통계국(BLS)에 따르면 미국 장애인의 취업률은 약 20% 전후로 나타난다. 장애인 취업의 어려움이나 불평등은 각 국가의 다양한 특성에 따라 나타나고 인구 구성이나 건강 상태가 중요한 역할을 하지만 이러한 문제의 핵심은 차별 금지법 혹은 특정 사회 지원 정책 시행 등의 제도적 차이가 가장 큰 원인으로 나타난다.

장애인이 경제적 자율과 사회적 포용을 달성하려면 고용 참여가 필수적이다. 장애인은 사회적 배제와 빈곤의 높은 위험을 경험한다. 비장애인의 18%에 비하여 장애인의 약 29%가 빈곤 또는 사회적 배제의 위험에 처해 있는 것으로 나타났다. 학자들은 "고용되는 것이 고립을 줄이는 기회이자 빈곤을 줄일 수 있는 중요한 도구"라고 말한다. 장애인 고용의 질은 자기 충족뿐만 아니라 존엄성과 사회적 포용성을 갖춘 독립적인 삶을 사는 데 중요한 도덕적, 경제적인 의미를 갖는다.[27)]

글로벌 지속가능 투자와 UN PRI

지속가능 시장에 대한 투자도 매우 커지고 있다. 2023년 11월 현재 전 세계적으로 지속가능 투자자산에 약 30조 3000억 달러(약 4경 251조 원)가 투자되어 있다. 미국은 지속가능성의 엄격함이 증가함에 따라 투자자산의 집계 규모가 줄었으며 비미국 시장에서는 증가하고 있다. UN 책임투자원칙(United Nations Principles of Responsible Investment, UNPRI)은 지속가능성의 본질적인 문제들을 연기금·보험사·자산운용사·사모펀드운용사·투자자문사·은행 등 금융기관의 평가, 투자 분석 및 의사결정 프로세스에 통합시켜야 하며 지속가능한 글로벌 금융 시스템을 개발해야 함을 선언하였다. 2023년 3월 현재 UNPRI 서명자 수는 5391명(투자자 4841명, 서비스 제공자 550명)이다. 기관 투자자는 수익자의 장기적인 이익을 위해 최선의 행동을 해야 할 의무가 있으며 환경, 사회, 그리고 기업 지배 구조 문제가 투자 포트폴리오의 성과에 영향을 미치고 이러한 원칙을 적용해야 한다. 이것이 투자자와 사회의 더 넓은 목표를 더 잘 일치시킬 수 있다는 것을 인식해야 한다. ESG 책임투자의 6가지 원칙은 아래와 같다.[28)]

- 원칙 1: ESG 이슈를 투자 분석 및 의사결정 과정에 통합한다.
- 원칙 2: 적극적인 소유자가 되어 ESG 문제를 소유 정책 및 관행에 통합한다.
- 원칙 3: 투자대상 기업의 ESG 이슈에 대한 적절한 공시를 모색한다.
- 원칙 4: 투자업계 내에서 원칙의 수용과 이행을 추진한다.
- 원칙 5: 이러한 원칙을 실행하는 데 있어 효과를 높이기 위해 함께 노력한다.
- 원칙 6: 각자의 활동에 대해 보고하고 원칙을 이행하기 위한 진전을 이룬다.

한국 사회의 지속가능 투자시장도 연기금 중심의 책임투자를 통한 기업들의 지배구조 및 지속가능경영 논의로 확대 중이다. 국민연금은 스튜어드십 코드(Stewardship Code, 기후변화 등 주요 이슈에 대한 주주들의 의사결정 관여 과정)를 채택하였고 지속가능성 및 ESG 요소를 고려하는 기금 운용 원칙을 개정하였다. 이런 영향으로 국민연금과 함께 공무원연금 등 국내 연기금의 ESG 투자는 약 33조 2천억 원에 이르는 것으로 나타났다. 금융위원회는 자산 2조 원 이상의 코스피 상장사는 2025년부터 의무적으로, 나머지 코스피 전 상장사도 2030년부터 의무적으로 지속가능 경영을 공시하도록 하였다. 공공기관도 2025년부터는 지속가능 보고를 단계적으로 의무화하여 기업 공시와 보조를 맞추기로 했다. 이에 따라 국내 주요 금융지주들은 ESG 요소를 전사적인 경영전략에 통합시키려고 노력 중이다. 이는 기금 운용에 환경 및 사회 리스크 관련 모범규준을 수립하여 운영하는 일에서부터 사회적 가치 측정모델을 활용하고 펀드 내 투자대상 기업 선정 시에 기후변화 등 ESG 요소를 의무적으로 평가하는 등의 일을 포함하는 지속가능 책임투자에 대한 노력이다.[29] 다만, 지속가능 투자시장은 업계, 규제 기관 및 정책 입안자가 함께 그린워싱의 위험을 감소하고, 신뢰할 수 있는 지속가능성 측정과 평가를 해야 하는 과제가 있다.

실습도구

지속가능 시장분석 SMS 실습

지속가능성 시장에 대한 기업의 위험과 실패도 존재한다. 지금까지 기업은 전통적인 비즈니스 모델과 주주 중심의 관심사에서 광범위한 이해관계자의 관심사로 시장을 전환하는 것을 더디게 해왔다. 그 이유 중 일부는 수익 또는 지속가능성 중에서 하나는 가질 수 있지만 두 가지 모두를 가질 수 없다는 잘못된 인식도 깔려 있다. 초창기에 저품질, 고가격 환경 제품을 보유한 기업이 시장에서 실패했고 사회적책임 투자의 낮은 실적도 여기에 한몫했다. 그러나 최근에는 많은 기업에서 지속가능성 전략에 따른 운영 효율성 및 매출 증가, 그로 인한 비용 절감 효과, 자산 수익률과 현금 흐름 개선 등 재정적 이익을 발생시키고 있다. 여기에 투자자, 고객, 직원, 비즈니스 파트너, 지역사회, 정부 또는 대중들은 기업이 지속가능성 문제를 사전에 해결하기를 점점 더 원하고 있다. 이제 힘의 방향을 더 나은 세상을 위한 지속가능한 시장으로 바꾸어야 한다.

| 그림 3.11 | 지속가능 시장환경 분석 내용

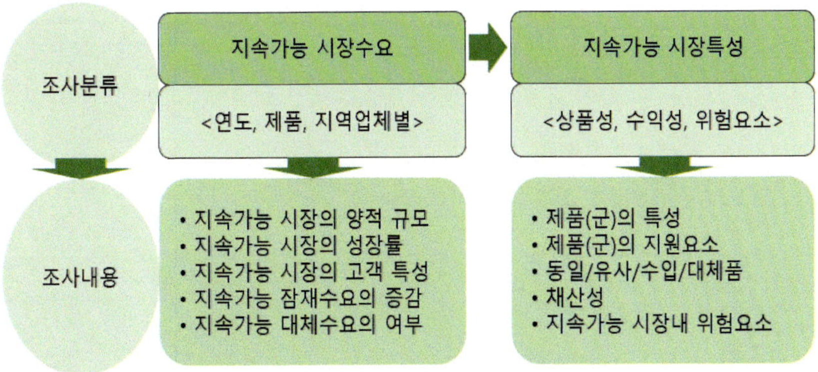

실무적으로 기업의 지속가능 시장 수요와 특성 분석은 현재 혹은 잠재 고객의 요구와 함께 보다 광범위한 이해관계자의 사회적, 환경적, 그리고 경제적 이익을 고려하는 포괄적인 분석이 필요하다.[30] 지속가능 시장은 이해관계자의 지속가능 시장 수요와 시장 특성을 파악하는 실무적인 절차이다. 지속가능 시장 수요는 자사의 사회적, 환경적, 그리고 경제적 시장의 연도별, 지역별, 제품별, 업체별 시장의 양적 규모 및 성장률, 이해관계자와 고객의 특성, 잠재수요 및 대체 수요를 파악한다. 시장 특성은 지속가능 제품 또는 서비스 구분별 고객구분별 기능 및 효익, 브랜드, 지원 요소(A/S, 배달, 사후관리 등), 동일 상품, 유사 상품, 대체품, 수입품 등을 조사하며 수익성이 얼마나 되는지, 시장 내 위협 요소는 어떤 것들이 있는지 체크한다([그림 3.11]).

그림 3.12 세그멘트별 지속가능 제품 및 시장점유율(SMS) 분석 매트릭스

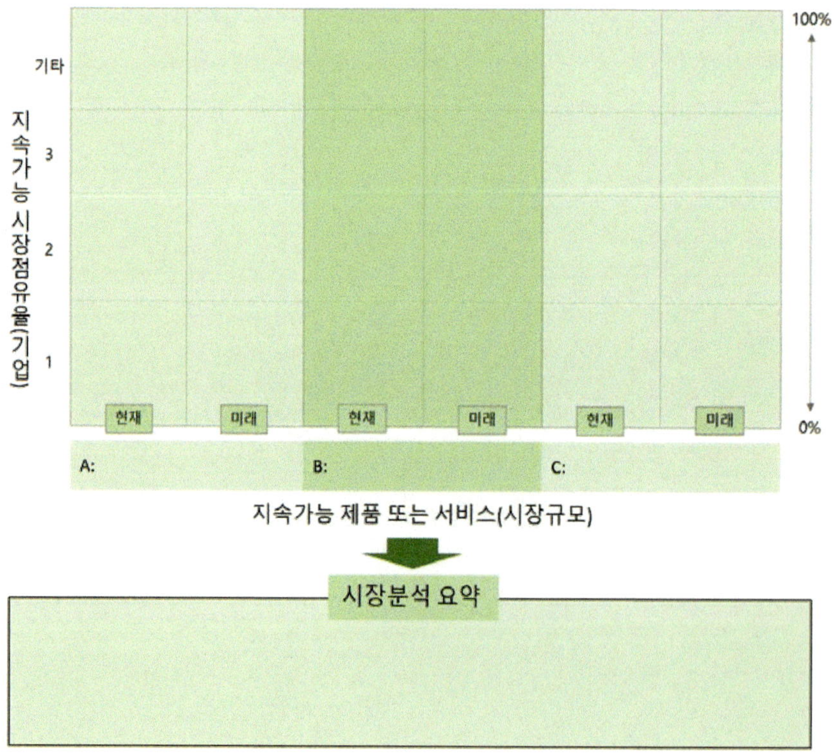

'세그멘트별 지속가능 시장규모와 시장점유율(SMS, Sustainability Market Segment)'을 세분화하여 분석하면 자사의 상대적 위치를 파악하고 고객, 유통 및 제품 전략에 참고할 수 있다. 동태적인 분석을 병행하여 과거, 현재, 미래를 조망한다. 세그멘트는 고객에 따라 지리, 인구통계, 심리, 행동(생활 습관)으로 구분한다. 더 넓게는 가격, 유통, 미디어, 타임, 상황별로 분류하여 분석한다. [그림 3.12]는 품목별 세크멘트 분석을 통하여 자사의 상대적 위치를 파악하고 제품 포트폴리오 전략에 참고한다.[31]

4 지속가능 내부역량 및 경쟁·협력 분석

지속가능 가치사슬 분석의 발전

지속가능성은 경쟁우위 전략의 중요한 요소이다. 기업은 지속가능성 시장과 제품을 혁신하고 운영 효율성을 통합한 경쟁우위 전략을 통하여 고객 만족과 함께 지역사회 등 다양한 이해관계자에게 이익이 되는 지속가능 경쟁우위 전략을 실현할 수 있다. 이를 위하여 기업은 지속가능한 고유의 제품 또는 서비스를 생성하고 제공하면서 더 넓은 외부 이해관계자, 환경과 사회에 공헌하는 공유된 이해와 문화적 사고방식이 필요하다. 또한 여기에 맞는 기업의 운영 체계와 노하우, 직원들의 역량이 필요하다. 지속가능 경쟁우위 전략은 시간이 지남에 따라 공유된 정체성으로 개발되고 기업의 차별성과 경쟁우위로 나타난다. 지속가능 경영활동은 기업 내부의 일과 조직, 그리고 그것을 처리하는 절차와 사람들로 연결되어 각각의 가치가 더해지고 융합되며, 최종적으로 재무적 성과와 비재무적 성과로 나타난다. 이러한 기업경영의 가치사슬(Value chain) 활동은 개인, 팀 또는 사업부, 때론 네트워크 조직 형태로 운영된다. 각각의 가치사슬 역량을 경쟁 혹은 선도, 협력 기업과 비교 평가함으로써 자사의 현 위치와 문제점 및 개선방안을 찾을 수 있다. 이는 [그림 3.13]과 같이 원재료, 물류, 생산, 마케팅, 영업, 배송, 서비스 등의 본원적 활동(PA, Primary Activities)과 기획, 지배구조, 재무, 연구개발, 공급망 관리, 이해관계자, 채용, 교육훈련, 보상 등의 지원적 활동(SA, Support Activities)으로 구분하여 살펴 볼 수 있다.[32]

연구 결과에 따르면 최고 경영진, 사회적책임, 홍보, 조달구매, 마케팅, 기획 및 인사 부서는 지속가능성 이행에 긍정적인 영향을 미치는 것으로 조사되었지만 재무, 회계 및 경영 통제 등 내부 성과 지향 부서의 지속가능성 관여도는 낮은 것으로 나타났다. 하지만, 지속가능성 관리는 기업의 모든 기능이 참여하여, 비일상적이었던 지속가능성 작업이 일상에서 숙달되도록 해야 한다. 이것은 기업이 사후에 지속가능성을 보고하여 평판을 얻으려는 단기적인 행동보다는, 일상적으로 지속가능성을 이행하고 관리하여 중장기적으로 기업의 평판과 정당성을 확보하는 데 관심이 둬야 함을 의미한다.[33] 가치사슬 분석은 각 활동의 강점과 약점으로 분석하고 경쟁기업 혹은 앞서가는 선도기업과 비교하여 현재 혹은 미래의 지속가능 차별화 원천을 파악하는 것이다. 가치사슬 활동은 기업 내부뿐만 아니라 외부의 공급자, 구매자, 사용자 및 지역사회 등 다양한 이해관계자와 연결되며 산업별, 제품 혹은 서비스별 지속가능 경영에 중요하고도 핵심에 더 밀접하게 연결된 가치사슬을 중심으로 분석한다.

그림 3.13 전사 지속가능 Value chain 분석 Framework

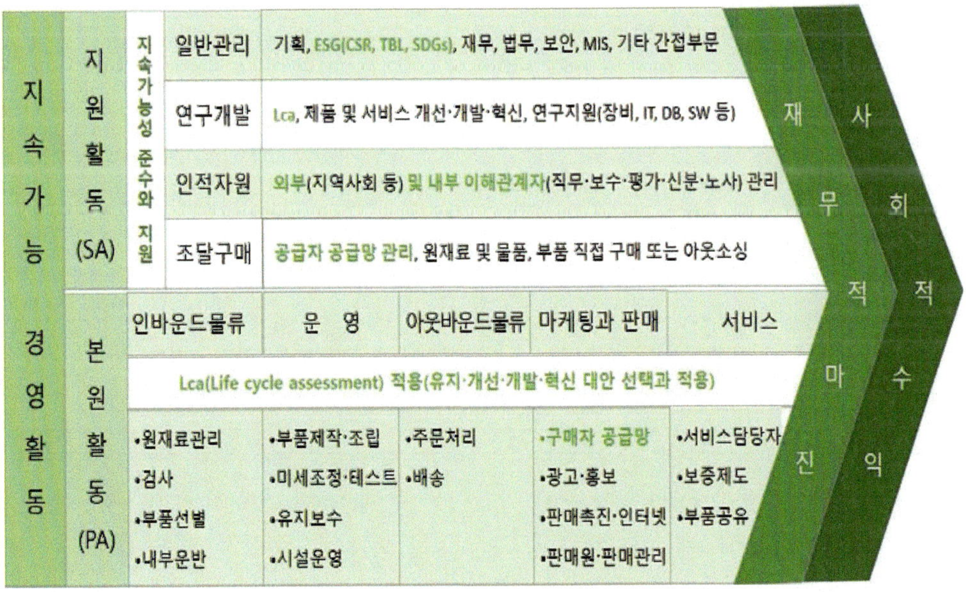

출처: Michael E. Porter(1985), "Competitive Advantage: Creating and Sustaining Superior Performance", Free Press, pp.46-47. 참조 재정의.

지속가능 핵심성공요소, CSF

CSF(Critical Success Factor, 핵심성공요소)는 조직(혹은 부서 및 개인 단위에서)이 비전 및 사업 목표를 달성하기 위하여 보유 또는 확보, 대응, 유지 및 발전해야 할 핵심적인 요소이며 산업 및 시장에서 성공하기 위한 필수적인 요소이다. CSF의 다섯 가지 주요 원천에는 '산업 특성', '산업 내 기업의 위치', '제도 등과 관련된 외부 여건', '일시적인 요소', '기능적인 요소'가 있다. 첫 번째, '산업 특성'은 산업 자체가 가진 CSF이다. 예를 들어 자동차 회사는 '연료 효율- '친환경 에너지원'으로 CSF 변동', '브랜드 이미지', '효율적인 판매조직'을, 슈퍼마켓은 '제품 믹스', '가격', '입지 - '구매 및 배달 편의'가 중요한 CSF로 부상"를, 전자제품 회사는 '디자인과 기술 정교화', '정부 R&D 지원 정책', '새로운 시장 요구 식별'을 CSF로 들 수 있다. 두 번째 '산업 내 기업의 위치'는 기업의 경험과 경쟁전략에 의해 결정되는 요인으로 개별적인 상황에 따라 다르다. 예를 들어 신규 진입 혹은 규모가 작은 회사는 '틈새시장'을, 중견 기업은 '메인 시장 진입을 위한 촉발 제품 확보'를 CSF로 할 수 있다. 세 번째 '제도 등과 관련된 외부 여건'이다. 이는 국가별 '정책 인센티브', MZ 세대의 소비 성향과 같은 '인구 추세', ESG처럼 '새로운 규정 혹은 제도의 도입', 환경과 관련된 '에너지원 규제' 등이 그것이다. 네 번째 '일시적인 요소'는 일반적이지 않은 일이 발생했기 때문에 특정 기간 동안 중요해지는 조직 내 활동 영역이다. 예를 들어 '최고경영자의 법적, 도덕적 이슈'가 대표적이다. '재고 관리'도 일시적인 CSF가 될 수 있다. 다섯 번째는 '기능적 요소'이다. '제품 품질', '재고 관리' 및 '현금 흐름' 등 기능 부분에서 특히 중요한 요인들이다. CSF는 시대에 따라 달라지기 때문에 동태적인 분석이 필요하다.[34)]

자동차 제조사의 CSF는 초기 '스타일(Styling)', '딜러 시스템 품질(Quality Dealer System)', '비용 통제(Cost Control)'에서 '에너지 표준 충족(Meeting Energy Standards)'이 추가되었다. 시간이 지나면서 '스타일'보다는 품질 혹은 연비와 관련된 확고한 '이미지(Image)'가 중요한 요인으로 대체됐다.

표 3.9 경제, 산업 및 기능 부문의 지속가능 CSF 사례

순환경제	자동차(HRM파트)
• 정부 헌신, 정책 인센티브 • 최고 경영진의 강력한 의지 • 국제적 동의와 정책 형성, 집행 • 지속가능성에 대한 직원의 의욕 • 재무 지원 • 효율, 안전, 신뢰 기술 • 폐기물 저감 및 적정 처리 • 공급망 부품 품질과 신뢰성 • 산업계의 지속가능성 인프라 • 지속가능 제품 소비 고객 • 운송 비용 및 배출 감소 • 투자자 유치 정책 형성 • 지속가능 교육 및 동기 부여 • 생태와 경제의 균형 유지 • 행사, 세미나 또는 광고 홍보	• 경영진의 강력한 지원 • 정부의 규제 정책(새로운 규범) • 기술 및 혁신 업그레이드(환경) • 공급망 관리와 좋은 관계 • 경영진의 몰입과 학습 • 표준화 및 통합 • 시장구조 및 역량 • 기업의 녹색 이미지 제고 • 공급업체에 대한 환경감사 • 인적자원개발 • 환경교육 • 환경적 조직문화 • 환경 경영을 지원하는 직원 참여 • 보상 및 인센티브 • 팀워크
신선식품	**전자산업**
• 이해관계자 관리 • 사업의 전략적 포지셔닝 • 정부의 지속가능성 정책 • 최고 경영진 약속 • 지속가능한 투자 • 조직 학습 • 지속가능한 혁신(기술, 운영) • 공급망 지속가능성 협력 • 신기술, 신소재, 새로운 프로세스 • ISO 인증과 같은 관련 인증 획득 • 직원 교육 • 친환경 물류 체계와 협력 • 지속가능한 운영 성과 • 지원 관리 및 감독 • 지역사회 복지 연계	• 직원의 지속가능성 혁신 태도 • 최고 경영진의 지원 • 대학 및 연구소 파트너십 • 지속가능 R&D 영역 보유 • R&D 협력 • R&D 외부 투자 • 지속가능 신제품 개발 프로세스 • 조직 학습 • 혁신 지향적 조직문화 • 정부 인센티브 • 프로젝트 관리 성숙도 • 흡수 능력 • 조직 전략 • 공급망 지속가능 통합 수준 • 정보기술 활용

최근에는 '기술 업그레이드와 혁신(Technology upgrading and innovation)', '그린 이미지(green image)', '공급자 환경 감사(Environmental auditing for suppliers)', '환경 교육(Environmental training)', '환경 경영에 대한 직원의 참여(Employee engagement supporting environmental management)' 등 친환경이 중요한 CSF로 작용한다.[35] 지속가능성 CSF는 제품의 생산성과 운영의 효율성을 넘어서 지속가능 경영에 대한 최고경영자의 강력한 의지, 사회적 및 환경적인 가치를 가진 제품 혹은 서비스 기술력이 필수이며 정부의 확고한 지원, 이해관계자 참여와 협력 등 외부 요인도 매우 중요한 것으로 나타났다. 장기적인 성과에 부응하는 재정, 제품의 품질 및 신뢰성 향상, 자원의 완전한 활용, 낭비 최소화, 제품의 수리 및 재제조 등을 통한 생태와 경제의 균형 유지, HRM(Human Resource Management, 인적자원관리)도 중요한 CSF이다. 〈표 3.9〉는 경제, 산업 혹은 기능 부분의 CSF 사례이다.[36]

지속가능 핵심역량 분석

기업은 핵심역량(Core Competency)에 집중하는 전략으로 지속가능 성과를 더 견고히 할 수 있다. 기업은 지속가능성에 적합한 자산이나 자원을 잘 사용하고 활용해야 하며 자원의 가치, 희귀성, 모방 불가능성을 판단하여 전략적인 의사결정에 정렬할 수 있어야 한다. 핵심역량은 조직 내 자원이 투입되고 개인 및 조직 능력이 지원하면서 일반역량에 가치가 더해져 핵심역량으로 발전한다.[37] 유럽과 중남미, 중앙아시아 지역에서 1만여 명 이상의 표본을 대상으로 고등교육에서 필요한 지속가능 기본역량을 조사한 결과 〈표 3.10〉과 같이 나타났다.[38]

핵심역량 분석은 산업이나 시장 측면보다는 내부 측면에서 자사의 핵심역량이 무엇인지 파악하여 핵심역량 중심의 경영을 추진하는 일이다.[39] 지속가능 시장에서 핵심적인 제품 혹은 서비스 노하우와 기술력을 보유하고 있다면 자사의 중요한 핵심역량이다. 핵심역량은 기술 및 노하우뿐만이 아니라 제품의 모양, 사용되는 부품이나 제조 절차, 회수 체계 혹은 서비스 전달 체계 및 서비스 품질 등을 포함한다.

표 3.10 **지역별 지속가능성 기본역량**

유럽	중남미	중앙아시아
• 환경 보존에 대한 약속 • 동등한 기회와 성별 문제에 대한 인식 • 사회적 책임과 시민의식 행동 능력 • 윤리적 추론에 바탕을 둔 행동 능력 • 안전에 대한 헌신 • 다양성과 다문화에 대한 감사와 존중	• 그들의 사회-문화적 환경에 대한 헌신 • 환경을 보존하는 데 전념 • 사회적 책임과 시민권 • 다양성과 다문화 관심과 존중 • 윤리적 헌신	• 건강한 생활 방식을 따르는 능력 • 타인에 대한 관용과 존중 • 생태 및 환경적 책임 • 애국심과 고유의 문화적 가치의 보존 • 사회적 책임

출처: Eizaguirre, A., García-Feijoo, M., and Laka, J. P.(2019), "Defining sustainability core competencies in business and management studies based on multinational stakeholders' perceptions", Sustainability, 11(8), 2303, p.16.

시장과 사회에서 고객 및 이해관계자에게 좋은 평가를 받는 제품, 즉 지속가능 시장점유율이 좋으면서 만족도가 높은 제품을 중심으로 연구개발, 제조, 마케팅 부서를 통하여 확인할 수 있다. 제품에 대하여 세부적으로 투입되는 자원, 지식, 기술뿐만 아니라 핵심 인력 보유, 탁월한 교육훈련 체제, 창의적인 조직문화 등 〈표 3.10〉에 나온 지속가능성 일반역량과 관련된 가치사슬의 지원활동 측면의 강점도 중요한 핵심역량이다. 핵심 제품 또는 서비스의 핵심역량, 지속가능 기본역량에서 도출한 핵심역량, CSF와 밀접한 역량을 모아 검증하고 순위를 정하면 자사의 핵심역량을 알 수 있다. 검증기준은 지속가능 제품 또는 서비스 시장과 사회에서 가치(Valuable)가 있으면서도 희귀(Rare)하고 경쟁기업으로부터 모방(Imitate) 혹은 대체(substitute)가 어렵거나 상당한 비용이 소요되어야 한다. 도출된 핵심역량은 다음과 같은 부가가치가 큰 역량이어야 한다. 그것은 첫째, 조직의 재무적인 수익과 함께 비재무적인 수익에 기여해야 한다. 두 번째는 이러한 핵심역량은 다양하고 광범위한 제품 혹은 서비스와 경영에 적용될 수 있어야 한다. 세 번째는 현재 시점에서 자사만의 독보적이면서 실질적인 투자가 수반되는 역량이어야 하고 미래에도 독보적인 위치를 유지 및 확대할 수 있어야 한다. CSF를 선정하고 핵심역량인지 여부를 판단하는 일은 가치사슬의 본원적 활동과 지원적 활동의 각 부서 관리자 설문조사를 통하여 과학적으로 검증해 보는 것이 좋다([그림 3.14]).[40]

| 그림 3.14 | 지속가능 핵심역량 개발 경로와 특성

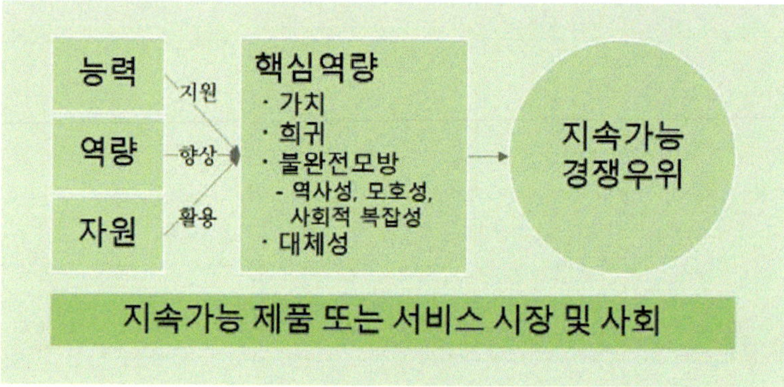

출처: Barney, J. B.(1991), "Firm resources and sustained competitive advantage", Journal of Management, 17(1), 99–120, p.112 참조 재정의.

경쟁자 혹은 선도기업 상호 비교분석 방법

경쟁환경 분석은 자사를 분석하는 항목을 그대로 경쟁자 혹은 앞서가는 선도기업의 분석에도 적용하는 방법이다. 즉, 자사와 경쟁자 혹은 선도기업을 상호비교분석하는 방법이다([그림 3.15]). 경쟁환경 분석을 통하여 지속가능 경영전략의 우수한 점을 도입하고 지속가능 경쟁우위전략을 수립한다. 경쟁환경 분석을 통하여 경쟁자 혹은 선도기업의 장점과 약점을 파악하고 예기치 못한 상황에 대응할 수 있다. 경쟁자에 대한 소문과 현실 상황을 직시할 수 있다. 또한 선도기업을 분석하여 시장과 사회에서 기회와 위협을 파악하고 새로운 지속가능 시장의 기회를 활용하고 위협에 대응할 수 있다. 먼저 경쟁자 혹은 선도기업을 파악하고 그중에서 시장의 핵심 경쟁자와 선도기업을 선정한다. 파악할 기회와 위협 등 벤치마킹 정보도 정의한다. 벤치마킹 정보는 인터넷과 함께 다양한 정보원을 통해 경쟁자 혹은 선도기업의 위치, 규모, 주요 제품 또는 서비스, 조직규모, 주요 전략, 최근 동향 등 기본 프로필 조사한다. 부서 및 직원 등 내부 채널을 이용하여 경쟁자 혹은 선도기업의 기본정보를 먼저 획득한다. 기본 조사와 함께 연간보고서 및 사업소개서, 소비자조사 및 이해관계자조사 자료, 연구보고서, 기사, 저널 등을 통하여 현재 및 미래의 지속가능 비즈니스 모델, 강점과 약점, 재무적인 성과와 비재무적인 성과, 브랜드 파워, 마케팅 전략 등 추가 벤치마킹 정보를 조사한다. 어떤 정보는 비용을 지불할 수도 있다.

그림 3.15 내부 및 경쟁자 역량 상호비교분석

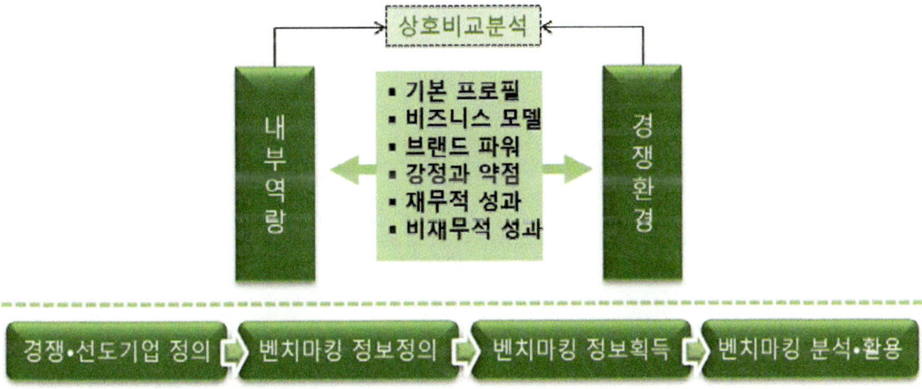

실습도구

지속가능 CSF 분석 실습

[그림 3.16]과 [그림 3.17]은 내부역량 CSF를 분석하는 매트릭스의 예이다. 내·외부 이해관계자에게 수집된 자료를 통하여 분석하고 지속가능 전략의 기초자료로 사용한다.[41)]

그림 3.16 지속가능 CSF 분석 매트릭스

구분		내 용	중요도	시기	역량
필요 조건	외부요인	• • • • •			
	기본역량	• • • • •			
가치 사슬	본원활동	• • • • •			
	지원활동	• • • • •			

CSF 분석 요약

⇨ 분석 방법은,

첫째, 수집된 '산업에서 최고가 되기 위해 애야 할 일(CSF)' 각각의 중복을 제거한다.

둘째, 각 CSF를 외부요인, 기본역량, 본원활동, 지원활동으로 정리한다.

셋째, 각 CSF가 지속가능성 시나리오를 고려하였는지 검토하여 제거 혹은 수정한다.

넷째, 필수적인 CSF라고 판단되는 데 수집된 자료에 없다면 추가한다.

다섯째, 전체 CSF 사이의 중요도를 평가하고 '상', '중', '하'를 적는다.

여섯째, 중요도 순서대로 30개 내 · 외의 CSF를 선별한다.

일곱째, 각 CSF의 시기에 'S(단기)' 혹은 'M(중기)' 혹은 'L(장기)'의 영문을 표기한다.

단기 혹은 중기 혹은 장기에 중복이 필요하면 S, M, L을 중복으로 표기한다.

여덟째, 각 CSF의 역량에 '강점' 혹은 '약점'을 적는다.

아홉째, CSF 분석이 주는 시사점을 요약한다.

실습도구

지속가능 내부역량 분석 실습

그림 3.17 지속가능 내부역량 분석 매트릭스

구분	내 용	중요도	시기
S	• • • • • • • • • • • •		
W	• • • • • • • • • • • •		

↓

내부역량 요약

⇨ 분석 방법은,

첫째, 수집된 '강점을 보호하는 일'(이하 'S')과 '약점을 해결하는 일'(이하 'W') 중에서 중복을 제거한다.

둘째, 각 'S'와 'W'를 정리한다. 어떤 일은 'S'이자 동시에 'W'이기도 하다.

셋째, 각 'S'와 'W'가 지속가능성 시나리오를 고려하였는지 검토하여 제거 혹은 수정한다.

넷째, 앞서 조사한 CSF 중에서 'S'와 'W'에 없는 것은 추가한다.

다섯째, 각 'S'와 'W' 사이의 중요도를 '상', '중', '하'를 평가하여 적는다.

여섯째, 중요도 순서대로 'S'와 'W' 각각 30개 내·외를 선별한다.

일곱째, 각 'S'와 'W'의 시기에 혹은 'M(중기)' 혹은 'L(장기)'의 영문을 표기한다.
단기 혹은 중기 혹은 장기에 중복이 필요하면 S, M, L을 중복으로 표기한다.

여덟째, 내부역량 분석이 주는 시사점을 요약한다.

검토 및 토론

- 지속가능 전략팀 구성과 자료 조사 이야기하기
- 내 · 외부 이해관계자의 요구와 희망, 과제 파악을 위한 현장(설문)조사 이야기하기
- 지속가능성 외부 환경의 내용을 STEEP 각 요인에 어떻게 포함할지 설명하기
- GRI의 범용 표준, 부문 표준, 주제 표준 이해하고 설명하기
- ESRS의 주요 구성 내용을 알고 설명하기
- SASB의 산업분류를 알고 설명하기
- ISO 26000의 표준 주제를 알고 설명하기
- IFRS S1과 S2를 알고 설명하기
- 배출권거래제(ETS) 및 EU의 탄소국경조정제도(CBAM) 알고 설명하기
- EU의 공급망실사법(CSDDD) 알고 설명하기
- 미국 SEC 및 캘리포니아 주 정부의 기후공시 알고 설명하기
- IFRS S1과 S2에 따른 한국 공시제도의 움직임 이야기 하기

- 산림 부분 ESG 주제별 요소의 예를 알고 이야기하기
- 글로벌 지속가능성 보고 추세를 G250 기업과 N100 기업으로 설명하기
- 국내·외 기업의 지속가능보고서 목차의 내용 이야기하기
- 거시환경(STEEP) 분석 매트릭스 사용하고 이야기하기
- BCG Matrix의 시장점유율을 지속가능 시장점유율로 변경하여 사용하고 이야기하기
- 산업구조(S5F) 분석 매트릭스 사용하고 이야기하기
- 녹색 기술 시장, SDGs 요구 수요, 공정무역 시장, 장애인 채용과 포용성 이야기하기
- UNPRI 6대 원칙을 설명하기
- 지속가능 시장 세그멘트(SMS) 분석 매트릭스 사용하고 이야기하기

제3장 **참고문헌**

1) Schwetje, G. and Vaseghi, S.(2007), "The business plan: how to win your investors' confidence", Springer Science & Business Media.

2) Laufer WS.(2003), "Social accountability and corporate greenwashing", Journal of Business Ethics, 43(3), 253-261.; Ramus CA.(2005), "When are corporate environmental policies a form of greenwashing?", Business and Society, 44(4), 377-414.; Rupert J. Baumgartner and Daniela Ebner(2010), "Corporate Sustainability Strategies: Sustainability Profiles and Maturity Levels", Sustainable Development, 18, 76-89.; UN(2024), "Greenwashing-the deceptive tactics behind environmental claims", https://un.org.

3) GRI(2024), "GRI 1: Foundation 2021, GRI 2: General Disclosures 2021, GRI 3: Material Topics 2021".

4) EU(2023), "Commission Delegated Regulation(EU) 2023/827 of 11 October 2022", Official Journal of the European Union", L104, 1-22.; CSRD(2024), "Directive(EU) 2022/2464 of the European Parliament and of the Council of 14 December 2022", Official Journal of the European Union, L322, 15-80.; ESRS(2023), "Commission Delegated Regulation(EU) 2023/2772 of 31 July 2023", Official Journal of the European Union", L series, 1-284.

5) ISO(2010), "ISO 26000: Guidance on social responsibility".; SASB(2024), "Using the SASB Standards", https://sasb.org.

6) SSB(2023), "IFRS S1, General Requirements for Disclosure of Sustainability-related Financial Information".

7) ISSB(2023), "IFRS S2, Climate-related Disclosures".

8) European Commission(2024), "The European Green Deal", https://commission.europa.eu.; SEC(2024), "The Enhancement and Standardization of Climate-Related Disclosures for Investors".; The State of California(2024), "Climate Corporate Data Accountability Act".; 한국회계기준원(2024), "지속가능성 공시기준 공개초안 요약".

9) KPMG International(2022), "Big shift, small steps, Survey of Sustainability Reporting 2022".

10) GRI and SASB(2021), "A Practical Guide to Sustainability Reporting Using GRI and SASB Standards".

11) UNPRI(2019), "An Introduction to Responsible Investment in Forestry".

12) 4개 기업 홈페이지(2024), "SKC Sustainability Report 2023, NAVER INTEGRATED REPORT 2022, IKEA Sustainability Report FY22, and Nestlé Creating Shared Value and Sustainability Report 2022".

13) Michael E. Porter(1980), "Competitive Strategy-Techniques for Analyzing Industries and Companies", Free Press.; Eric Lowitt(2011), "How Sustainability is Reshaping Competition", September 13, Wharton Magazine.; Evan Tylenda(2014), "Sustainability and the Five Forces Model", September 2, https://sasb.org.

14) Brandenburger, A. M. and Nalebuff, B. J.(2011), "Co-opetition: A Revolutionary Mindset That Combines Competition and Cooperation", Summaries.Com.

15) Tamar Wilner(2011), "UPS, FedEx Report Efficiency Gains", Environment+Energy Leader, https://environmentenergyleader.com

16) Peattie, K. and Belz, F. M.(2010), "Sustainability marketing—An innovative conception of marketing", Marketing Review St. Gallen, 27(5), 8-15.

17) Didia, J. U. D. and Ateke, B. W.(2017), "Business portfolio analysis and marketing strategy implementation: The case of BCG and General Electric matrix", International Journal of Social Science, Management and Human Development, 7(2), 95-100.

18) RE100(2024), "We are accelerating change towards zero carbon grids at scale", https://there100.org.; RE100(2023), "Mythbusting renewable electricity".; RE100 (2023), "Driving renewables in a time of change".

19) Heikkurinen, Pasi, C. William Young, and Elizabeth Morgan(2019), "Business for Sustainable Change: Extending Eco-Efficiency and Eco-Sufficiency Strategies to Consumers", Journal of Cleaner Production, 218, 656-664.; Sheth, J. N. and Parvatiyar, A.(2021), "Sustainable marketing: Market-driving, not market-driven", Journal of macromarketing, 41(1), 150-165.

20) Andersen, Mikael Skou(2007), "An Introductory Note on the Environmental Economics of the Circular Economy", Sustainability Science, 2, 133-140.

21) Pulido-Fernández, J. I. and López-Sánchez, Y.(2016), "Are tourists really willing to pay more for sustainable destinations?". Sustainability, 8(12), 1240.

22) Beverland, Michael B.(2014), "Sustainable Eating: Mainstreaming Plant-Based Diets in Developed Economies", Journal of Macromarketing, 34 (3), 369-382.

23) Shultz, Clifford J. and Morris B. Holbrook(2009), "The Paradoxical Relationship Between Marketing and Vulnerability", Journal of Public Policy & Marketing, 28 (1), 124-127.

24) R. Y, Yugandhara(2023), "Green Technology & Sustainability Market Opportunity Report", SNS Insider.; Fortune Business Insights(2023), "Green Technology and Sustainability Market".

25) Sheth, J. N., and Parvatiyar, A.(2021), "Sustainable marketing: Market-driving, not market-driven", Journal of macromarketing, 41(1), 150-165.; UNICEF(2024), "UNICEF and the Sustainable Development Goals", https://unicef.org.

26) Fairtrade International(2022), "Building resilience in a changing world: ANNUAL REPORT 2021-2022".; Fairtrade International(2023), "Fairtrade Living Income: PROGRESS REPORT 2023".; Fairtrade International(2023), "Monitoring the scope and benefits of Fairtrade: Overview - Monitoring Report, 14th Edition".

27) Angelina Atanasova(2023), "ETUI Policy Brief, Narrowing the employment gap for people with disabilities: The need for effective policy implementation", European Economic, Employment and Social Policy, 1-9.; 장애인고용공단(2023), "2023년 상반기 장애인경제활동실태조사".; U.S. Bureau of Labor Statistics(2023), "Persons with a Disability: Labor Force Characteristics-2023".; 세계보건기구(2011), "WHO세계장애보고서, 전지혜·박지영·양원태 역", 한국장애인재단.

28) UNPRI(2023), "2022-23 ANNUAL REPORT".; UNPRI(2024), "What are the Principles for Responsible Investment?", https://unpri.org.; Global Sustainable Investment Alliance(2023), "Global Sustainable Investment Review finds US$30 trillion invested in sustainable assets", https://gsi-alliance.org.

29) 금융위원회(2021), "ESG 국제동향 및 국내 시사점".

30) Mitchell, R. W., Wooliscroft, B., and Higham, J.(2010), "Sustainable market orientation: A new approach to managing marketing strategy", Journal of Macromarketing, 30(2), 160-170.; Gordon, R., Carrigan, M., and Hastings, G.(2011), "A framework for sustainable marketing", Marketing theory, 11(2), 143-163.

31) George S. Day(1990), "Market Driven Strategy: Processes for Creating Value", Free Press.; Shili Sun(2009), "An Analysis on the Conditions and Methods of Market

Segmentation", International Journal of Business and Management, 4(2), 63-70.; Jerry W. Thomas(2009), "Market Segmentation", Decision Analyst, 1-10.

32) Michael E. Porter(1985), "Competitive Advantage: Creating and Sustaining Superior Performance", Free Press.; Bryson, J. R. and Lombardi, R.(2009), "Balancing product and process sustainability against business profitability: Sustainability as a competitive strategy in the property development process", Business Strategy and the Environment, 18(2), 97-107.; Werastuti, D. N. S., Sukoharsono, E. G., Saraswati, E., and Prihatiningtias, Y. W.(2019), "Are Competitive Strategies and Strategic Alliances Role in Improving Sustainability Performance?", Journal of Environmental Management and Tourism, 9(7), 1498-1511.

33) Schaltegger, S., Harms, D., Windolph, S. E., and Hörisch, J.(2014), "Involving corporate functions: who contributes to sustainable development?", Sustainability, 6(5), 3064-3085.; Epstein, M. J.(2018), "Making sustainability work: Best practices in managing and measuring corporate social, environmental and economic impacts", Routledge.; Kiesnere, A. L., and Baumgartner, R. J.(2019), "Sustainability management in practice: Organizational change for sustainability in smaller large-sized companies in Austria", Sustainability, 11(3), 572.

34) Bullen, C. V. and Rockart, J. F.(1981), "A primer on critical success factors", Center for Information Systems Research, 69, 1-64.

35) Goyal, S., Garg, D., and Luthra, S.(2022), "Analyzing critical success factors to adopt sustainable consumption and production linked with circular economy", Environment, Development and Sustainability, 24(4), 5195-5224.

36) Goyal, S., Garg, D., and Luthra, S.(2022), "Analyzing critical success factors to adopt sustainable consumption and production linked with circular economy", Environment, Development and Sustainability, 24(4), 5195-5224.; Gedam, V. V., Raut, R. D., Lopes de Sousa Jabbour, A. B., Narkhede, B. E., and Grebinevych, O.(2021), "Sustainable manufacturing and green human resources: Critical success factors in the automotive sector", Business Strategy and the Environment, 30(2), 1296-1313.; Su, M., Woo, S. H., Chen, X., and Park, K. S.(2023), "Identifying critical success factors for the agri-food cold chain's sustainable development: When the strategy system comes into play", Business Strategy and the Environment, 32(1), 444-461.; Dos-Santos, S. M., Pacagnella Junior, A. C., Fournier, P. L., Morini, C., and Santa-Eulalia, L. A.(2022), "Critical success factors for the innovativeness of the electronic industry: An analysis in developed and developing countries", Creativity and

Innovation Management, 31(4), 573-598.

37) Barney, J. B.(1991), "Firm resources and sustained competitive advantage", Journal of Management, 17(1), 99–120.; Weeks, J. and Galunic, C.(2003), "A theory of the cultural evolution of the firm: The intra-organizational ecology of memes", Organization Studies, 24(8), 1309-1352.; Ljungquist, U.(2007), "Core competency beyond identification: presentation of a model. Management Decision", 45(3), 393-402.; Lloret, A.(2016), "Modeling corporate sustainability strategy", Journal of Business Research, 69(2), 418-425.

38) Eizaguirre, A., García-Feijoo, M. and Laka, J. P.(2019), "Defining sustainability core competencies in business and management studies based on multinational stakeholders' perceptions", Sustainability, 11(8), 2303, 1-21.

39) Amit, R. and Schoemaker, P. J.(1993), "Strategic assets and organizational rent", Strategic management journal, 14(1), 33-46.

40) Hesterly, W. and Barney, J.(2014), "Strategic management and competitive advantage", Pearson.

41) George S. Day(1990), "Market Driven Strategy: Processes for Creating Value", Free Press.; Shili Sun(2009), "An Analysis on the Conditions and Methods of Market Segmentation", International Journal of Business and Management, 4(2), 63-70.; Jerry W. Thomas(2009), "Market Segmentation", Decision Analyst, 1-10.

Chapter 4

지속가능 사업전략 수립 방법론

Chapter 4 목 차

Chapter 4 사례연구 & 실습도구

Chapter 4 학습목표

1. 지속가능 전략적 의사결정의 통합 모형을 식별하여 이해한다.
2. 비전 수립 및 성장 전략 도구를 식별한다.
3. 지속가능 전략수립의 5가지 조건을 이해한다.
4. 지속가능 전략수립의 참여형 Origin SWOT를 식별하여 이해한다.
5. 지속가능 전략의 중대성 주제 선정과 전략 조합 방법을 이해한다.
6. 지속가능 전략 대안 평가 방법을 식별하여 이해한다.
7. 지속가능 전략 목표관리 방법의 경험과 발전을 식별하여 이해한다.
8. Nestlé, Natura &Co의 사례를 이해하고 시사점을 제시한다.
9. GE 9-Cell, 중요한 전략 주제 선정, 전략 대안 Risk & Reward 평가 실습도구를 이해하고 사용한다.

1 지속가능 비전 및 기업전략 수립

지속가능 전략적 의사결정 통합 모형

기업이 사명이나 비전을 검토할 때, 전략이나 목표를 수립하고 실행할 때 매 순간 의사결정을 해야 한다. 의사결정은 경영자의 강력한 기업가적 정신을 중심으로 내리기도 하고, 문제에 따라 단편적으로 그때그때 대응하기도 한다. 하지만 경영자 독단으로 혹은 단편적으로 정하기보다는 새로운 기회에 대해 사전에 탐색하고 기존의 문제는 전후좌우 상황을 봐가며 의사결정을 하는 것이 필요하다. 즉, 가장 적절한 전략을 합리적으로 선택하는 전략적 의사결정이 필요하다.[1)]

지속가능 경영의 전략적 의사결정은 지속가능성 사명이 재무적 성과와 함께 지역사회와 환경, 그리고 다양성과 윤리경영 등 사회적책임에 대해 헌신할 수 있다는 확신이 필요하다. 글로벌 지속가능성 리더 기업들은 자기 이익에 국한된 문제에만 집중하기보다는 사회 및 환경 중심의 문제에 더 중점을 두고 있다. 이러한 리더 기업들은 그렇지 않은 기업에 비하여 자산 수익률, 과세 전 이익 및 현금 흐름 등의 재무적 성과가 더 높게 나타난다.[2)] 지속가능성 추세를 감안할 때 '지속가능성을 위한 사명', '지속가능성이 핵심인 전략 수립', '비즈니스 전 분야에 포함된 지속가능성', '말이 아닌 행동과 확고한 규칙', '이사회 수준의 힘을 가진 지속가능성 기구 설치', '이해관계자 참여' 등 회사의 모든 시스템을 지속가능성 비전과 일치시키는 데 주저할 시간이 없다.[3)]

기업의 전략적 의사결정은 진행 중인 사업영역에서 혹은 새로이 선택한 신규사업 영역에서 비전을 새로이 정하고 외부 및 내부 경영환경을 분석하여 전략 대안을 찾고 실행하는 절차가 필요하다.[4)] [그림 4.1]은 지속가능 경영의 전략적 의사결정 과정과 항목(영문 이니셜)을 나타낸 그림이다.

| 그림 4.1 | 지속가능 전략적 의사결정 통합 프레임워크(Framework) 절차와 항목

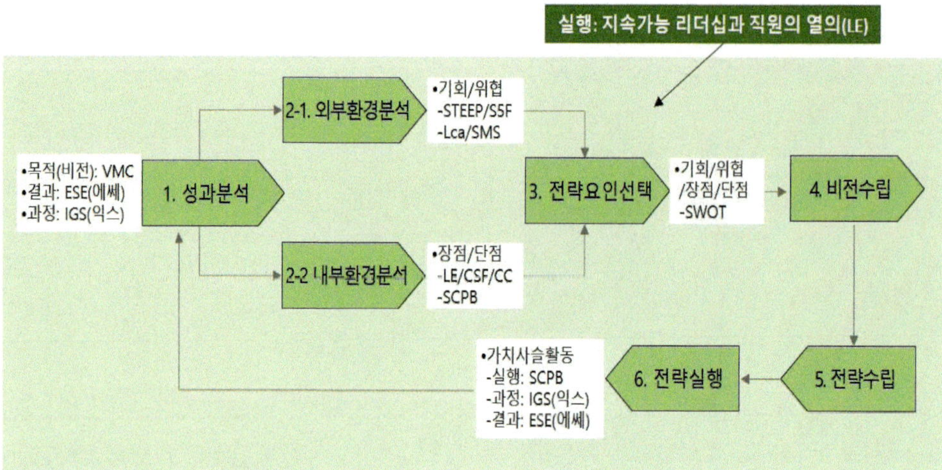

* VMC: Vision, Mission, Core value, ESE(에쎄): Environmental, Social, Economic, IGS(익스): Innovation, Governance, Stakeholder, LE: Leadership, Enthusiasm, SCPB: Style, Culture, Program, Budget

지속가능 경영의 성과 문제는 너무 좁거나 너무 광범위한, 혹은 방향이 부적절한 사명을 진술하는 등의 분명하지 않은 기업 목적에서 비롯될 수 있다. 사명이 비즈니스에 일관된 주제를 제공하지 않으면 경영자는 기업이 지금 어디로 향하고 있는지 방향을 잡을 수 없다. 반대로 일관되고 분명한 사명은 지금 기업이 어디로 향해가고 있는지 혼동할 때 방향을 명확히 잡도록 해준다. 부적절하게 설정된 기업의 목표도 문제이다. 부적절한 목표는 부서가 외부와 경쟁 또는 협력하기보다는 내부에서 서로 경쟁하도록 잘못 인도한다. 단기적인 운영 목표에 너무 집중하거나 너무 일반적이고 실질적인 지침을 거의 제공하지 못하는 경우도 문제이다. 계획된 목표와 달성된 목표 사이에 격차가 생긴다면 지속가능 경영성과를 높이기 위해 전략을 변경하거나 목표를 더 현실적으로 하향 조정해야 한다.[5]

비전과 사명, 핵심가치 수립

기업의 목적은 '비전(Vision)'을 통하여 나타난다. 비전이란 "기업의 미래에 대한 상 또는 그림으로, 일정 기간이 정해진 중기 또는 장기간 내에 기업이 목표를 달성했을 때 그려지는 모습으로 궁극적으로 사회적, 환경적, 그리고 경제적 가치와 영향이 확장된 기업의 미래상"을 말한다. 즉, 비전은 미래에 대한 상 또는 그림으로, 현재의 조직이 도달하고자 하는 미래의 모습이며 일반적으로는 장기적인 미래의 목표라고 생각할 수 있다. 사명(Mission)은 "기업이 비전을 달성하기 위하여 사회적, 환경적, 그리고 경제적 목표와 이해관계자 참여 및 좋은 지배구조 등을 향해 이끌리는 공유된 인식으로써의 신념 및 임무"를 말한다. 기업은 비전과 사명을 달성하기 위하여 지향해야 할 구심점이 필요하다. '핵심가치(Core value)'는 "기업이 사명을 유지하고 비전을 달성하기 위하여 대내·외적으로 지향해야 할 기업 구성원들의 생각과 행동의 기준"을 말한다.

| 그림 4.2 | 기업 Visioning : 비전, 사명, 핵심가치 세우기

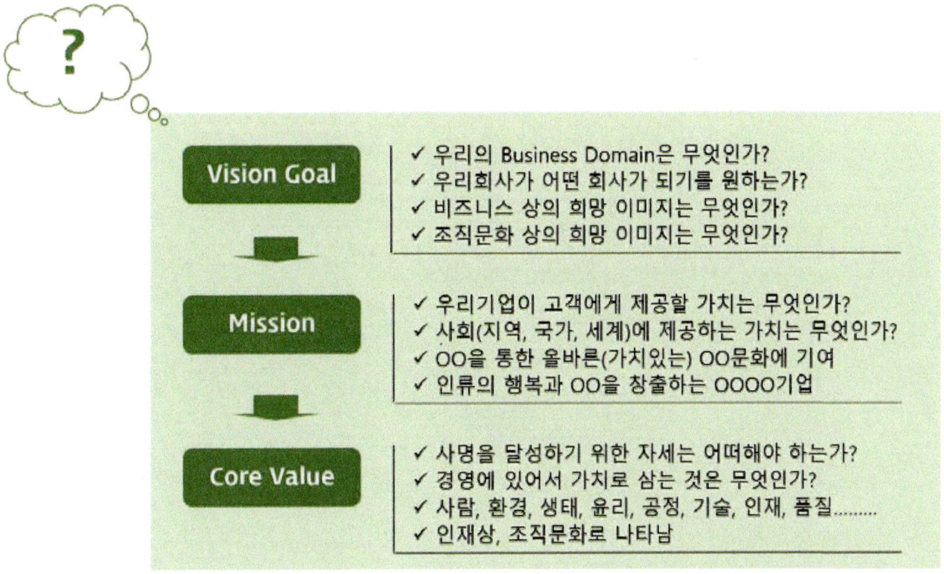

기업이 목적을 달성하기 위해서는 계획적인 운영을 요구하며, 목표에 따른 사명을 부여하게 된다. 따라서 '비전을 수립하는 일(Visioning)'은 현재의 조직을 보다 목표 관리적 조직으로, 보다 계획성 있는 조직으로 변화시키는 요인이 된다. Visioning(비전만들기)은 [그림 4.2]와 같이 비전, 사명, 핵심가치를 정하는 일이다.

이러한 비전은 목적에 맞도록 지속가능성 가치와 영향을 명확히 하고 차후 수립할 혹은 앞서 수립한 전략과 일관성이 있어야 한다. 외부적으로는 기업의 지속가능성 이미지 제고와 외부 이해관계자 동기부여를, 내부적으로는 직원 등 내부 이해관계자에게 동기를 부여할 수 있어야 한다. 목표는 구체적이고 근위적(proximal)인데 반하여, 비전은 종종 추상적이고 이미지화된 언어를 사용하고 가치, 원위적(distal) 목표 및 유토피아적 결과를 강조한다. 비전은 최고경영자의 적극적인 지원과 이해관계자의 필요를 반영하고 참여할 수 있도록 해야 하며, 부서와 직원의 공유된 이해가 있어야 한다. 미래지향적이며 창조적이어야 성공할 수 있다. 비전은 직원의 감정, 집단 정체성, 리더에 대한 열망 및 관계적 애착에 영향을 주어 동기와 성과를 높인다.

| 그림 4.3 | 미래 시나리오 다른 전략 요소 관계

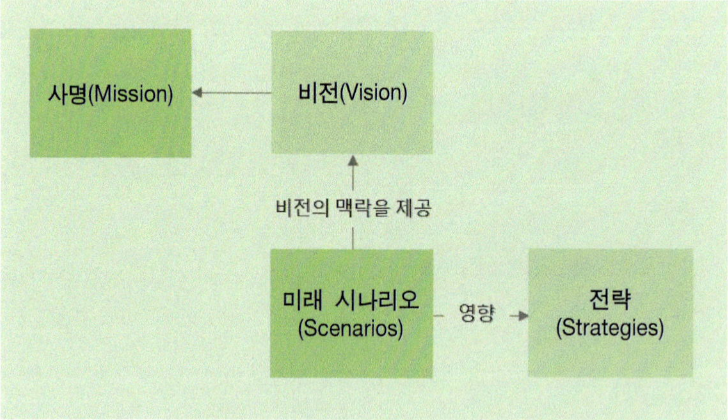

출처: Gates, L. P.(2010), "Strategic planning with critical success factors and future scenarios: An integrated strategic planning framework", Software Engineering Institute, 11, 67, p.29.

따라서 올바른 비전은 직원이 조직에 몰입하게 하고 활력을 불어넣으며 직원의 삶에 의미를 가져다준다. 또한 기업이 지향하는 사회적, 환경적, 그리고 경제적 가치와 영향의 기준을 제시하며 현재와 미래를 잇는 다리의 구실을 한다.[6]

시나리오의 비전 및 전략 연결

시나리오는 "미래에 발생할 수 있는 상태를 설명하거나 그러한 상태가 어떻게 발생할 수 있는지에 대한 이야기를 제공하는 일종의 전략 세트"이다. 비전 수립을 위한 시나리오(Scenario) 방법은 예측 가능한 산업 전개의 시나리오 대안별로 산업의 생명주기 자체를 선도하는 전략 혹은 산업의 변화에 유연하게 대처하는 전략 혹은 투자는 유지하되 공격은 피하는 보수적인 전략 중에서 하나의 방법을 택하는 전략이다. 시나리오는 전략적 의사결정을 지원할 뿐만 아니라 여러 시나리오가 탐색되고 유지되는 동안 궁극적으로 하나의 공유된 비전을 산출한다([그림 4.3]). 지속가능성의 미래에 대해 깊이 생각하고 창의적으로 생각하는 것이 매우 중요하다. 시나리오를 고려하지 않으면, 기업은 다가올 미래에 놀라고 준비되지 않을 위험을 감수해야 한다. 시나리오 예측이 빗나갈 경우 위험이 따를 수 있지만, 현재 혹은 미래에 다가올 필연적인 지속가능성 시나리오는 조직이 사명을 달성하고 비전을 개발하는 데 유용한 맥락이 될 것이다.[7]

지속가능 성장전략 탐색 도구

기업전략은 지속가능성 사업의 새로운 영역을 정하는 일이다. 기존 제품 라인은 생산량이 증가함에 따라 비용이 감소하는 '규모의 경제' 원리로 가치와 수익을 창출한다. '범위의 경제'는 기존 사업영역과 연관된 분야에서 자원을 같이 사용하여 비용 절감 및 효율을 추구하는 일이다. 새로운 영역을 찾기 위해서는 이처럼 범위의 경제를 통하여 지속가능성 시장의 힘을 확대하고 가치와 수익을 창출하는 방법 혹은 인수합병, 공동투자, 내부 개발 등을 통하여 새로운 분야에서 지속가능 성장 동력을 찾아야 한다.[8] 앤소프 매트릭스(Ansoff Matrix)는 제품과 시장 관점에서 나타나는 4가지의 본원적인 전략을 순차적으로 탐색하여 최적의 전략을 도출하는 모형이다. 기존시장에 지속가능 신제품으로 진출(제품 개발)하거나 지속가능 신시장에 새로운 지속가능 제품으로 진출하는 전략(다각화 전략)은 지속가능 성장전략의 일환이 된다(표 4.1〉).

표 4.1 제품 및 시장 구분에 따른 성장전략

구 분	기존제품	지속가능 신제품
기존시장	①시장침투	②지속가능 제품개발
지속가능 신시장	③지속가능 시장개척	④지속가능 다각화

'집중 성장전략'은 앤소프 매트릭스의 ①, ②, ③과 같이 현재의 제품이나 시장과 관련된 사업 중에서 성장 기회를 찾는 전략이며, '통합 성장전략'은 기업이 관련 기업들을 인수 및 합병 등을 통하여 흡수, 통합하여 지속적으로 성장하려는 전략이다. '다각화 성장전략'은 앤소프 매트릭스의 ④와 같이 지금까지 기업 활동에서 얻은 지식, 경험, 판매조직, 고객을 기존 사업 영역과 관련이 없는 새로운 분야에 투자하여 새로운 지속가능 성장 기회를 발견하려는 적극적 성장전략이라고 할 수 있다.[9]

'전략나침반(Strategic Compass) 기법'은 자사의 전략 방향에 결정적 영향을 주는 2가지의 요소를 결정하고 그 위에 자사의 현 위치를 표시하고 나아갈 수 있는 가능한 전략 대안을 찾는다([그림 4.4]).

| 그림 4.4 | 전략나침반(Strategic Compass) 대안 선정 좌표

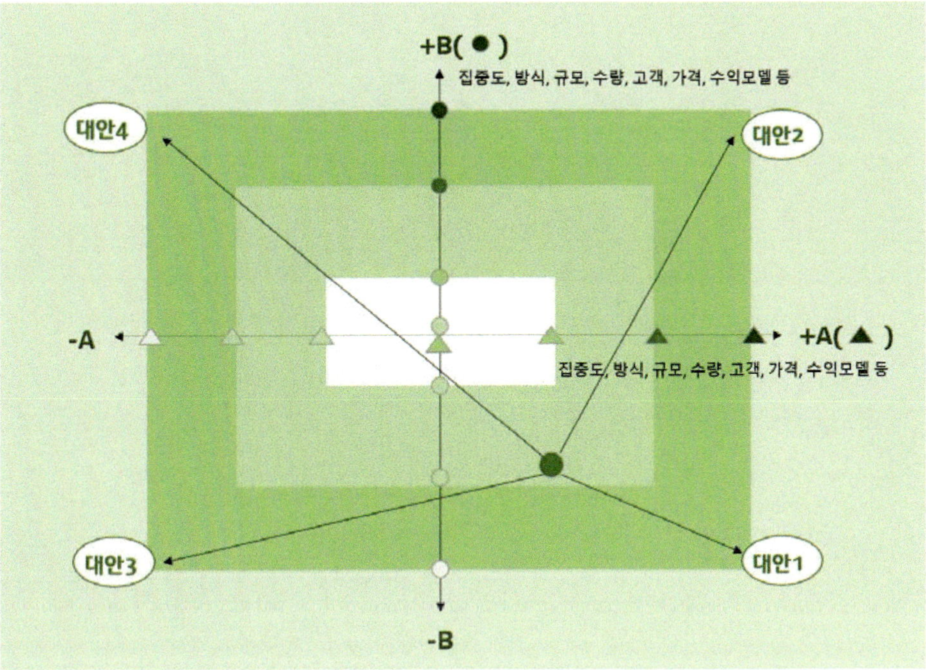

실습도구

GE 9-Cell 지속가능 포트폴리오 분석 실습

여러 가지 제품 혹은 서비스를 취급하고 있다면 자원을 어떻게 배분하여 운영하는 것이 좋은가? 어떤 수준의 분배가 경쟁우위를 불러올 것인가?를 결정하는 문제가 발생한다. 'GE 나인 셀 매트릭스(9-Cell Matrix)'는 시장 매력도와 비즈니스의 경쟁적 위치의 두 가지 차원을 분석하여 자원 배분을 결정하는 매트릭스이다([그림 4.5]).

그림 4.5 GE 9-Cell Matrix

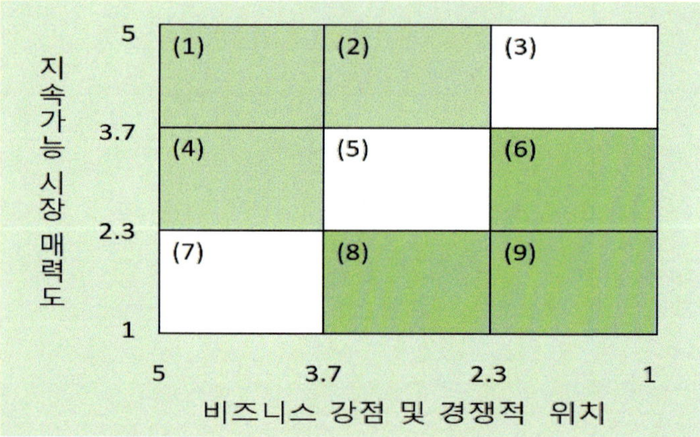

출처: Didia, J. U. D. and Ateke, B. W.(2017), "Business portfolio analysis and marketing strategy implementation: The case of BCG and General Electric matrix", International Journal of Social Science, Management and Human Development, 7(2), p.98.

지속가능 시장과 제품에 적용하여 사용한다. 세로축은 각 산업의 장기적인 매력도를 나타내며, 분석 요소는 시장성장률, 시장 규모, 수익성, 경쟁 강도, 계절성과 순환적 영향, 규모의 경제 가능성, 기술과 자본 요구 사항, 새로운 위협과 기회, 사회적, 환경적, 규제적 영향을 고려한다. 가로축은 비즈니스의 강점 및 경쟁력의 정도를 나타내며, 분석 요소는 상대적인 시장점유율과 수익성, 비용 및 제품 품질의 경쟁력, 고객 및 시장에 대한 지식, 비즈니스 역량(유통망, 홍보 및 마케팅, 규모의 경제 접근성, 기술 숙련도, 지원 서비스, 제조 효율성), 생산 능력과 품질로 구성된다. 가로축 및 세로축 각각의 요인들의 가중치를 고려한 종합점수를 5점 척도로 평가한다.[10)]

상기의 (1), (2), (4)의 영역은 지속가능 시장 매력도와 경쟁력이 높으므로 계속해서 투자하여 성장시켜야 한다. 반대로 (6), (8), (9)의 영역은 지속가능 시장 매력도와 경쟁력이 바람직하지 못하므로 수확 또는 매각, 철수 혹은 재배치를 고려한다. (3)의 영역은 경쟁력이 약하다. (2) 또는 (6)으로 이동할 가능성이 있다. (7)의 영역은 낮은 시장매력도로 투자보다는 유지전략을, (5)의 영역도 유지 혹은 효율적 자원 배분을 고려하여 철수 혹은 매각을 고려한다.

그림 4.6 포트폴리오 분석 GE 9-Cell Matrix 실습

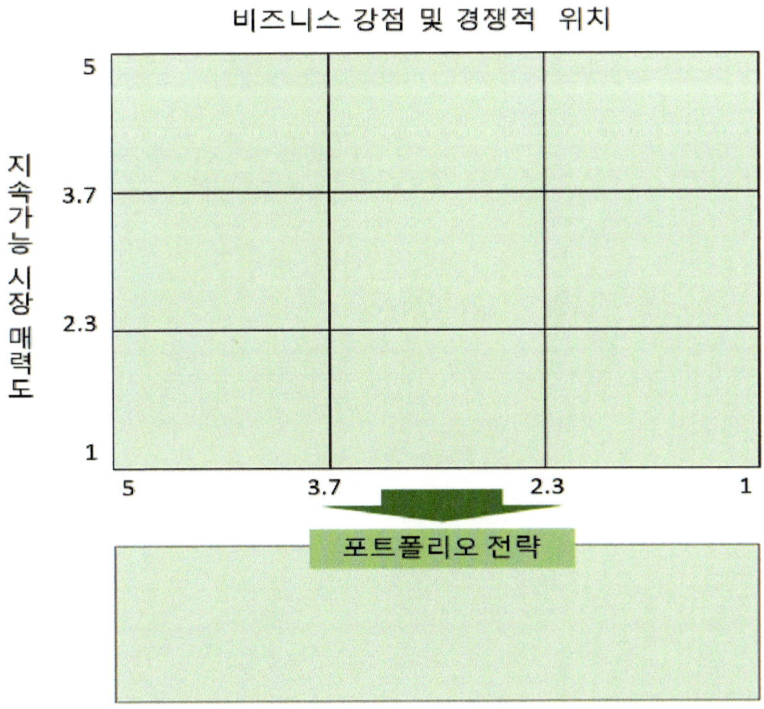

2 지속가능 사업전략 수립의 조건

시나리오 적합성(Scenario suitability)

지속가능성의 '시나리오의 개발'은 조직이 전략을 개발하고 선택하는데 중요한 원천을 제공한다. [그림 4.7]은 대안적인 미래에 초점을 맞추고 일련의 순서에 따라 단계별로 지속가능성 전략을 개발하는 시나리오 기법이다.

그림 4.7 | 지속가능성 시나리오 개발의 다섯 가지 점진적 단계

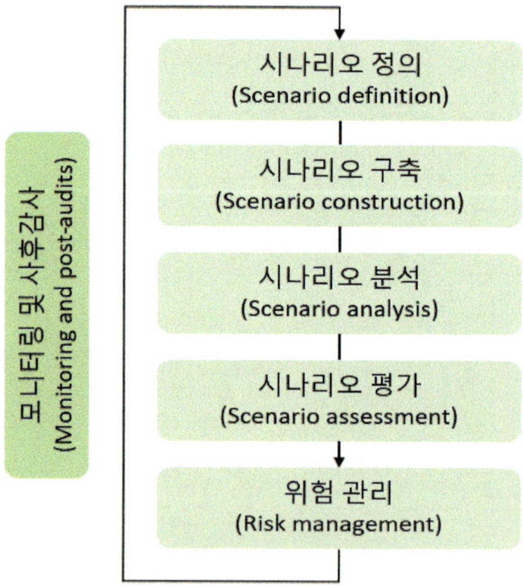

출처: Mahmoud, M., Liu, Y., Hartmann, H., Stewart, S., Wagener, T., Semmens, D., and Winter, L.(2009), "A formal framework for scenario development in support of environmental decision-making", Environmental Modelling & Software, 24(7), 798-808, p.802.

첫째, '시나리오 정의' 단계에서는 시나리오의 구체적인 특성을 파악하고 미래가 단순히 현재의 추세로 가는지 아니면 패러다임 변화가 크고 시스템의 변화를 불러오는지 판단한다. 둘째, '시나리오 구축' 단계에서는 최종 결과를 반영하는 상세한 정량적 및 정성적 정보로 지속가능성 시나리오의 현재와 미래를 구체화한다. 중요한 불확실성을 파악하고 시스템 변화의 주요 가정과 모델링 방법을 결정한다. 셋째, '시나리오 분석' 단계에서는 이전 단계에서 구축한 지속가능성 시나리오에 대하여 통계 분석 등의 과학적 조사를 실시하고, 데이터의 일관성 검사 및 시나리오와 관련된 불확실성을 정량화하며 모델링의 산출물을 검사한다. 넷째, '시나리오 평가' 단계에서는 시나리오 결과에 따른 전략을 모니터링하고 감사하기 위한 계획을 고안하는 것이다. 위험, 보상, 완화 기회 및 절충안을 식별하고 이해관계자에게 결과를 제시한다. 다섯째, '위험 관리' 단계에서는 위험에 대한 취약성을 줄이고 문제가 있는 조건에 대한 복원력을 높이는 것이다. 기회를 활용할 수 있는 자원을 배치하고 위험 관리를 고려하여 문제가 큰 경우에는 시나리오 정의 단계로 다시 돌아간다. 시나리오의 개발은 '모니터링 및 사후감사'가 필요하다. 시나리오의 지속적인 사용과 개선을 통해 검증한다. 미래가 펼쳐지면 시나리오를 검토, 평가하여 현재의 계획을 수정하든가 아니면 새로운 시나리오의 필요를 결정한다.[11)]

지속가능 경쟁 · 협력 전략(Competitive · Network strategy)

지속가능성 시장에도 늘 경쟁은 존재한다. 일반적으로 '경쟁전략'은 '전사적 원가우위(OCL: Overall Cost Leadership)', '차별화(DI: Differentiation)', '집중화(F: Focus)'로 구분하여 전략 대안을 선택하는 일이다. 마이클 포터는 가치사슬의 본원적인 요소에 집중하여 경쟁우위를 얻을 수 있다고 하였다([그림 4.8]). OCL(원가우위) 전략은 "경쟁자와 동일한 제품 또는 서비스를 전사적인 원가 절감을 통하여 경쟁자보다 저렴하게 제공함으로써 경쟁우위를 달성하는 전략"이다. 경쟁이 치열한 성숙기에 들어선 산업에서 채택하는 전략이라고 할 수 있다. DI(차별화) 전략은 "품질, 디자인, 기술, 브랜드 등에서 경쟁자보다 차별화된 제품 또는 서비스를 제공하고 산업 전반에서 경쟁자 보다 전문적이며 독특하다고 인식되도록 추구함으로써 경쟁우위를 달성하려는 전략"이다. 산업이 태동하여 성장기에 접어들거나 불확실성이 높은 초기 단계에 사용할 수 있는 전략이다. 집중 전략은 "특정한 목표시장에 집중하여 전사적 원가우위 혹은 차별화를 통하여 경쟁우위를 달성하려는 전략"이다.[12)]

| 그림 4.8 | 목표시장과 경쟁우위 수단에 따른 전략 선택 매트릭스

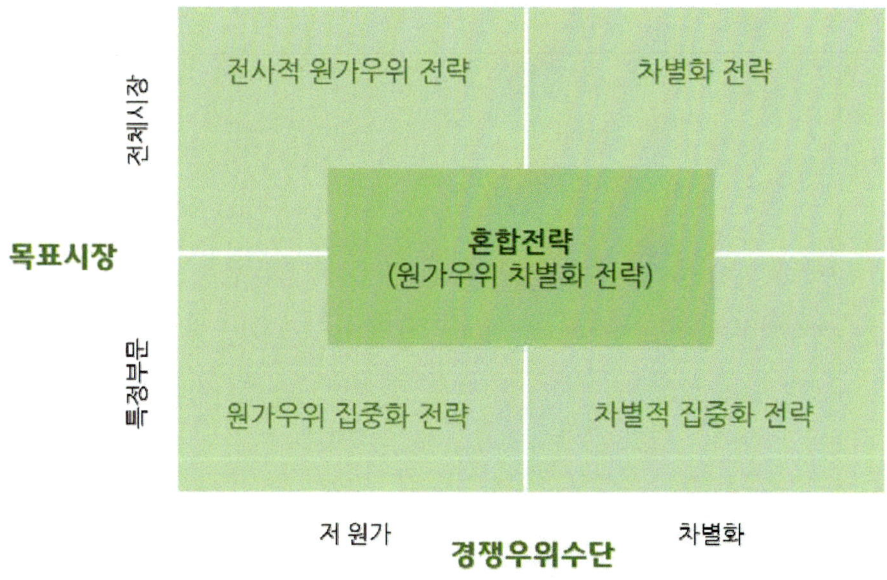

혼합(HB: Hybrid or Dual) 전략은 원가우위와 차별화를 동시에 추구하는 전략이다. HB(혼합) 전략이 성공할 수 있다면 다른 전략 대안의 선택보다 높은 성과를 창출할 수 있다. HB 전략은 가격 대비 소비자와 이해관계자에게 큰 가치를 부여하는 속성을 지닌 제품 또는 서비스를 제공하는 전략으로 고가치 저원가 전략을 통하여 추진한다. HB 전략은 다른 경쟁전략의 유형보다 높은 성과를 보이는 것으로 나타났다. 경영환경의 불확실성이 높을수록 다른 경쟁전략은 성과가 낮아지고 HB 전략은 더 높은 성과를 나타낸다. 환경적 가치를 제공하는 기업은 에너지 소비를 감축하고 비용을 절감하게 되며 친환경적 이미지를 구축하게 되어 환경 이슈에 민감한 소비자의 수요를 이끌어 내고 HB 전략을 가능하게 한다. 급속한 정보기술의 발전도 기업이 시장변화에 빠르게 대응하면서 차별화 우위와 원가절감을 동시에 가능하게 도와준다.[13)]

협력 전략은 핵심역량이 경쟁 기업으로부터 모방 혹은 대체가 어렵거나 상당한 비용이 소요된다는 점에서, 다른 기업에 대항하기보다는 경쟁 비용을 절감하고 함께 네트워킹(Networking)을 통하여 협력함으로써 산업 내에서 경쟁 우위를 점하기 위해 사용되는 전략이다. 글로벌 500대 기업은 상호 이익을 위하여 각각 평균 60개 이상의 기업과 협력 관계를 맺고 있다. 협력의 유형은 산업표준그룹, 협동조합, 연구개발 컨소시엄, 가치사슬 파트너십, 조인트 벤처스, 지분투자, 공급자 혹은 하청업체 네트워크, 인수 또는 합병, 프랜차이즈화, 라이센스에 이르기까지 다양하다. 이러한 협력은 둘 이상의 기업 또는 사업부의 네트워킹을 통하여 진행된다. 일부 협력은 매우 단기적으로 진행되며, 어떤 협력은 파트너가 새로운 시장에서 교두보를 마련할 수 있을 때까지 오래 지속된다. 하지만, 시간이 지남에 따라 협력의 목표와 통제를 둘러싼 갈등이 발생하기도 한다.[14)]

사회적 영향을 널리 확장하려는 사회적경제 기업가들은 그들이 가진 핵심역량을 내주는 일을 두려워하지 않는다. 이들은 한정된 지역에서 비즈니스 모델과 성과를 검증하고 난 다음 외부 파트너와 협력적인 관계를 맺고 '전략적 제휴'와 '협회 결성' 혹은 '정부-중간지원조직-기업체 스마트 네트워크', '학습 및 컨설팅', '공개 소스' 방식을 선택하고 다른 지역으로 사회적 영향의 확장을 돕는다. 왜냐하면 그들이 더 중요하게 생각하는 것은 인류사회에 최대한 많은 사회적 및 환경적 가치와 영향을 늘리고 사람들의 삶을 긍정적으로 개선하는 것을 사명으로 하기 때문이다[15)]

지속가능성을 위한 협력은 상호 이익뿐만 아니라 인류사회의 지속가능발전을 위한 협력이다. 먼저, 이해관계자와 강력한 협업을 창출할 수 있어야 한다. 협업 관계의 질은 수나 빈도도 중요하지만, 신뢰 관계로 형성되는 밀도가 더 중요하다. 지속가능 시장에서 말하는 '조인트 벤처스'는 2개 이상의 회사가 공동소유의 법률조직을 만들어 지속가능 연구개발 또는 마케팅 등 모 법인을 위하여 제한된 목적을 수행하는 벤처이다. '공급자 네트워크'는 공급가격, 지속가능 제품 개발 및 생산, 납품 등의 일정을 협상하고 협력하는 상호연계 기업단체이다. '산업 표준 그룹'은 지속가능 제조, 유통 및 운영에 관한 기술이나 보고 표준의 채택에 관하여 회원단체의 동의를 구하는 위원회를 말한다. '협동조합'은 조합원 및 지역사회의 이익을 위하여 개인 혹은 소규모 기업들이 자원을 결합하고 조정하며 관리하는 연합체이다. '사회적경제 조직 제휴'는 기업이 사회적책임의 일환으로 사회적경제 기업의 비즈니스 모델 혹은 프로그램에 직·간접적으로 지원하고 협력하는 관계를 말한다.[16)]

지속가능 전략 선택의 유형(Managerial tendency)

'전략 선택의 기업 유형'을 몇 가지 단계로 나누어 볼 수 있다. 지속가능성을 위반하거나 지속가능성과 무관하게 운영하면서 방어적인 유형의 단계인 기업도 있지만, 여기서는 그 부분은 제외하고 논의한다. 첫 번째 유형은 지속가능성의 법률과 규칙만을 준수하는 '내향적(Introverted) 단계', 두 번째 유형은 주로 비용 효율성과 절차적 조치를 중시하고 특정한 지속가능성 측면을 선별하여 채택하는 '보수적(Conservative) 단계', 세 번째 유형은 윤리적인 경영과 공동체 및 이해관계자 등 외부에 미치는 영향을 중심으로 지속가능성을 실천하는 '외향적(Extroverted) 단계', 네 번째 유형은 지속가능성 시장의 리더가 되기 위하여 고도로 발전된 몰입을 보여주는 '혁신적(Visionary) 단계'로 분류한다. 초보 단계 기업은 지속가능성을 조직 비전으로 채택하지 못하며 법률 준수에 국한되어 수동적인 태도를 취한다. 초보 단계 기업의 지속가능성 전략은 기업에 대한 외부 압력으로 인하여 실행되므로 비용효과와 이득 효과 등 유익성과는 무관하다. 보수적 단계의 기업은 절차를 중시하고 적절한 기술, 정교한 직원의 건강 및 안전, 생태학적 지속가능성에 대해 투자하지만, 공동체 관련 문제는 덜 중요하게 생각한다. 외향적 단계의 기업은 기업 시민권, 반부패 등 윤리경영, 공동체의 건강 및 안전을 중시하고 지속가능성 문제에 대한 관계 개선 및 이해관계자 협력을 지원하는 등 공동체와 관련된 측면의 긍정적인 영향과 그들의 성취에 민감하게 반응한다. 성숙 단계의 기업은 지속가능성이 시장에 미치는 영향을 매우 중시하고 고유한 경쟁 위치를 달성하기 위해 외부 관점과 내부 관점을 통합하면서 지속가능성 문제를 조직에 내재화하고 지속적인 개선의 노력을 기한다.[17)]

재무와 비재무 균형(Financial & non-financial balance)

'재무와 비재무의 균형'은 중요하다. 많은 연구 결과에서 지속가능성 실천이 우수한 기업이나 환경보호에 협력업체 혹은 공급망이 동참하도록 강제하는 글로벌 지속가능성 기업들은 그렇지 않은 기업보다 더 나은 재무적 성과를 가져온다. 특히, 경영자의 장기적인 재무 운용 능력은 기업의 사회적, 환경적, 그리고 경제적 성과에서 균형이 있다. 더 나아가 현금 흐름 문제를 수반했던 기업은 항상 단기적으로 문제를 바라보고 환경 및 사회의 지속가능성 문제를 무시하는 기업이었다. 지속가능 전략은 결국 공동체나 외부 이해관계자는 물론이고 주주의 이익에도 기여하는 일이며 기업의 지속가능성 실천은 재무적 성과와 양방향의 관계가 있다. 하지만 모든 기업이 지속가능 전략을 실행함으로써 더 나은 재무 성과를 누리는 것도 아니다. 이 부분은 '전략 대안에 따른 비용 효과와 경쟁전략의 선택' 부분에서 더 다룬다. 지속가능 전략 대안의 실행으로 비용이 감소 혹은 유지의 효과가 날 경우 기업이 선택한 원가우위, 차별화 혹은 혼합전략은 고객과 공동체에 이득이 된다. 이해관계자의 눈에 '더 책임감 있는 기업'이 되기 위해 자원을 투자하는 일에는 아직 논쟁이 있다. 지속가능 전략의 실행에는 주주와 투자자, 경영진의 헌신이 무엇보다도 중요하다. 즉, 사회 및 환경 문제 해결에 관여하는 주주의 헌신, 지속가능 경영을 채택하는 경영진의 인본주의 신념, 경영진이 이익 감소와 경쟁력 감소의 위협을 걱정하지 않고 지속가능 활동을 실행하는 능력, 경영진이 강력한 지속가능성 문화를 수립하고 실행하는 능력, 경영진이 회사와 경제적 이해관계자 간에 상호 이익이 되는 협업을 구축하는 능력이 요구된다.[18)]

Dilemma: 지속가능 전략의 긴장 관계

지속가능성 전략의 수립과 이행에는 산업 및 조직 내·외부 속에서 서로 긍정적인 관계로 연결되어 있기도 하지만 '지속가능 전략의 긴장 관계'도 존재한다. 사례 연구 문헌에서 나타난 '지속가능성과 비즈니스 통합의 6가지의 긴장 관계'는 다음과 같다(〈표 4.2〉). 첫째, 차별화와 협력의 관계이다. 지속가능성 전략은 경쟁자들과의 차별화를 통한 경쟁우위 개발의 전략적 도구인 동시에 경쟁자들이 포함된 생태계 내에서 상호 간 협력 전략도 필요하다. 기업들은 지속가능성에 대한 차별화 이점을 구축하는 동시에 그들의 비즈니스 모델 내에 지속가능성으로 향하는 공통의 주제를 어떻게 통합하고 협력해야 할까?

두 번째는 개별 기업이 갖는 전략의 이질성과 지속가능 보고 표준이 갖는 동질성 문제이다. 기업은 지속가능성 보고 표준(ISO 26000, GRI, IFRS S1/S2 등)이 갖는 동질성으로 인하여 차별화 우위의 이질적인 논리가 약해질 수 있다. 기업은 어떻게 생태계 관행과 차별화 전략을 재정립하고 지속가능성 표준 개발을 공동의 이익으로 이끌 수 있을까? 세 번째는 변화 방향의 하향식 대 상향식이다. 많은 기업에서 지속가능성 전략은 최고 경영진의 주도로 응집하고 변화를 주도하지만 어떤 기업은 내부 학습과 변화의 동인으로서 직원 권한 부여와 참여형 대화에 중점을 둔다. 또 이렇게 하는 것이 지속가능성의 본질에 맞는 것 같기도 하다. 기업은 어떤 조건에서 어떤 방식을, 그리고 두 가지 방법을 동시에 사용하는 변화관리는 어떻게 해야 할까?

네 번째는 중심과 주변의 문제이다. 변화와 학습의 동력은 조직의 본사 또는 일부 자회사에서 나올 수 있다. 조직의 계층적 문화는 두 가지 사이에서 긴장을 준다. 특히 주변부에서 발생하고 중심부에서 수용되는 경우가 더 그러하다. 기업은 어떤 방식이 더 바람직하며 이를 동시에 처리할 수 있는 능력은 무엇인가? 다섯 번째는 표준 대 실험의 관계이다. 이는 지속가능성의 통합에서 회사가 선택한 학습 및 변화 접근 방식의 유형과 관련이 있다. 어떤 경우에는 구조화된 훈련 프로그램 및 지식 전달 프로세스와 같은 공식적인 접근 방식이 적용되지만 다른 경우에는 대화형 워크샵, 경험 및 성찰 학습 기술과 같은 보다 새롭고 실험적인 접근 방식이 선호된다. 더 나은 결과를 생성할 더 나은 접근법과 지침, 더 다양한 감지 프로세스와 프로그램은 있는가? 여섯 번째는 헌신과 정당성의 관계이다. 지속가능성은 자원의 헌신과 역량을 통하여 신뢰성과 정당성을 가진다. 반대로 정당성은 자원의 헌신 수준을 높이고 결과적으로 역량을 강화시킨다. 기업은 이 둘의 관계를 어떻게 결합하고 순환하게 하여 지속가능성을 비즈니스에 통합할 것인가?[19]

표 4.2 지속가능 전략의 긴장 관계

구 분	전략 속성	변화 관리
내 용	• 차별화 우위 vs 협력 관계 • 전략의 이질성 vs 보고 표준의 동질성	• 자원 헌신 vs 정당성 • 하향식 관리 vs 상향식 관리 • 중심에서 vs 주변으로부터 • 표준 프로그램 vs 실험적 참여

〈표 4.2〉의 '전략 속성'에 관한 긴장 관계는 전략 수립의 단계부터 검토되어야 한다. '차별화 우위 vs 협력 관계'에서 지속가능성을 위한 차별화 전략이라고 하더라도 항상 경쟁 관계에 놓여있다고 봐야 한다. 하지만, 차별화 전략으로 얻는 경쟁우위는 조직 및 공동체 양면의 효과로 연결되어야 한다. 기존의 협력 관계가 경제적 이익을 중심으로 하는 Win-Win 전략이 핵심이었다면, 지속가능성 전략의 협력 관계는 공동체 이익 추구라는 명분이 더해져서 긴장 관계는 더 완화된다. 하지만 조

직의 이익을 고려하면서 마찬가지로 각자 공동체의 이익도 추구해야 하는 복잡성은 커졌다. 지속가능성 목표로 가는데 경쟁 또는 협력의 어느 방식이 더 나은지 조직 내부의 전략적 판단과 함께 산업 내의 공유된 논의도 필요하다. '전략의 이질성 vs 보고 표준의 동질성' 문제에서는 기본적으로 지속가능성 보고는 지속가능성 전략 수립과 실행의 산출물임을 인식할 필요가 있다. 전략에 따른 보고는 '전략의 이질성'을 담보하지만, 보고를 위한 전략은 '전략의 이질성'을 담보할 수 없다. 〈표 4.2〉의 '변화 관리'에 관한 긴장 관계는 전략 실행의 단계에서 정책이나 문화, 경영자 리더십 등에 따라 다르게 나타날 수 있다. 내·외부 이해관계자 참여라는 큰 방향을 중심으로 관리하고 지속가능성 이행의 과정에 더 비중을 두면서 점점 더 바람직한 방향으로 정착하는 노력이 필요하다.

3 지속가능 사업전략 수립 및 선택

지속가능 전략 수립의 참여형 Origin SWOT

위험관리 개념을 도입하고 지속가능성의 기회를 살리는 전략의 선택과 실행 통제는 기업과 사회가 함께 불확실성을 극복하고 지속가능성을 관리하는 장치이다. 이는 이해관계자의 우려가 조직의 사명과 전략에 포함되어 지속가능성의 자발적인 표준뿐만 아니라 입법 및 외부의 표준을 통하여 조직의 행동 강령 및 정책으로 수행된다. 조직의 우수한 자원과 역량을 투입하고 부족한 부분은 보완해가면서 지속가능성의 약속은 때론 보수적으로 천천히, 때론 혁신적으로 빠르게 이행된다. 내부 및 외부 환경을 분석하고 이에 대응하는 전략은 미래에 발생할 위험을 관리할 수 있는 수단을 제공한다. 공급업체와 같은 외부 이해관계자의 정보와 아이디어를 공유할 수 있는 커뮤니케이션 프로세스와, 특히 직원 참여형 대화와 아이디어 교환은 전략적 불확실성을 더 잘 식별하고 혁신에 기여한다. 이는 외부의 공급업체 등 이해관계자에게 정당성을 제공하고 조직의 비윤리적 관행을 관리하며 직원 및 내부 이해관계자의 참여를 촉진한다.[20)]

'SWOT(스와트) 전략 도구'는 외부 위협 및 내부 약점을 해결하는 동안 외부 기회와 내부 강점 사이의 전략적 적합성을 찾는 과정이다. SWOT는 기업의 전략적 이슈인 강점(Strengths), 약점(Weaknesses), 기회(Opportunities) 및 위협(Threats)을 설명하는 데 사용되는 약어이다. 1960년대 개발된 SWOT는 전 세계적으로 가장 오래되고 가장 널리 채택된 전략 도구 중 하나이다. 최근에는 더욱더 어떤 유형의 조직 내에서도 전략을 위한 구체적인 문제의 수집과 분석에 유용하게 사용될 수 있다. 왜냐하면 오늘날 지식 중심의 기업 운영 환경과 고학력 및 숙련된 관리자의 수가 더욱 증가하였기 때문이다. 최초 설계자[원래 SOFT로 명명: Satisfactory(만족스러운 것 보존), Opportunities(기회 개발), Faults(결함 해결), Threats(위협 방지)]인

'스튜어트 프랭클린(Stewart R. Franklin)'은 SWOT의 사용은 창의성을 요구하며 모든 이해관계자 그룹(외부 및 내부)의 요구와 기대가 통합되어야 함을 강조했다.[21)]

지속가능 중대성 주제 선정

GRI 공시 표준에서는 인권에 대한 영향을 포함하여 경제, 환경 및 사람에 미치는 영향을 중요한 주제로 다루어야 한다. 중요한 주제는 이해관계자 및 전문가가 참여하는 것을 포함하며 기업이 지속적으로 그리고 독립적으로 식별하고 평가해야 한다. 경제, 환경 및 사회에 미치는 어떤 영향들은 조직 자체에 긍정적일 수도 있고 부정적일 수도 있다. 특히 재무적인 측면에서 그러하다. 예를 들어 어떤 에너지 사용은 장기적인 기후변화에 기여하지만 동시에 기업의 운영 비용을 증가시킬 수 있다. 이러한 문제는 조직의 재무 성과에 관심이 있는 사람과 장기적인 성과에 관심이 있는 사람 모두에게 중요하다. 따라서 재정적으로 중요하지 않기 때문에 보고에서 누락하지 않아야 한다. 이는 재정적 의미를 고려하는 것과는 무관하다. 조직에 긍정적이거나 부정적이거나 관계없이 인권에 대한 영향을 포함하여 경제, 환경 및 사람에 미치는 중대한 주제와 함께 지속가능성 전략으로 인한 재무 위험 및 기회를 식별하고 재무 가치를 평가하는 정보를 보고해야 한다.[22)]

ESRS 공시 표준에서도 영향 중대성과 재무 중대성의 두 가지 차원의 관계를 고려하여 보고하도록 한다. 먼저 지속가능성 전략의 추진에 따른 영향을 평가한다. 이어서 지속가능성 전략이 단기적, 중기적 또는 장기적으로 사업의 재무 상태, 재무 성과, 현금 흐름, 재무 접근성 또는 자본비용에 미칠 영향을 고려한다. 이는 시작 단계부터 재무적으로 중요하거나 사업이 진행되면서 중요해질 수 있다. 영향 중대성 평가와 재무 중대성 평가는 상호 연관되어 있으며, 이 두 차원의 '이중 중대성(Double materiality)'은 상호 의존적이다. 중대성을 결정하기 위해 사업의 가치 사슬에서 영향, 위험 및 기회를 식별하고 평가할 때, 활동, 사업관계, 지리 또는 기타 관련 요소의 특성에 따라 영향, 위험 및 기회가 발생할 가능성이 있다고 판단되는 영역에 중점을 두어야 한다. 사업은 자원에 대한 잠재적 영향과 관계없이 적절한 가격과 품질로 자연, 인적, 사회적 자원의 사용에 어떻게 의존하고 영향을 받는지 고려해야 한다. 사업의 중요한 영향, 위험 및 기회는 이중 중대성 원칙에 따라 식별하고 보고한다. 선정이나 평가는 제시되는 기준에 따라 적절한 정량적 및 정성적 임계값을 사용한다.[23)]

전략 주제 조합과 전략 대안 마련

단기 혹은 중기, 장기 전략을 수립하기 위하여 각각 선별한 전략 주제를 교차로 조합하면서 대안들을 마련한다. 외부의 기회와 위협, 그리고 내부의 강점과 약점의 주제를 통하여 전략 대안을 찾는 일은 세밀한 진단과 창의적인 추론을 동시에 요구한다. 분석과정에서 단기 혹은 중기 혹은 장기 주제는, 다른 단기 혹은 중기 혹은 장기 주제로 조정될 수 있다. 단기 주제로 생각한 것이 중기, 장기까지 이어지거나 중기, 장기 주제로 생각한 것을 단기에 시작할 수도 있다. 어떤 사람은 해당 일이 분야가 다르고 익숙하지 않아서 가능할지도 모르고, 방법도 몰라서 매우 위협적이라고 생각하지만, 어떤 관리자는 해당 분야의 지식과 경험이 풍부하여 문제를 해결하는 일은 쉽게 진행될 수 있고 위험도 거의 없다고 생각한다. 전략팀은 참여형 문제해결 워크숍과 분임토의를 진행하고 외부 및 내부 주제를 교차 검토하면서 솔루션을 찾아야 한다.

예를 들어 외부 및 내부의 조합을 사용하여 전략적 솔루션을 찾는 한 가지 방법은 조직의 고유한 핵심역량을 사용하여 특별한 기회를 활용할 수 있는 틈새시장에 진입 혹은 강화하는 일([그림 4.9]의 'A')이다. 적합한 틈새시장이란 회사의 내부 및 외부 환경에 매우 적합하여 다른 회사가 도전하거나 위협의 가능성이 없는 특정한 경쟁우위의 역할이 가능한 시장을 말한다. 이와는 반대로 산업 내 점점 증가하는 높은 기회 요인을 식별하고 현재의 몇 가지 강점이 더 완숙해질 시기를 고려하여 주류 시장에 도전하는 마케팅 전략([그림 4.9]의 'B')을 선택할 수 있다. 이는 규모의 경제를 높이고 매출 확대의 경제적 성과를 기대할 수 있는 대안이다. 하지만 새로운 기회를 식별하고 신규 시장을 개척하거나 제품을 개발하는 일은, 수익의 도래는 장기적이지만, 단기 자금 조달 능력이 함께 검토되어야 한다.

그림 4.9 외부환경과 내부역량 조합의 전략 대안

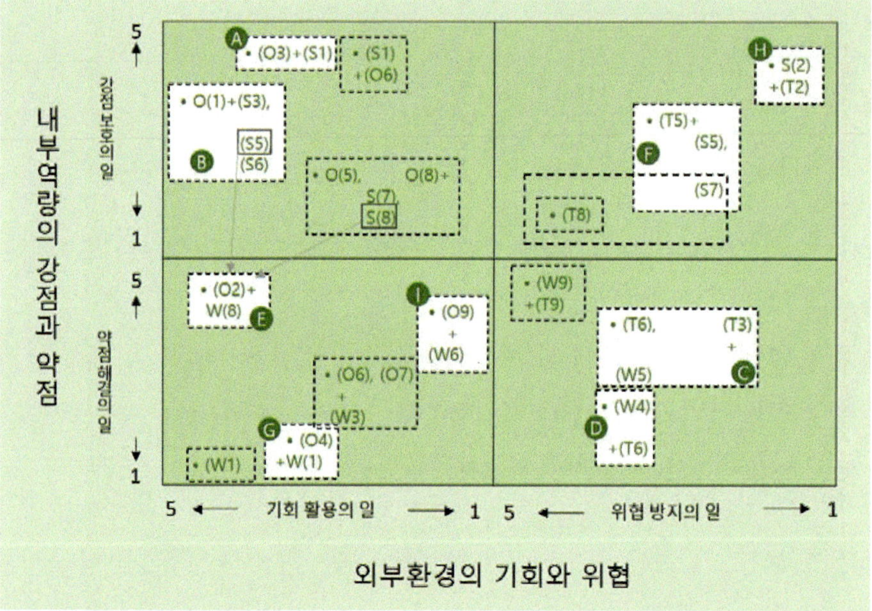

어떤 경우는 환경 규제와 MZ 소비 트랜드의 위협을 식별하여 새로운 공장을 짓고 제조 비용은 낮추는 중장기 포트폴리오 전략([그림 4.9]의 'C')을 생각할 수 있다. 반대로 환경 규제에 맞추어 현행 제품수명주기 후단의 재활용 전략을 강화하고 단기 포트폴리오를 강화([그림 4.9]의 'D')할 수도 있다. 시장의 기회가 증가함에 따라 기술력과 A/S 대응력을 보유한 '제품 Ⅱ'에 마케팅을 집중하여 답보상태의 시장점유율을 상당 수준 끌어올리는 전략은 기회와 강점을 이용하여, 단점을 극복하는 방안([그림 4.9]의 'E')이다. 공급망의 높은 신뢰성과 자사의 연구개발 능력을 토대로 탄소배출을 대폭 저감하고 제조 비용을 줄이는 기술개발 투자는 미래의 시장점유

율와 친환경적인 성과에도 기여하는 전략 대안([그림 4.9]의 'F')의 하나이다. CSO 팀의 예산을 늘려 지속가능 전략 모델을 개발하고 전파하는 전사적인 운동은 지속가능 글로벌 리더 기업과 대등한 실행력을 높이는 동시에 직원 동기부여와 몰입을 높여 단기적인 사회적 및 환경적 성과와 중기적인 경제적 성과를 기대하는 전략 대안([그림 4.9]의 'G')의 하나이다.

지역공동체 참여 확대와 권장의 분위기이지만, 경험 부족으로 위협을 느낄 때 조직 내부의 HR(Human Resource, 인적자원) 역량을 발휘하여 지역 사회적경제 조직과 비즈니스 모델을 개발하고 지원하는 일은 사회봉사 활동과 다르게 사회적 비즈니스의 본질에 도움을 주는 좋은 전략([그림 4.9]의 'H')이다. 이처럼 SO, ST, WO, WT 각각의 조합을 생각하고 전략 대안을 마련한다([그림 4.10] 양식).

그림 4.10 전략 대안의 SO, ST, WO, WT 조합 양식

내부환경 / 외부환경	S 강점을 보호하는 일	W 약점을 해결하는 일
O 기회를 포착하는 일	• 조직의 고유한 핵심역량을 사용하여 특별한 기회를 활용할 수 있는 틈새시장 진입 혹은 강화(**A:** O3,S1) • 산업 내 점점 증가하는 높은 기회 요인을 식별하고 현재의 몇 가지 강점이 더 완숙해질 시기를 고려하여 주류 시장에 도전하는 마케팅 전략(**B:** O1,S3,S5,S6)	• 기회 요인에 따라, 기술력과 A/S 대응력을 보유한 제품 II에 마케팅을 집중하여 답보상태의 시장점유율을 상당수준 끌어올림(**E:** O2,W8,S5,S8) • CSO팀 예산 확대로 지속가능 전략 모델을 개발/전파하는 전사적 운동은 지속가능 글로벌 리더의 실행력과 직원 동기부여 및 몰입 증대(**G:** O4,W1)
T 위협을 방지하는 일	• 공급망의 높은 신뢰성과 자사의 연구개발 능력을 토대로 탄소배출을 대폭 절감하고 제조 비용을 줄이는 기술개발 투자는 미래의 시장점유율 우위와 친환경적인 성과에도 기여(**F:** T5,S5,S7) • 지역공동체 조직과 내부의 HR 역량을 발휘하여 공동 프로그램(BM)을 운영하고 사회적 가치에 기여(**H:** T2,S2)	• 환경 규제와 소비 트랜드의 위협을 식별하여 새로운 공장을 짓고 제조 비용은 낮추는 포트폴리오 전략(**C:** T3,T6,W5) • 환경 규제에 맞추어 현행 제품생명주기 후단의 재활용 전략을 강화하고 단기 포트폴리오를 강화(**D:** T6,W5)

전략 대안의 경쟁전략 효과 비교

지속가능성과 경쟁전략의 적합성도 중요하다. 특히, 본원적인 활동의 전략 대안은 경쟁전략이 함께 고려되어야 한다. 앞서가는 기업은 지속가능 시장의 초기에 제품 또는 서비스의 혁신을 통한 차별화 혹은 혼합 전략으로 경쟁우위를 확보했다. 또한 성숙한 시장에서 지속가능한 전사적 원가우위 전략을 선택하고 재무적 성과와 공동체 및 환경에 기여한다. 지속가능성의 경쟁전략 선택은 산출과 성과의 두 가지 측면에서 바라볼 수 있다. 산출에서 중요하게 고려되어야 할 문제는 지속가능 전략의 실행으로 예측되는 '비용 효과'이며, 성과 측면은 고객 혹은 공동체가 얻는 '이득 효과'와 기업의 '재무적인 수익'이다. 비용 효과는 산업 평균 혹은 기존 시스템과 비교하여 '비용 감소', '비용 증가' 또는 '비용 유지'로 구분할 수 있다. 이득 효과는 탄소 배출량 감소와 같은 공동체 이득 또는 제품의 에너지 수요 감소 등과 같이 사용자 이득이 있다. 〈표 4.3〉은 전략 선택의 비용 효과와 기업의 전략 선택 유형에 따른 경쟁전략의 효과를 연구한 문헌의 결과이다. 이는 지속가능성에 대응하는 기업의 유형에 따라 경쟁전략의 선택에 도움을 준다. 비용 효과가 감소되는 경우, 모든 단계의 기업이 선택한 모든 경쟁전략은 고객과 공동체 모두에게 이득 효과가 있다.

비용 효과가 유지되는 경우, 보수적 단계 기업의 차별화(DI) 및 혼합(HS) 전략과 외향적 단계 기업의 원가우위(OCL) 전략은 상황에 따라 공동체에 이득이 되며, 그 외의 비용 효과 감소 및 유지되는 모든 유형의 기업이 선택은 모든 경쟁전략은 공동체와 고객에게 모두 이득이 되는 것으로 나타났다.

비용 효과가 증가하는 경우, 원가우위(OCL) 전략은 모든 단계의 기업에서 공동체 및 고객의 이득과 상충 관계에 있는 것으로 나타났다. 외향적 및 혁신적 단계 기업의 차별화(DI)와 혼합(HS) 전략은 상황에 따라 공동체와 고객에게 이득이 되는 것으로 나타났다.[24)]

| 표 4.3 | 기업의 전략 선택 유형과 비용 효과에 따른 경쟁전략의 효과

<table>
<tr><th colspan="2">효과</th><th colspan="3">기업의 전략 선택 유형의 경쟁전략 효과</th></tr>
<tr><th>비용</th><th>이득</th><th>보수적 단계</th><th>외향적 단계</th><th>혁신적 단계</th></tr>
<tr><td rowspan="2">감소</td><td>공동체</td><td rowspan="2">OCL/HB: ★★★★
DI: ★★★</td><td rowspan="2">OCL/HB: ★★★★
DI: ★★★</td><td rowspan="2">OCL/HB: ★★★★
DI: ★★★</td></tr>
<tr><td>고객</td></tr>
<tr><td rowspan="2">유지</td><td>공동체</td><td>OCL: ★★★
DI/HB: ★★</td><td>OCL: ★★
DI/HB: ★★★</td><td>OC/DI/HB: ★★★</td></tr>
<tr><td>고객</td><td>OCL: ★★★★
DI/HB: ★★★</td><td>OCL: ★★★
DI/HB: ★★★★</td><td>OC/DI/HB: ★★★★</td></tr>
<tr><td rowspan="2">증가</td><td>공동체</td><td rowspan="2">OCL/DI/HB: ★</td><td rowspan="2">OCL: ★
DI/HB: ★★</td><td rowspan="2">OCL: ★
DI/HB: ★★</td></tr>
<tr><td>고객</td></tr>
</table>

★: 상충, ★★: 도움이 될 수 있음, ★★★: 매우 도움,
★★★★: 필수, OCL: 전사적 원가 우위 전략, HB: 혼합전략, DI: 차별화 전략
출처: Baumgartner, R. J. and Ebner, D.(2010), "Corporate sustainability strategies: sustainability profiles and maturity levels", Sustainable development, 18(2), 76-89, p.88. 참조 정리.

전략 대안의 평가와 선택

최종적인 전략 대안의 결정은 최고경영자와 이사회의 몫이다. 전략을 선택하는 경향에 있어서 경영자의 인식에 초점을 맞추어 방어형(Defender), 혁신형(Prospector), 분석형(Analyzer), 반응형(Reactor)으로 구분하기도 한다. 방어형은 좁은 시장이나 사업영역에서 한정된 제품을 생산 및 판매함으로써 현재의 전략과 시장에 안주하고 그 밖의 또 다른 기회를 추구하지 않으면서 안정을 추구하려는 인식을 말한다. 이는 앞에서 살펴본 지속가능성 전략의 내향적 유형의 기업과 비슷하다([그림 4.10]의 WT 전략). 혁신형은 탐색형 또는 공격형이라고도 불리며 새로운 제품과 시장 기회를 찾는 데 관심이 있는 공격적인 인식으로써 일종의 신생기업이 진입장벽을 돌파하고 시장에 침투하려는 전략을 말한다. 이는 지속가능성 전략의 혁신적

인 유형의 기업과 비슷하다([그림 4.10]의 SO 전략). 분석형은 방어형과 혁신형을 조합하여 한편으로는 안정을 추구하면서 이를 바탕으로 새로운 변화와 혁신을 추구하는 전략으로써 일종의 시장에 적응한 기업이 또 다른 기회를 탐색하려는 인식이다. 이는 지속가능성 전략의 보수적([그림 4.10]의 ST 전략) 혹은 외향적 유형([그림 4.10]의 WO 전략)의 기업과 비슷하다. 반응형은 새로운 환경변화에 적응하지 못한 기업이 별다른 전략 없이 미래가 불안정한 상태로 남아 있는 경우에 부르는 전략의 유형으로 일종의 제품 수명주기가 다한 기업이 별다른 전략 없이 쇠퇴기로 접어든 경우를 말한다. 이는 기업이 지속가능성을 위반하거나 지속가능성과 무관하게 운영하면서 방어적인 유형의 단계에 있는 기업과 유사하다.[25)]

표 4.4 경쟁전략의 요구사항(자원과 기술, 인적자원과 운영)

구 분	원가우위 전략	차별화 전략
자원과 기술	• 지속적인 자본조달과 투자 • 공정공학기술 • 노동력집중감독 혹은 핵심 기술 운영 • 제조나 유통하기 쉬운 제품 및 서비스 설계 • 저비용 유통시스템	• 강력한 마케팅 능력 • 제품공학기술 • 창의적 재능과 감각 • 기초연구분야의 우수한 능력 • 품질이나 기술상의 기업명성 • 동 업계 오랜 역사 혹은 타 산업기술의 독특한 결합 • 채널의 강력한 협력 • 메이저 부품을 공급하는 공급자와 강력한 협력
HR과 운영	• 철저한 원가관리 • 빈번하고 자세한 통제보고 • 끊임없는 개선, 벤치마킹 • 구조화된 조직과 책임 • 양적 목표에 기반한 인센티브	• 연구개발, 제품개발, 마케팅기능의 강력한 협업 • 주관적 평가와 인센티브(양적 대비) • 고 노동자, 과학자, 창의인재를 유인할 수 있는 분위기 • 핵심고객에 대한 친밀감 • 영업과 운영, 기술과 마케팅에서 몇몇 숙련된 인력

*집중화 전략 : 전략적 목표시장에서 상기의 전략 중에서 선택한 전략에 집중
*혼합 전략 : 상기 두 가지 전략을 동시에 실현 또는 혼합

원가우위 전략은 생산공정의 자동화를 통한 생산성 증대, 빈번한 비용통제, 고객 직접 판매, 가치사슬 활동을 줄이거나 온라인으로 대체하는 방안이 필요하며 차별화 전략은 경쟁사의 제품보다 차별화를 꾀하고 프리미엄 가격이 요구된다. 또 브랜드 충성도를 높이고 경쟁기업이 잘 갖추지 못한 차별적인 역량을 보유해야 한다. 혼합 전략의 경우는 제품, 공정, 마케팅 분야에서의 상호협력 및 차별화를 보유해야 하며 생산방식 및 경영기법 등의 개발을 통하여 동시에 원가우위와 차별화를 추구해야 한다. 〈표 4.4〉는 각 경쟁전략의 요구와 달성 수준이다. 이를 지속가능 경영전략에 도입할 때는 Chapter 5의 지속가능 사업전략 실행의 조건들을 충족하도록 검토하거나 방안을 마련해야 한다.

표 4.5 Risk & Reward 전략 대안 평가 방법

·시기: 단기( ), 중기( ), 장기( )	·가치사슬: 본원( ), 지원( )

평가항목	평가요소	가중치	전략대안1		전략대안2		전략대안3	
			평점	가중치*평점	평점	가중치*평점	평점	가중치*평점
A. 필수조건	조직목적적합	0.5						
	산업경쟁력 (본원활동지원)	0.5						
A. 필수조건 소계		1						
B-1. Risk	불확실성대응	( )						
	내외협력상승	( )						
B-2. Reward	핵심역량활용	( )						
	공동체가치창출	( )						
	고객가치창출	( )						
	사업동기부여	( )						
B. Risk & Reward 소계		1						
C. 예산투입	자본예산	1						
	운영예산	1						

*Risk & Reward 가중치 합은 1(최소 0.1)이 되도록 부여함, 평점은 5점 척도[A, B: 상대적인 좋음 정도에 따라 최고 5점에서 최저 1점까지, C: 상대적인 투입정도에 따라 매우 많음(5점)에서 매우 적음(1점)까지]로 평가

전략 대안의 평가는 조직 적합성이 가장 중요하다. 변화가 큰 산업은 시나리오에 따른 불확실성을 최소화하는 대안이 필요하다. 기업의 주요 이해관계자 입장이 고려되어야 하며 재무적 성과(고객 가치)와 함께 비재무 성과(공동체 가치)가 균형을 이룰 수 있는 지속가능 성과 달성 여부도 중요하게 평가한다. 본원적 활동과 관련된 전략을 먼저 평가하고 지원적 활동의 전략을 평가한다. 〈표 4.5〉의 Risk & Reward 전략 대안 평가 방법은 도출된 최종 대안에 대하여 'Risk'부분과 'Reward' 부분으로 나누어 평가하는 방법이다. 요인 간 사업 성공에 미치는 영향을 고려하여 가중치를 부여한다. 조직 및 사업의 기본 필수조건을 평가하고 투입예산의 규모를 예측하여 의사결정에 참고한다. 지원적 활동의 전략은 기본 필수요건에 본원적 활동을 잘 지원할 수 있는지의 요소를 넣어 평가한다. 투입예산은 새로운 공장이나 기계, 신제품 개발과 같은 대규모 자본예산(Capital Budgeting)을 말하다. 반대로 운영예산(Operational Budgeting) 기존 사업에 필요한 판매비 및 일반관리비 등과 같이 비용을 말한다.

사례연구

글로벌 리더 기업[네슬레(Nestlé) 외]의 중대 전략 주제

지속가능 리더 기업인 네슬레는 주요 거시환경 및 공시 표준 분석, 내부 및 외부 이해관계자 인터뷰 및 설문조사를 통하여 중요한 전략 주제의 목록을 정하고 평가한다. 네슬레는 전략 주제로 선정된 29개 중에서 사람 및 환경과 비즈니스 성공의 영향을 교차 평가하여 '건강과 영양', '재료 공급망의 환경 및 사회적 영향', '물 관리', '생태적 영향', '온실가스 배출량', '제품 품질 및 안전성', '패키징 라이프 사이클 관리'를 가장 중대한 7가지 주제로 공시하였다([그림 4.11]).

그림 4.11 네슬레 중대성 매트릭스

사람과 환경에 대한 영향 \ 사업성공의 중요 요인 및 영향	미미	보통	중요	중대
중대			물 관리 생태학 영향 탄소배출과 재생	건강과 영향 재료의 영향(사회·환경) 공급망 품질과 안전
중요		직원 건강과 안전 기후변화의 영향(육체) 접근성과 경제성 라벨링과 마케팅	순환 경제 고객 만족 인권과 노동관행 인적자원관리(청년포함) 직원 참여·다양성·포용성	포장수명주기 관리
보통	동물복지 대기배출	사업윤리 공동체 관계	시스템위험관리 법과 규정 관리	소비패턴관리 사업모델 혁신 기술 사이버 정보보안
미미		지배구조 구성·원리	조직 효율성 개인정보 관리	

출처: 네슬레(2023), "Creating Shared Value and Sustainability Report 2022", p.7.

유니레버는 '비즈니스 혁신', '기후변화', '경제 및 정치적 불안정 대응'을 가장 중요한 주제로 선정하였으며, 이를 포함하여 '브랜드 선호도', '포트폴리오 관리', '플라스틱 포장', '고객', '역량', '비즈니스 운영', '안전하고 고품질의 제품', '시스템 및 정보', '재정과 세금', '윤리적 경영', '법률 및 규제' 등 14개의 전략 주제를 관리한다.[26]

삼성전자는 재무 가치에 영향을 미치는 위협와 기회를 분석하고 환경과 사회에 미치는 영향의 이슈 목록들을 평가하여 '인권경영', '지속가능한 공급망', '인재개발 및 임직원 삶의 질', '기후변화 대응과 에너지 관리', '순환경제', '수자원 관리'의 6가지의 중요 주제를 선정하고 이행을 보고하고 있다. SKC는 지속가능 공시 표준과 지침을 적용하고 환경 및 사회와 재무 영향을 평가하여 '제품 품질 책임', '온실가스 배출', '화학물질 안전 관리', '환경을 고려한 제품 및 서비스', '공급망 관리 ', '원재료 관리', '산업안전보건', '기후변화 대응', '대기 오염', '친환경 기술 및 사업 확대', '에너지 관리', '반부패 및 반경쟁행위', '리스크 매니지먼트 ', '고객 건강과 안전', '유해물질 및 폐기물 관리', '고용 및 노사관계', '용수 및 폐수', '훈련 및 교육', '거버넌스', '다양성 및 기회균등', '지역사회 기여'의 21가지의 전략 주제를 선정하고 이행 여부를 보고한다.[27]

실습도구

중요한 전략 주제 선정 실습

제3장에서 분석한 'O', 'T', 'S', 'W' 각 주제를 가치사슬의 본원적 활동과 지원적 활동으로 분류하고 평가하여 단기 및 중장기 전략 실행의 '중요한 주제(Material topics)'를 선정한다(〈표 4.6〉).

표 4.6 전략 수립을 위한 외부환경 및 내부역량 주제 통합 및 선정

외부환경							가치사슬	내부역량						
OT	주제	시기	중요도	영향도 사회	영향도 환경	영향도 경제		영향도 사회	영향도 환경	영향도 경제	중유도	시기	주제	SW
O	• • • •						본원적 활동 (PA)						• • • •	S
	• • • •						지원적 활동 (SA)						• • • •	
T	• • • •						본원적 활동 (PA)						• • • •	W
	• • • •						지원적 활동 (SA)						• • • •	

⇨ 작성 방법은,

첫째, 앞서 분석한 STEEP, S5F의 'O'와 'T' 중에서 중복된 것은 삭제한다.

둘째, 각 STEEP, S5F의 'O'와 'T'를 가치사슬 활동의 두 가지 범주로 분류한다.

셋째, 앞서 분석하여 선별한 각 'S'와 'W'를 가치사슬 활동의 두 가지 범주로 분류한다.

넷째, 각 'O', 'T'가 중복된 것은 삭제한다.

다섯째, 각 'O', 'T' 사이의 중요도를 '상', '중', '하'로 평가하여 적는다.

여섯째, 각 'S', 'W'의 중요도에 '상', '중', '하'를 적는다.

일곱째, 각 'O', 'T', 'S', 'W'가 '사회', '환경', '경제'에 미치는 영향을 각각 5점 척도로 1점(매우 부정적임)에서부터 5점(매우 긍정적임)으로 영향도에 적는다.

여덟째, 각 'O', 'T', 'S', 'W'에서 신속하고 쉽게 해결할 수 있는 문제는 별도로 정리한다.

아홉째, 각 'O', 'T', 'S', 'W'를 시기의 'S', 'M', 'L'에 따라 분리한다. 중복된 것은 모두 배치한다.

열째, 각 'S', 'M', L'의 중요도에 따라 'O', 'T', 'S', 'W'를 각각 10개 내·외로 산출한다.

전략 수립의 주제로 선정된 'O', 'T', 'S', 'W'는 중요도 순서에 따라 〈표 4.7〉과 같이 정리한다.

표 4.7 시기별 중대성 주제 'O', 'T', 'S', 'W'

구분	(단기)					(중기)					(장기)				
	내용	가치사슬	영향도(5점척도)			내용	가치사슬	영향도(5점척도)			내용	가치사슬	영향도(5점척도)		
			사회	환경	경제			사회	환경	경제			사회	환경	경제
O	1. 2. 3. • • • •	PA or SA • • • • • •				1. 2. 3. • • • •	PA or SA • • • • • •				1. 2. 3. • • • •	PA or SA • • • • • •			
T	1. 2. 3. • • • •					1. 2. 3. • • • •					1. 2. 3. • • • •				
S	1. 2. 3. • • • •					1. 2. 3. • • • •					1. 2. 3. • • • •				
W	1. 2. 3. • • • •					1. 2. 3. • • • •					1. 2. 3. • • • •				

4 지속가능 사업전략의 목표와 정책

지속가능 전략 목표와 정책

목표란 조직이 임무를 추구하고 전략을 실행함으로써 달성하는 구체적인 결과이다. 사업전략은 장기 목표를 달성하기 위하여 취하는 행동이다. 단기 전략의 실행이라 하더라도 그 결과는 2년을 지나 5년까지 혹은 그 이상의 기간까지 나타난다. 경영자가 장기적인 전략을 지향하기보다 단기적인 목표에만 집중한다면 지속가능 전략 목표 달성의 미래는 불투명하다. 따라서 경제 및 금융위기 등 시장에 미치는 영향을 중심 원인으로 보고 단기적인 이익에 집중하기보다는 중장기적인 목표를 기업의 지배구조 및 운영 시스템에 통합하고 관리하는 것이 필요하다.[28)]

표 4.8 목표의 바람직한 특성과 명확한 목표가 갖는 이점

구 분	바람직한 목표의 특성	명확한 목표의 이점
내 용	• 정량적 • 측정 가능성 • 실제적 • 이해 가능성 • 도전적 • 계층적이면서 수평적 • 달성 가능성 • 부서 간 및 내·외부 협동성 • 동기 부여적	• 기대감에 따른 방향성 제시 • 협력 상승을 허용 • 평가의 기준을 제공 • 우선순위 설정 • 불확실성 감소 • 충돌 최소화 • 자원 배분을 보조 • 작업 설계를 보조 • 일관된 의사결정의 근거 제시

출처: David, F. R. and David, F. R.(2017), "Strategic management: A competitive advantage approach, concepts and cases, 16ed", Pearson, pp.121-122. 참조 정리.

목표는 조직의 성공에 필수적이다. 목표는 기업 수준에서 사업 수준으로, 다시 사업 수준에서 기능 수준으로, 그리고 기능 수준에서 개인으로 이어지는 계층적인 구조를 갖는다. 목표는 방향성을 제시해 주며 효과적인 계획과 실행에 동기를 부여한다.

목표는 지속가능 전략의 실행에 집중하면서 한 방향을 보고 나아갈 수 있도록 한다. 또한 경영 성과를 나타내는 중요한 척도이기도 하다. 이러한 목표는 이해관계자들이 정당성을 갖는 합법성의 원천이기도 하다. 목표의 수평적인 일관성도 중요하다. 내부 및 외부 이해관계자 시각, 재무와 비재무의 균형 목표, 마케팅 목표에 맞는 생산량, 연구개발 목표와 인적자원 보유 등이 그렇다. 목표는 도전적이고 양적이며 측정 가능해야 한다. 〈표 4.8〉는 목표의 바람직한 특성과 명확한 목표가 가지는 이점이다.

연간 목표는 조직이 장기적인 목표를 위해 달성해야 할 단기적인 이정표다. 장기적인 목표와 마찬가지로 연간 목표도 우선순위를 가진다. 측정 가능하고 정량적이며, 일관성이 있어야 한다. 연간 목표는 마케팅, 재무·회계, 연구개발, 생산, 운영, 인사조직 등 각 기능 단위로 명시되어야 한다. 연간 목표에 따라 기능 단위별 자원을 할당하고 우선순위를 정한다. 장기적인 목표 달성은 연간 목표를 통하여 효과적으로 모니터링 된다. 목표는 보상 시스템과 연결되어야 하지만 주의할 점도 있다. 목표 달성에 지나치게 중점을 두면 목표 자체가 목적이 되어 외부와 경쟁 혹은 협력하기보다 내부 경쟁에 몰두하고 기록이나 숫자를 왜곡할 수도 있다. 따라서 관리자는 이러한 잠재적인 문제를 기억하고 생산성에만 몰두하지 말고 인간적인 측면을 조합하고, 과업 관리와 함께 관계 중심으로 동기부여를 해야 한다.

정책은 명시된 목표를 위한 작업을 지원하고 장려하기 위해 수립된 지침, 규칙, 방법, 절차, 형식 혹은 행정 관행을 말한다. 기업의 지속가능 전략 방향의 변화는 자동으로 일어나지 않는다. 일상적으로 전략이 작동하도록 만들기 위한 정책이 필요하다. 정책은 반복되는 문제해결을 돕고 전략 실행을 안내한다. 정책이 전략의 실행에 주는 효과는 〈표 4.9〉와 같다.[29]

표 4.9 정책이 전략 실행을 위해 중요한 이유

구 분	내 용
6가지 이유	• 작업의 종류에 대한 경계, 제약 조건 및 제한, 보상과 제재 설정 • 직원과 관리자는 자신에게 무엇이 기대되는지를 알 수 있음 • 관리 통제의 기반을 제공하고 단위 조직간 조정을 가능하게 함 • 의사결정 시간을 줄이고 일의 수행 관계와 담당을 명확하게 함 • 다양한 문제의 의사결정을 적절한 관리 수준으로 위임함 • 조직 목표를 추구하기 위해 수행할 것과 하지 말 것을 명확히 함

경험1 : 재무중심 목표관리 KPI, Sears와 Skandia

20세기 후반부터 기업의 목표관리는 측정 가능성을 고려한 정량적 성과지표 즉 매출, 비용, 이익률 등 재무 성과와 직원 및 고객 만족도, 품질, 불량률, 시장점유율, 지적자산 등 시장 및 운영 성과를 주된 지표로 활용했다. KPI(Key Performance Indicator)는 목표관리 지표를 대표하는 용어이다. 예를 들어 1992년 소매그룹 시어즈(Sears, Roebuck and Company)는 심각한 경영위기를 극복하고자 약 5년 동안 '종업원-고객-이익'의 인과 관계를 바탕으로 TPI(Total Performance Indicator)라고 부르는 KPI 모델을 개발하여 운영하였다. 이는 직원의 태도, 고객 만족 및 재무 성과까지의 성공 요소를 추적하고 지표를 관리하는 모델이다. 직원 태도를 주도하는 몇 가지 요인을 이해하고, 직원 태도가 직원 유지에 어떤 영향을 미치는지, 직원 유지가 고객만족도에 어떤 영향을 미치는지, 고객만족도가 재무에 어떤 영향을 미치는지의 인과 관계를 분석하여 지표를 개발하고 관리했다. 경영혁신 전략을 함께 운영된 TPI는 시어즈에 놀라울 정도의 수익 개선을 가져왔다. 직원 및 만족도는 약 4% 정도 상승했고, 연간 2억 달러(약 2670억 원) 이상의 추가 수익이 발생하였다. 마지막 해에는 수익이 시가총액의 거의 4분의 1 수준인 10억 달러(약 1조 3350억 원)까지 증가했다. 아쉽게도 시어스는 2022년 현재 파산절차에 들어갔다. 시어스

의 실패는 "거대한 관료 조직으로 인하여 온라인 중심의 유통시장 구조 변화에 대응하지 못했고, 외부의 이해관계자를 고려하지 않는 그들 스스로만을 보호하는 것에 집중"했던 것이 실패의 원인으로 분석된다. 한때 미국 1위의 최대 소매그룹이 130여 년 역사의 뒤안길로 사라지게 되었다.[30)]

또 다른 사례는 스웨덴의 금융그룹 스칸디아(Skandia)이다. 라이프 에드빈슨(Leif Edvinsson)은 스칸디아에 재직하면서 지적 자본을 측정할 수 있는 재무, 고객, 프로세스, (재)개발, 인적 측면에서 지적 자본 지표를 구체화한 KPI로 '스칸디아 네비게이터(Skandia Navigator)'를 개발하였다. Skandia Navigator는 전통적인 회계 및 성과 관리 시스템에서 기업의 무형 자산 및 지적 자본을 측정하고 관리한다. 이는 TPI와 같이 지표 간의 인과 관계를 연결함으로써 무형자산의 가치를 추정하고 서로 다른 초점에서 무형의 성과를 도출하는 데 매우 유용한 도구로 평가받는다. 세계에서 최초의 지식경영최고책임자(CKO, Chief Knowledge Officer)였던 에드빈슨은 1998년에 Skandia Navigator 모델로 Brain Trust의 '올해의 두뇌(Brain of the year)'상을 수상했다. 당시 빌 게이츠(Bill Gates)와 폴 매카트니(Paul McCartney)도 그 해 후보로 지명되었다. 하지만 TPI도 Skandia Navigator도 사회와 환경을 생각하는 외부 이해관계자와 공동체 성과를 측정하는 지표를 생각하지는 못했다.[31)]

경험2 : Kaplan & Norton의 균형성과지표 BSC

BSC(Balanced Scorecard)는 TPI나 Skandia Navigator와 같이 경제적인 성과를 중심으로 재무, 고객, 내부 프로세스, 학습과 성장의 요인을 종합적으로 평가하기 위하여 개발된 균형 성과측정 기록표이다([그림 4.12]). 이는 현재의 기업 상황을 평가하는 것뿐만 아니라 미래에 대한 경고등 역할을 하며 사업전략 목표를 얼마나 이행하고 달성하였는지를 평가하는 목표관리의 중요한 역할을 한다. BSC는 전체 직원들에게 조직의 수익 목표 달성을 위한 미래 비전을 보여주며, 조직 구성원 간 공통의 이해를 창출하게 한다. 또한 모든 직원에게 자신이 조직의 성공에 어떤 식으로 기여하는지 알 수 있게 해주는 비즈니스의 전체적인 전략 모형을 만들어 낸다. 이러한 연결이 뒤따르지 않는다면, 개인과 부서가 지엽적인 성과를 극대화하였다 하더라도 전략적 재무 목표 달성은 실패할 수 있다. 또한 BSC는 변화하려는 노력에 초점을 맞춘다. 올바른 목표와 측정지표를 밝혀내게 되면 성공적으로 이행될 확률이 높다. 하지만 그렇지 못하다면 투자와 전략 실행의 결과는 낭비적인 요소가 될 수밖에 없다.

그림 4.12 전통적인 BSC 모형

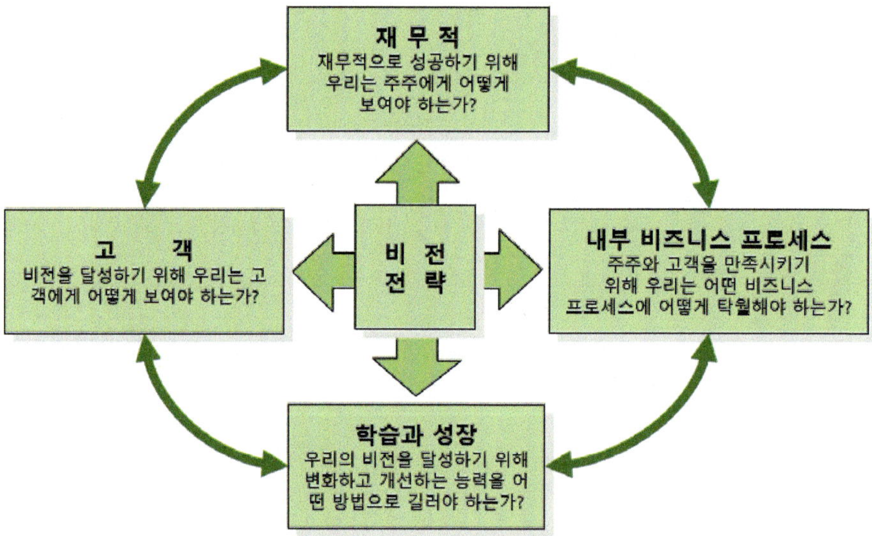

전통적인 BSC는 4가지 균형 잡힌 시각, 즉 재무적인 시각, 고객의 시각, 내부 비즈니스 프로세스 시각, 학습과 성장의 시각이 포함된 조직의 성과들을 측정한다. 미래 성장을 위해 필요한 역량 구축과 무형자산을 획득해 나가는 진척 사항을 동시에 모니터링하면서 재무적인 결과를 추적할 수 있다.[32] [그림 4.13]은사회적책임 지표가 추가된 전통적인 BSC 측정지표들이다.

| 그림 4.13 | 전통적인 BSC의 측정지표

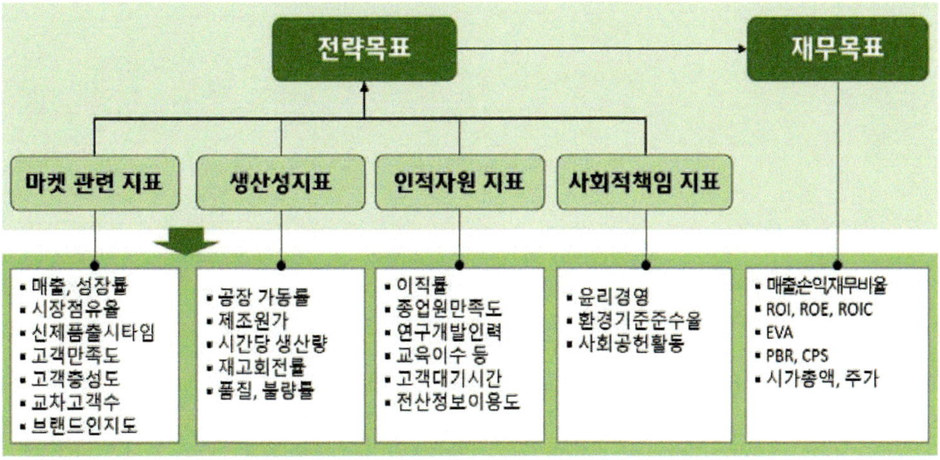

*ROI(총자산순이익률, Return On Invesment), ROE(자기자본이익률, Return On Equity), ROIC(영업투하자본이익률, Return On Invested Capital), EVA(경제적부가가치, Economic Value Added), PER(주가수익률, Price-Earnings Ratio), CPS(주당현금흐름, Cash flow Per Share)

BSC가 최고조에 달했던 2000년대 후반에는 53%의 기업이 BSC를 사용한 것으로 알려졌으며 2010년대 후반에는 글로벌 기업 관리자 1000여 명의 응답을 바탕으로 조사한 자료에서 29%의 기업이 BSC를 사용하는 것으로 조사되었다. 하지만 2020년대 조반 BSC의 사용은 2019년 44%에서 2020년 88%로 폭발적으로 증가했으며, 21개국에 걸쳐 조사한 민간 및 공공 부문에서도 80%의 조직이 BSC를 사용한다. BSC는 점점 더 발전하여 만들기가 더 쉽고 IT 및 S/W(Soft Ware, 소프트웨어)로 전략적 정렬 활동을 더 잘 지원하도록 진화하였다. 관점도 재무, 고객, 내부 프로세스, 학습 및 성장의 4개 관점에서 지역사회, 사회적 책임, 비즈니스 윤리, 자연환경 등이 추가되어 작게는 4개에서 많게는 8개까지 사용하는 것으로 조사되었다. BSC 사용의 만족도도 매우 높은 수준을 유지하고 있으며, 특히 측정치의 완성도는 사용 만족도와 높은 상관관계가 있다는 것이 발견되었다.[33]

발전 : 지속가능 균형성과지표, SBSC

통합적 접근에 의한 지속가능 전략은 목표관리에서도 통합적 접근이 필요하다. 결과적으로 BSC는 재무 및 비재무적 측정과 인과 관계의 논리로 설명하고 다차원 현실에 맞게 '지속가능 균형성과지표(SBSC, Sustainability Balanced Scorecard)'로 조정하여 사용해야 한다. 특히 경제, 사회 및 환경의 세 가지 영역은 동시에 전략 실행의 통합적인 결과로 나타나는 경향이 있다.[34] 지속가능 거시환경에서 살펴본 반부패, 노동, 환경 및 인권과 관련된 글로벌 행동 원칙과 ISO, GRI, IFRS 등 ESG 관련한 공시 표준은 사후 보고의 안내자 역할은 잘하고 하지만 실제 조직의 전략 실행과 통합되어 성과와 영향으로 연결할 수 있는 경로를 명쾌하게 설명하고 있지 않다.[35]

기업이 어떤 전략 유형을 선택하는가에 따라서 SBSC의 도입은 다양한 형태로 나뉜다. 재무 목표 달성을 위한 기존 관점에 사회와 환경의 관점을 추가하여 사용하는 유형은 사회 및 환경적인 지표 관리가 재무적인 결과에 유용하게 연결된다는 전제를 가진다. 하지만 기존의 관점들에 지속가능성을 통합하고 궁극적으로 사회, 환경 및 경제의 세 가지 통합된 성과로 연결되도록 관리할 필요가 있다. [그림 4.14]는 지속가능성 전략 선택의 방어적, 수동적 및 주도적 전략 유형 구분에 따른 SBSC의 유형을 조직 구조에 따라 나타낸 자료이다.[36]

[그림 4.14]의 수직형 혹은 관리형 조직 구조보다 네트워크형 구조의 SBSC는 지속가능성을 도구적 혹은 사회·정치적으로 보는 것이 아니라, 규범적인 당위성으로 생각하고 SBSC를 높은 수준으로 설계하는 구조이지만 훨씬 더 복잡한 구조를 가진다. 이는 지속가능성 목표관리가 선형형의 가치사슬로 연결되기보다는 내부 및 외부의 이해관계자와 서로 연결되어 전후좌우 보완하는 목표관리 체계를 갖는 구조이다. SBSC는 전략 전환의 측면을 구현하는 데 도움이 될 수는 있지만, 점진주의를 넘어 지속가능성을 위한 혁신적인 전략을 추동하는 장치는 아니다. 역으로 SBSC의 기능은 선택한 전략 구현을 돕고 목표관리를 지원하는 도구이다. SBSC 도

입에서 주의할 점은 SBSC를 사용하여 지속가능성의 정당성을 얻기 위한 수단으로 생각하거나 측정 가능성과 통제의 편리를 위하여 재무적 관점으로 귀결되도록 변질해서는 안 된다.[37)]

| 그림 4.14 | 조직 구조 특성과 전략 선택 유형에 따른 SBSC 구조

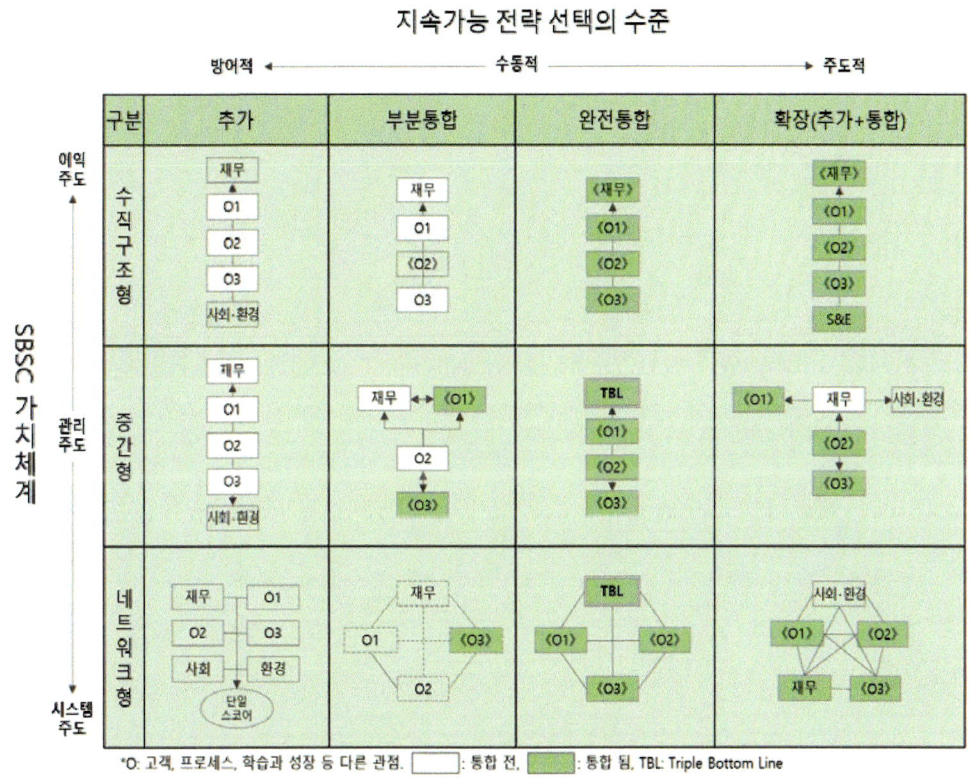

출처: Hansen, E. G. and Schaltegger, S.(2016), "The sustainability balanced scorecard: A systematic review of architectures", Journal of Business Ethics, 133, p.205.

'IT, S/W 등 장비 파악'과 앞에서 설명한 '비전과 전략의 정렬' 단계는 생략하고 SBSC 개발을 6단계로 설명하면 다음과 같다.[38)] 1단계는 '관점과 지표 정의' 단계이다. 제3장, 제4장에서 살펴본 지속가능성과 관련된 다양한 측면을 포함하고 기존의 BSC와 혼합할 관점과 지표를 산출하는 단계이다. 기본 요소로 '[그림 4.13] 전통적인 BSC의 측정지표'와 '[그림 2.10] 지속가능 경영전략의 목적(VMC), 목표(ESE) 및 조건(IGS)'의 중요 요소를 고려한다. 지속가능 성과 관점과 지표는 [그림 2.10]의 '환경적(E), 사회적(S) 및 경제적(E) 관점과 중요 요소'를, 지속가능 조건 관점과 지표는 [그림 2.10] '지속가능 시장혁신(I), 좋은 지배구조(G) 및 이해관계자 참여(S) 관점과 중요 요소'를 참고하고 기업에 맞게 관점과 지표(후보)를 산출한다.

| 그림 4.15 | SBSC 관점과 지표 설계의 구조

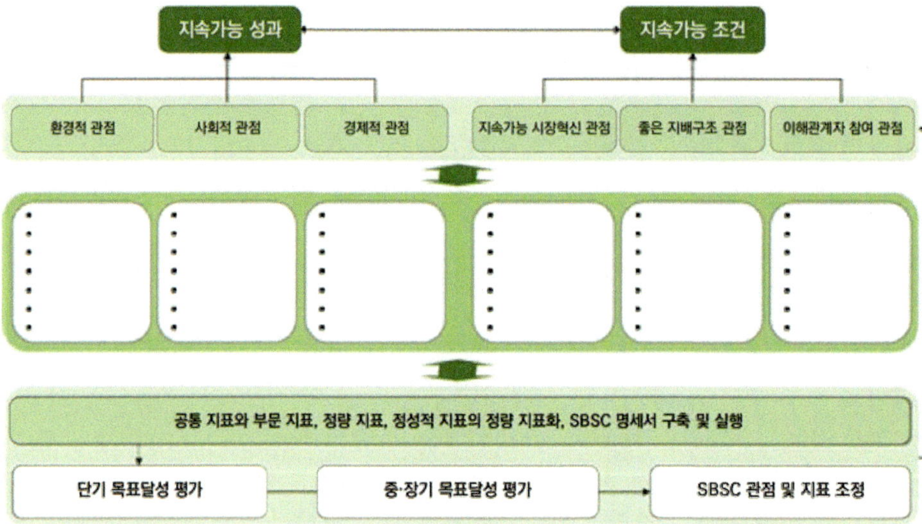

2단계는 '프로세스 설계 및 개선' 단계이다. 작업팀은 도달하고자 하는 환경적, 경제적 및 사회적 영향을 분석하고 현재의 프로세스와 함께 지속가능 법규와 지침, 공시 요구사항 등을 조사한다. 공인된 어떤 표준의 인증을 취득하면 지표를 관리하는 작업은 용이하다. 작업팀은 외부 전문가와 프로젝트를 함께 운영할 수도 있다. [그림 4.15]의 맥락을 참고하고 최고경영자 스타일과 전략 선택의 유형을 고려하여 SBSC 구조의 수직 혹은 상호 작용의 인과 관계를 결정한다. 기존 관점 및 지표와 지속가능성 관점 및 지표를 통합하여 구조와 인과 관계를 설계한다. 이 단계에서 최종 관점과 지표를 정한다. 내·외부 이해관계자의 관리자와 작업팀이 함께 검토하고 결함이 발견되면 개선 사항을 제안하고 수정한다. 꽤 여러 차례의 검토회의가 필요할 수도 있다. 3단계는 '부서별 지표 배정'의 단계이다. 공통 지표와 부문 혹은 부서 지표로 나누고 배정한다. SBSC 지표의 방향과 주안점, 명세서에 포함될 내용, 이해관계자 범위와 대상, 목표, 성과(경제, 사회, 환경)와 조건(시장혁신, 좋은 지배구조, 이해관계자 참여)의 비중, 시간(단기, 중장기), 전·후 지표 관계를 정한다. 공통 지표와 부문 지표, 지표 사이의 가중치를 결정한다. 부문 지표의 배정과 가중치 결정은 민감한 사항일 수 있다. 토의과정을 통하여 합리적인 합의가 필요하다.

4단계는 '지표 유효성 검증'의 단계이다. 새롭게 정비되고 변경된 관점과 지표의 유효성을 검증한다. 지표는 새로운 지속가능성 목표에 유의해야 하며 범위와 대상 이해관계자에게 도달되어야 한다. 주관적인 검증 단계이다. 지표가 적절하게 선택되었고 신뢰할 수 있는지, 정량화할 수 있으며 시간적으로 비교 가능한지, 실행으로 목표는 잘 관리가 될 수 있는지 검증한다. 모든 이해관계자의 관리자가 참여하여 검증한다. 의사결정에서의 지지 유효성(왜 선택이 되어야 하는지)도 고려한다. 내·외부 감사 혹은 보고를 고려하여 검증해야 할 지표 내 문제 또는 다른 요소는 없는지 검토한다. 5단계는 '지표 시스템 구현'의 단계이다. 이 단계에서 중요한 점은 기존 컴퓨터 시스템 혹은 선택할 시스템이 새로운 사회적 및 환경적 관점과 이해관계자 참여의 변수들을 구현할 수 있는지 파악해야 한다. ERP(Enterprise Resource Planning)와 같은 전사적인 시스템과의 통합성도 고려사항이다. 관련된 직원들과 공동으로 수행하면서 시스템 테스트도 진행한다. 6단계는 '통제 및 후속 조치' 단계이다. 이 단계에서는 새로운 관점과 지표가 내부 경영 개선 평가 및 이해관계자 보고, 외부의 정기적인 감사 혹은 재평가 가능성을 준비한다. ISO 혹은 GRI와 같은 지표 평가와 관리 통제, 조치 방법 혹은 학습개선을 위한 조치를 검토 및 진행한다. 전략 목표 달성을 평가하기 위해 이사회와 정기적으로 회의를 개최하고 전략적 목표의 달성이 회사의 지속가능성에 어떤 영향을 미치고 있는지 평가한다. 이해관계자의 만족도 측정, 다양한 이해관계자와 회사의 일련의 참여 평가, 새로운 지속가능 경영전략이 어떻게 진화하고 있는지 부서에도 알린다.

SBSC 지표는 보다 명료하게 객관화하여 명세서로 만들어 놓는다. 명세서의 작성은 세심한 주의가 요구되는데 지표가 갖는 의의와 측정 방법 및 주기, 그리고 측정 후 Feedback(회신) 이슈를 정리하여 사후관리에 사용할 수 있도록 충실하면서도 논란의 여지를 없앤다. 이는 비전 달성 목표를 과정이 아닌 결과물로써 평가하겠다는 측면에서 유용하며 또한 실제 조직 및 개인의 평가 관리 도구에 포함시켜 조직의 관심과 노력을 이끌어 낼 수 있다. [그림 4.16]은 SBSC 명세서의 사례이다.

그림 4.16 SBSC 지표 명세서 사례

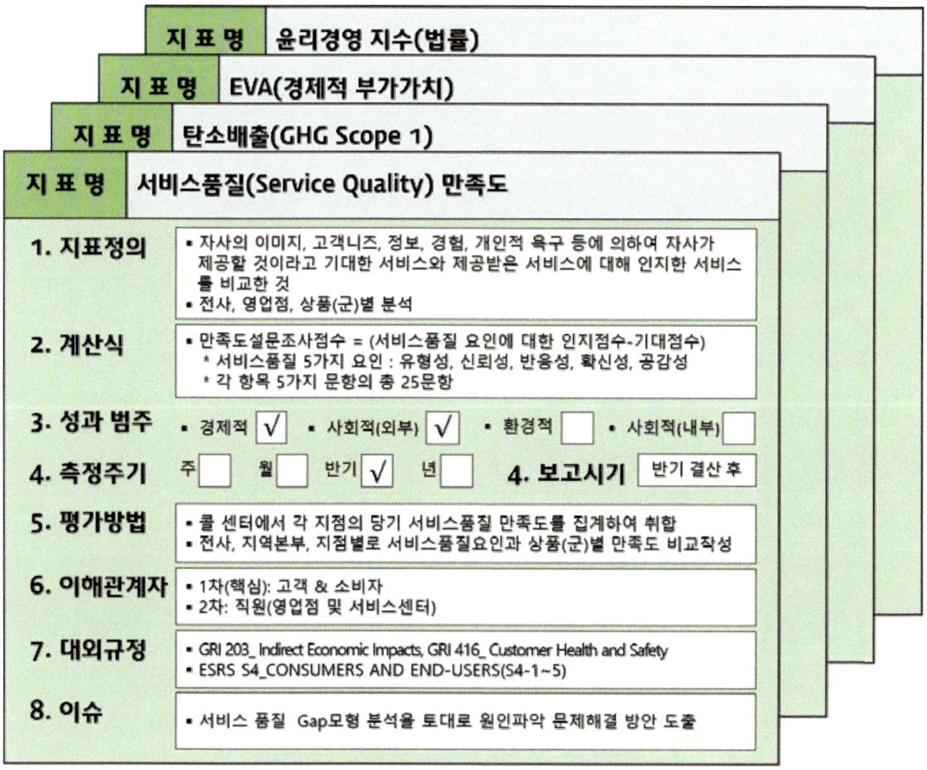

사례연구

나투라앤코(Natura &Co)의 중장기 전략 목표와 정책

글로벌 지속가능 리더 기업 나투라앤코(Natura &Co)는 2020년 지속가능성 비전 '생명에의 헌신(Commitment to Life) 2030'을 발표하였다. 여기에는 향후 10년간 세계에서 가장 시급한 문제들을 해결하기 위한 장기 목표와 정책이 담겨있다. 주요 목적은 기후 위기를 해결하고 아마존을 보호하며 평등과 포용을 보장하고 순환성과 재생성으로 전환하는 데 중점을 둔다. 그리고 매년 목표에 대한 진행 상황을 모니터링하고 게시한다.

나투라앤코의 목표 달성을 위한 정책은 '인권 성명', '성별 급여 형평성 연구', '차별과 괴롭힘 방지', '지속가능 공급업체 행동 강령'에 나타나 있다. 공급업체 관련해서는 '팜(Palm)', '종이(Paper)', '면화(Cotton)', '에탄올(Ethanol)', '운모(Mica)', '대두(Soy)'의 6가지 재료별 각각 별도의 정책을 관리한다. 예를 들어 '인권 성명'에는 '우리가 지지하는 것: 인권을 옹호하고 인간적일 것', '성명서: 우리가 누구의 권리를 옹호하는지', '잠재적으로 취약한 인구에 초점을 맞춤', '이해관계자 참여 및 불만 처리 방식', '내부 직원의 인권을 최우선으로 생각', '조치 방법: 범위 및 실행', '실제 구현하는 방법', '지배구조'의 내용이 들어 있다. '지속가능 공급업체 행동 강령'은 '고용관행', '지속가능성', '윤리와 공정, 반부패', '나투라앤코와의 관계', '나투라앤코 윤리 라인', '준수 및 수행약관'을 다룬다.[39] 〈표 4.10〉은 '온실가스 배출량 감소: 2030

그림 4.17 나투라앤코의 지속가능성 비전

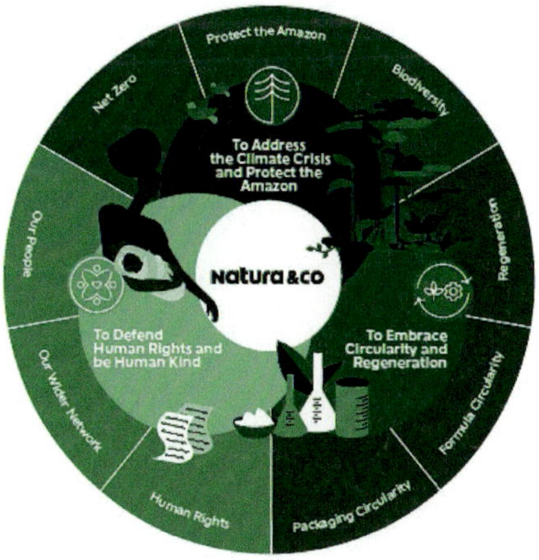

출처: Natura &Co(2022), "2022 Annual Report Sustainability data", p.6.

년까지 순 제로 달성', '아마존 보호: 산림 전용 제로화', '생물 다양성을 위한 과학 기반 목표; 나고야 의정서 시행'의 3대 도전 과제의 내용이다.[40]

표 4.10 나투라앤코의 Commitment to Life 2030

구 분	중장기 목표(2030년까지)
온실가스 배출감소	• UN의 목표보다 20년 앞서 넷제로 1.5℃ 실현 • 전 기업 대상 SBTi(Science Based Targets initiative, 과학기반감축목표활동) 범위(Scope) 1, 2, 3 적용
아마존 보호	• 산림보전 180만 ha(1만 8000㎢)에서 300만 ha(3만㎢)로, 공동체는 33개에서 40개로 확대(2022년 성과: 200만 ha, 34개 공동체) • 55종의 바이오 원료로 수익원 증대(38종에서)(2022년 성과: 39종) • 커뮤니티와 가치 공유 3300만 BRL(약 89억 원)에서 최소 6000만 BRL(약 162억 원)으로 확대(2022년 성과: 3000만 BRL) • 2025년 산림 전용 제로화를 위한 공동 노력 가속화
생물다양성 보호	• 윤리적생물무역연합(UEBT, Union for Ethical BioTrade) 등과의 파트너십을 통하여 대상을 확대 • UN 생물다양성협약(CBD, Convention on Biological Diversity), 나고야 프로토콜에 따라 나투라앤코의 ABS(Access and benefit sharing, 접근성 및 이익 공유) 지불을 2025년까지 확대

출처: Natura &Co(2024), "Sustainability Vision 2030 Commitment to Life", https://ri.naturaeco.com.

검토 및 토론

- 시나리오 개발 단계를 알고 지속가능 경영의 미래와 접목하여 이야기하기
- 지속가능성과 경쟁전략 및 협력전략을 매칭하여 이야기하기
- 경영자의 지속가능 전략 선택 유형을 구분하고 설명하기
- 재무와 비재무 균형의 중요성을 이야기하기
- 지속가능 전략의 6가지 긴장 관계를 알고 이야기하기
- 참여형 Origin SWOT의 기원을 알고 접목하는 방법 설명하기
- 이중 중대성을 이해하고 글로벌 리더 기업의 중대성 주제 이야기하기
- S, W, O, T 조합의 전략 선택 사례를 이해하고 실제 사용하고 이야기하기
- 지속가능 경쟁전략의 효과를 비교하여 설명하기
- 각 경쟁전략의 요구사항을 설명하기
- 전략대안 평가의 본원적 활동과 지원적 활동을 설명하기
- 전략대안 평가의 기본요소, Risk 및 Reward 요소를 이야기하기

- Risk & Reward 전략 대안 평가표 사용하고 이야기하기
- 중요한 전략 주제 선정 실습표 사용하고 이야기하기
- 선정된 전략 수립 주제의 우선 순위표 사용하고 이야기하기
- 바람직한 전략 목표의 특성과 이점 설명하기
- 정책이 전략 실행을 위해 중요한 이유 설명하기
- Sears와 Skandia의 KPI 설명하기
- Kaplan & Norton의 균형성과지표 BSC 설명하기
- 지속가능 균형성과지표, SBSC를 이해하고 접목 방법을 이야기하기
- Nestlé의 중대 전략 주제 선정 방법을 이야기하기
- Natura &Co의 생명에의 헌신(Commitment to Life) 2030을 이야기하기

제4장 **참고문헌**

1) Mintzberg, H.(1973), "Strategy-making in three modes. California management review", 16(2), 44-53.

2) Ameer, R. and Othman,R. (2012), "Sustainability Practices and Corporate Financial Performance; A Study Based on the Top Global Corporations", Journal of Business Ethics, 108, 61-79.

3) Grayson, D., Rodriguez, M. A., Lemon, M., Jin, Z., Slaughter, S., and Tay, S.(2008), "A New Mindset for Corporate Sustainability", BT and Cisco.; Lăzăroiu, G., Ionescu, L., Andronie, M., and Dijmărescu, I.(2020), "Sustainability management and performance in the urban corporate economy: a systematic literature review", Sustainability, 12(18), 7705, 1-13.; Ghosh, B., Herzig, C., and Mangena, M. (2019), "Controlling for sustainability strategies: findings from research and directions for the future", Journal of Management Control, 30(1), 5-24.

4) David, F. R. and David, F. R.(2017), "Strategic management: A competitive advantage approach, concepts and cases, 16ed", Pearson.; Baumgartner, R. J. and Ebner, D.(2010), "Corporate sustainability strategies: sustainability profiles and maturity levels", Sustainable development, 18(2), 76-89.; Maon, F., Lindgreen, A., and Swaen, V.(2009), "Designing and implementing corporate social responsibility: An integrative framework grounded in theory". Journal of Business Ethics, 87, 71-89.

5) Khoo, H. H. and Tan, K. C.(2002), "Using the Australian business excellence framework to achieve sustainable business excellence", Corporate Social Responsibility and Environmental Management, 9(4), 196-205.; Panapanaan, V., Linnanen, L., Karvonen, M., and Phan, V.(2003), "Roadmapping corporate social responsibility in Finnish companies", Journal of Business Ethics, 44(2/3), 133-148.

6) Lipton, Mark(1996), "Demystifying the Development of an Organizational Vision", Sloan Management Review, 37, 4, 82-92.; Shamir, B., Arthur, M. B., and House, R. J.(1994), "The rhetoric of charismatic leadership: A theoretical extension, a case study, and implications for research", The Leadership Quarterly, 5(1), 25-42.; Berson, Y., Halevy, N., Shamir, B., and Erez, M.(2015), "Leading from different psychological distances: A construal-level perspective on vision communication, goal

setting, and follower motivation", The Leadership Quarterly, 26(2), 143-155.

7) Gates, L. P.(2010), "Strategic planning with critical success factors and future scenarios: An integrated strategic planning framework", Software Engineering Institute, 11, 67.; Bishop, P., Hines, A., and Collins, T.(2007), "The current state of scenario development: an overview of techniques", foresight, 9(1), 5-25.

8) Jones, G. R. and Hill, C. W.(1988), "Transaction cost analysis of strategy-structure choice", Strategic management journal, 9(2), 159-172.

9) Ansoff, H. I.(1957), "Strategies for diversification", Harvard business review, 35(5), 113-124.

10) Didia, J. U. D. and Ateke, B. W.(2017), "Business portfolio analysis and marketing strategy implementation: The case of BCG and General Electric matrix", International Journal of Social Science, Management and Human Development, 7(2), 95-100,

11) Mahmoud, M., Liu, Y., Hartmann, H., Stewart, S., Wagener, T., Semmens, D., and Winter, L.(2009), "A formal framework for scenario development in support of environmental decision-making", Environmental Modelling & Software, 24(7), 798-808.

12) Michael, E. Porter(1980), "Competitive Strategy-Techniques for Analyzing Industries and Companies", Free Press.; Michael, E. Porter(1985), "Competitive advantage: creating and sustaining superior performance", Free Press.; Arthur A. Thompson, Margaret A. Peteraf, John E. Gamble, and A. J. Strickland III(2016), "Crafting and Executing Strategy, Concepts and Readings, 20ed", McGraw-Hill Education.

13) Thornhill, S. and White, R. E.(2007), "Strategic purity: A multi-industry evaluation of pure vs. hybrid business strategies", Strategic Management Journal, 28(5), 553-561.; 박종경 · 임성준(2014), "경쟁전략이 기업성과에 미치는 영향과 환경 불확실성의 조절효과: 혼합전략을 중심으로", 한국전략경영학회, 춘계학술대회, 147-167.; Baroto, M. B., Abdullah, M. M. B. and Wan, H. L.(2012), "Hybrid strategy: A new strategy for competitive advantage", International Journal of Business and Management, 7(20), 120-133.; Miles, M. P., and Covin, J. G.(2000), "Environmental marketing: A source of reputational, competitive, and financial advantage", Journal of business ethics, 23, 299-311.

14) J. David Hunger and Thomas L. Wheelen(2011), "Essentials of Strategic Management, 5ed", Prentice Hall.; Todeva, E. and Knoke, D.(2005), "Strategic alliances and models of collaboration", Management decision, 43(1), 123-148.

15) UBS and Ashoka(2017), "Scaling Strategy: Social Investment Toolkit Module 4".; GSEN(2016), "Grow-Scale-Impact: How to help inclusive businesses achieve scale", GIZ.; Avan Lunenburg, M., Geuijen, K., and Meijer, A.(2020), "How and why do social and sustainable initiatives scale? A systematic review of the literature on social entrepreneurship and grassroots innovation", VOLUNTAS: International Journal of Voluntary and Nonprofit Organizations, 31(5), 1013-1024.

16) Kiron, D., Kruschwit, N., Haanaes, K., and Velken, I.S.(2012), "Sustainability Nears a Tipping Point", MIT Sloan Management Review, Winter, 53. 2.; Jorge, A., Castello, I., de Colle,S., Lenssen,G., Neuman, K., and Zollo, M.(2011), "Introduction to the Special Issue Integrating Sustainability in Business Models", Journal of Management Development, 30(10), 941-964.

17) Robinson, D. and Boulle, M.(2012), "Overcoming organizational impediments to strong sustainability management", The Business Review, Cambridge, 20(1), 1-9.; Baumgartner, R. J.(2009), "Organizational culture and leadership: Preconditions for the development of a sustainable corporation", Sustainable development, 17(2), 102-113.; Baumgartner, R. J. and Ebner, D.(2010), "Corporate sustainability strategies: sustainability profiles and maturity levels", Sustainable development, 18(2), 76-89.; Dyllick, T. and Hockerts, K.(2002), "Beyond the business case for corporate sustainability. Business strategy and the environment", 11(2), 130-141.; Van Marrewijk, M. and Werre, M.(2003), "Multiple levels of corporate sustainability", Journal of Business ethics, 44, 107-119.

18) Ameer, R. and Othman,R.(2012), "Sustainability Practices and Corporate Financial Performance; A Study Based on the Top Global Corporations", Journal of Business Ethics, 108, 61-79.; Rahardjo, H., Idrus, M. S., Hadiwidjojo, D. and Aisjah, S.(2013), "Factors that determines the success of corporate sustainability management", Journal of Management Research, 5(2), 1-16.; Lee, K. H. and Ball, R.(2003), "Achieving sustainable corporate competitiveness: Strategic link between top management's (green) commitment and corporate environmental strategy", Greener management international", (44), 89-104.

19) Arevalo, J. A., Castelló, I., de Colle, S., Lenssen, G., Neumann, K., and Zollo, M.(2011), "Introduction to the special issue: integrating sustainability in business models", Journal of Management Development, 30(10), 941-954.

20) Rodrigue, M., Magnan, M., and Boulanne, E.(2013), "Stakeholders' influence on environmental strategy and performance indicators: A managerial perspective",

Management Accounting Research, 24(4), 301-316.; Arjaliès, D.L. and Mundy J.(2013), "The use of management control systems to formulate and implement CSR strategy: A levers of control perspective", Management Accounting Research, 24(4), 284-300.

21) Richard W. Puyt, Finn Birger Lie, and Celeste P.M. Wilderom(2023), "The origins of SWOT analysis", Long Range Planning, 56(3), 102304.; J. David Hunger and Thomas L. Wheelen(2011), "Essentials of Strategic Management, 5ed", Prentice Hall.

22) GRI(2024), "GRI 3: Material Topics 2021".

23) ESRS(2023), "Commission Delegated Regulation(EU) 2023/2772 of 31 July 2023", Official Journal of the European Union", L series, 1-284.

24) Baumgartner, R. J. and Ebner, D.(2010), "Corporate sustainability strategies: sustainability profiles and maturity levels", Sustainable development, 18(2), 76-89.

25) Miles, R. E., Snow, C. C., Meyer, A. D., and Coleman Jr, H. J.(1978), "Organizational strategy, structure, and process", Academy of management review, 3(3), 546-562.

26) Nestlé(2023), "Creating Shared Value and Sustainability Report 2022".; Unilever (2023), "Unilever Annual Report and Accounts 2022".

27) 삼성전자(2023), "삼성전자 지속가능경영보고서 2023",; SKC(2023), "SKC Sustainability Report 2023".

28) Gond, J. P., Grubnic, S., Herzig, C., and Moon, J.(2012), "Configuring management control systems: Theorizing the integration of strategy and sustainability", Management Accounting Research, 23(3), 205-223.; Mio, C., Venturelli, A., and Leopizzi, R.(2015), "Management by objectives and corporate social responsibility disclosure: First results from Italy", Accounting, Auditing & Accountability Journal, 28(3), 325-364.

29) David, F. R. and David, F. R.(2017), "Strategic management: A competitive advantage approach, concepts and cases, 16ed", Pearson.

30) Rucci, A. J., Kirn, S. P., and Quinn, R. T.(1998), "The employee-customer-profit chain at Sears", Harvard business review, 76, 82-98.

31) Sulanjaku, Marsel(2014), "The Contribution of Scandia Navigator in Intangibles Measurements", International Journal of Economics, Commerce and Management, II(11), 1-10.; Dumitru, C. L.(2022), "Skandia Navigator-an Innovative Tool for

Evaluating Hidden Intangible Assets", Ovidius University Annals, Economic Sciences Series, 22(2), 846-851.; Wikipedia(2024), "Leif Edvinsson", https://en.wikipedia.org.

32) Kaplan, R. S. and Norton, D. P.(1992), "The Balanced Scorecard-Measures That Drive Performance", Harvard Business Review, January–February, 69-80.; Kaplan, R. S. and Norton, D. P.(1996), "Linking the balanced scorecard to strategy", California Management Review, 39(1), 53-79.

33) Rigby D. and Bilodeau B.(2015), "Management tools and trends 2015"., Bain and Company.; 2GC(2020), "Balanced Scorecard Usage Survey 2020".; Kumar, S., Lim, W. M., Sureka, R., Jabbour, C. J. C., and Bamel, U.(2023), "Balanced scorecard: trends, developments and future directions", Review of Managerial Science, 1-43.

34) Mio, C., Venturelli, A., and Leopizzi, R.(2015), "Management by objectives and corporate social responsibility disclosure: First results from Italy", Accounting, Auditing & Accountability Journal, 28(3), 325-364.; Figge F, Hahn T, Schaltegger S., and Wagner M.(2002), "The sustainability balanced scorecard? Linking sustainability management to business strategy", Business Strategy and the Environment, 11, 269-284.

35) Chalmeta, R. and Palomero, S.(2011), "Methodological proposal for business sustainability management by means of the Balanced Scorecard", Journal of the operational research society, 62(7), 1344-1356.

36) Hansen, E. G. and Schaltegger, S.(2016), "The sustainability balanced scorecard: A systematic review of architectures", Journal of Business Ethics, 133, 193-221.

37) Hahn, T. and Figge, F.(2018), "Why architecture does not matter: On the fallacy of sustainability balanced scorecards", Journal of Business Ethics, 150, 919-935.; Hansen, E. G. and Schaltegger, S.(2018), "Sustainability balanced scorecards and their architectures: irrelevant or misunderstood?", Journal of Business Ethics, 150, 937-952.

38) Chalmeta, R. and Palomero, S.(2011), "Methodological proposal for business sustainability management by means of the Balanced Scorecard", Journal of the operational research society, 62(7), 1344-1356.

39) Natura &Co(2022), "Global Supplier Code of Conduct".; Natura &Co(2022), "2022 Annual Report Sustainability data".

40) Natura &Co(2022), "2022 Annual Report Sustainability data".; Natura &Co(2024), "Sustainability Vision 2030 Commitment to Life", https://ri.naturaeco.com.

PART
Ⅲ

지속가능 사업전략 실행 및 평가

Chapter 5 지속가능 사업전략 실행의 조건

1. 지속가능 시장(제품·서비스) 혁신
2. 이해관계자 참여 경영
3. 좋은 지배구조와 윤리경영
4. 일과 삶의 균형(Work-life balance)

Chapter 6 지속가능 사업전략의 실행과 평가

1. 지속가능 리더십과 직원의 열의
2. 지속가능성의 조직문화 내재화
3. 지속가능 전략 실행 프로그램과 예산
4. 지속가능 성과 측정과 평가

Chapter 5

지속가능 사업전략 실행의 조건

Chapter 5 목 차

5-1. 지속가능 시장(제품 · 서비스) 혁신
- 지속가능 소비문화 정착
- 제품·서비스의 혁신 요구
- 제품 수명주기평가, Lca
- Lca 제품 설계 모형

5-2. 이해관계자 참여 경영
- 이해관계자 개념 및 구분
- 이해관계자 참여의 효과
- 이해관계자 협업 목표와 방향

5-3. 좋은 지배구조와 윤리경영
- 지배구조와 주주
- 지배구조와 이사회, 의장
- 지배구조와 윤리
- 도덕적 조직과 윤리
- 준법과 청렴
- 윤리적 리더십

5-4. 일과 삶의 균형(Work-life balance)
- 개인과 조직의 조화로운 성장
- 워라밸 프로그램
- 자기분석과 자기개발
- 균형잡힌 삶의 목표

Chapter 5 사례연구 & 실습도구

[사례연구] 라휘시끼디위(La Ruche qui dit Oui)의 네트워킹 협업
[사례연구] 발렌베리(Wallenberg) 그룹의 지배구조
[실습도구] Lca 필요 분석과 요구 실습
[실습도구] 이해관계자-CSR 매트릭스 실습
[실습도구] 〈표 5.9〉 자기성찰, 자기분석을 위한 10가지 자기평가 문항
[실습도구] 개인 비전 수립 실습

Chapter 5 학습목표

1. 제품 또는 서비스 혁신의 요구사항을 안다.
2. Lca의 목표와 방향, 설계 단계를 이해한다.
3. 이해관계자를 식별하고 협업의 중요성을 안다.
4. 바람직한 지배구조 내용들을 이해하고 공감한다.
5. 직원 참여의 중요성을 공감하고 워라벨 프로그램의 예시를 안다.
6. 균형잡힌 삶의 목표를 정하고 비전을 수립한다.
7. 라휘시끼디위, 발렌베리의 사례를 이해하고 시사점을 제시한다.
8. 이해관계자-CSR, 자기성찰과 자기분석, 개인 비전 수립 실습도구를 이해하고 사용한다.

1 지속가능 시장(제품·서비스) 혁신

지속가능 소비문화 정착

지속가능 시장의 가장 중요한 과제는 수십 년 또는 심지어 수 세기에 걸쳐 진화해온 소비문화를 바꾸거나 의식적인 소비로 전환하는 것에 있다. 지속가능성 시장은 소비자, 생산자 및 가치사슬 공급망의 거시적 수준에서부터 소비자의 가치 및 시장 수요의 방향을 창출하는 미시적 수준까지 연구하고 실천하는 방향이 필요하다. 개인 또는 사회적 목표그룹이나 지역사회 수준에서, 폐기 및 재사용 측면에서 소비 후 행동을 변경하는 기술뿐만 아니라 구매 전에 지속가능한 소비에 대한 마음을 사로잡는 문화도 중요하다. 하지만 모든 사람, 모든 주체가 지속가능한 생산 및 소비를 위해 시장을 주도하는 능력을 가진 것은 아니다. 하지만 네트워크 효과를 통하여 다양한 마케팅 활동자의 능력을 연결하고 활용할 수 있는 방법이 있다. 여러 주체가 운영 자원을 자체적으로 통합하고 특히 지속가능성이 맥락에서 제도적 장치를 통해 가치를 창출할 수 있다.[1)]

따라서 종종 경쟁하는 다양한 조직들이 시장혁신을 달성하기 위해 어떻게 협력할 수 있는지 검토하고 내·외부 이해관계자와 함께 지식을 확장하고 지속가능한 개발 목표를 향해 나가야 한다. 여기에는 사전 예방적인 기업 마케팅 전략과 적극적인 정부 개입이 필요하다. 지속가능성을 위한 기업과 정부의 행동은 개별적이 아니라 공통의 목적을 위하여 협력해야 한다(〈표 5.1〉). 마케팅 담당자와 정부뿐만 아니라 시민사회와 소비자 모두는 지속가능한 제품, 책임 있는 소비, 친환경의 효율성과 효과성을 높이도록 진화해야 한다. 여기에는 산업, 국제 비즈니스 및 무역에서도 마찬가지이다.[2)]

표 5.1 지속가능한 마케팅을 위한 기업과 정부의 조치

구 분	내 용
기업의 조치	1. 지속가능한 사용, 재사용 및 소비 후 사용을 위한 제품·서비스 재설계 2. 문화, 사회, 경제, 정치제도 및 관행에 관한 개혁방안 3. 대체 에너지, 지속가능한 제품, 사회참여 활성화를 위한 홍보 프로그램 4. R&D 및 프로세스 혁신을 위한 기업 및 기관과의 참여적 파트너십
정부의 조치	1. 생산, 소비, 오염 및 자원 사용과 관련된 규제 정책 2. 필요를 조정하고 고객의 기대를 관리함으로써 책임 있는 소비 촉진 3. 재포장, 라벨링, 재배치, 교육 및 재판매를 위한 용도 변경 4. 지속가능 경영 지원을 위한 기능 개편 및 다양한 이해관계자 고려

출처: Sheth, J. N. and Parvatiyar, A.(2021), "Sustainable marketing: Market-driving, not market-driven", Journal of macromarketing, 41(1), p.160.

제품·서비스의 혁신 요구

2011~2020년 사이에 지구 표면 온도가 1805~1900년에 비하여 1.1°C 증가했다. 이 기간 육지는 1.59°C 상승하여 바다의 0.88°C 상승보다 더 많이 상승한 것으로 나타났다. 지난 10년 동안에 전 세계 누적 이산화탄소(CO_2) 배출량은 410±30 기가이산화탄소톤($GtCO_2$)이 발생했다. 에너지, 산업, 도시, 건물, 수송, 농업, 임업 및 기타 토지 이용 등에서 이산화탄소를 지금처럼 배출한다면 2100년 지구의 온도는 3.2℃ 증가할 것이다. 지구온난화를 1.5℃ 미만으로 낮추기 위해서는 온실가스 순 배출량을 2030년까지 현재의 43%, 2050년까지는 84%라는 급진적인 감소가 요구된다. 산업 분야는 생산, 수요 관리, 효율 개선, 자원 순환 등 가치 사슬 전반에서 감축을 위한 혁신적인 노력이 필요하며, 저탄소 전력, 수소, 탄소 포집 및 저장 기술 등의 감축 수단을 활용해야 한다.[3)]

산업 분야의 혁신은 경쟁력 향상과 함께 환경적 영향 감소라는 두 가지 목표가 필요하다. 경쟁력과 지속가능한 발전을 달성하기 위해서는 제품 재설계 또는 신제품 개발 모두에서 제품, 프로세스, 시스템의 혁신이 필요하다. 제품의 수명을 연장하고 자원 고갈을 보존하기 위해 제품 모듈화 및 재제조 기술과 같은 친환경 디자인도 필요한다. 산업의 모든 '제품 또는 서비스 용품(이하 '제품'으로 통칭)'은 원료 추출 및 획득, 제조, 운송 및 유통, 사용 및 유지, 재사용 및 재활용, 궁극적으로 폐기물 관리에 이르기까지 제품 수명 주기의 모든 단계에서 에너지 및 재료 흐름을 통해 환경과 상호 작용한다. 저비용 및 고성능, 즉 원가절감 및 기능 차별화 전략에 몰두했던 기존의 제품 전략은 환경의 영향을 식별하고 줄일 수 있도록 재설계하거나 새로운 혁신으로 재탄생할 필요가 있다.[4]

연구개발은 제품 혹은 서비스의 혁신과 개선을 다루는 중요한 기능이다. 지속가능 혁신은 제조 혹은 서비스 전달의 방법과 장소, 수직적 통합 수준, 물리적 자원의 배치, 공급업체와의 관계와 영향이 있다. 또한 제품수명주기 검토와 개선에도 중요하게 연결된다. 연구개발은 원천 기술 획득에서부터 연결된 공장 제조 라인의 배치, 제조 시스템의 유연성, 공급업체 부품 혹은 반제품 반입과 이송 라인에 이르기까지 생산 전 과정의 검토가 필요하다. IT도 중요한 지원기능이다. FedEx와 UPS는 고객에게 주소를 지정하고 배송 라벨을 인쇄하며 패키지 위치를 추적하는 컴퓨터 소프트웨어로 경쟁한다. 최근 대부분의 물류 회사들은 고객이 자신의 물건을 추적하도록 정보 페이지를 제공한다. 기업들은 IT를 사용하고 외부망을 통하여 고객 및 공급업체 모두와 더 긴밀한 관계를 형성한다. 공급업체는 제조사의 제안 요청을 IT 공급망 플랫폼으로 확인하고 새로운 혹은 개선될 부품 사양 및 구조도를 통하여 제조사 관리자와 소통할 수 있도록 함으로써 원거리 업무 처리를 돕는다. 지금까지 지속가능성에 대한 정보기술은 주로 기업 IT 시스템의 에너지 소비 감소에 초점을 맞춘 그린 IT 영역으로 다소 제한적이었다. 하지만 이제는 기업이 인적, 공급망 및 IT 자원을 통합하여 지속가능한 가치를 이해관계자에게 제공하고 지속적인 경쟁우위를 확보할 수 있도록 지원하는 통합 IT 모형의 개발이 중요하다. 특히 IT 자원의 자동화 및 정보화와 지속가능 전환 및 인프라의 역할이 지속가능성 실행과 성과에서 검토되어야 한다.[5]

제품 수명주기평가, Lca(전과정평가)

전과정평가, Lca(Life cycle assessment)는 전과정사고를 필요로 한다. 전과정사고란 원료채취부터 부품가공, 제품생산, 수송, 유통, 폐기, 재활용 등 모든 전과정 단계에서 환경에 미치는 영향을 고려하는 것이다. 제조원가에서 차지하는 설계비용은 전체에서 약 5~7% 정도만이 소요되지만, 이 단계에서 약 12%의 재료 및 자원 소비와 전체 제조원가의 70~80%에 해당하는 비용이 결정된다. 제품 수명주기 환경 영향은 대부분 설계 단계에서 결정된다. 따라서 제품의 지속가능성을 극대화하기 위해서는 환경을 의식하는 제조와 환경을 위한 설계가 통합되어야 한다. 이를테면 제품 디자인과 복구 간의 상호 연계성을 생각하고 제품의 수명종료(EoL, End-of-Life) 관리를 함께 생각한다. 제품 구조, 분해를 위한 설계, 재료 특성, 성능 및 신뢰성과 같은 제품 디자인 특징은 어떤 유형의 중고 제품을 수집할 수 있는지, 어떤 종류의 회수 품목을 생산할 수 있는지, 제품을 생산하는 데 필요한 회수 작업은 무엇인지, 회수된 장치는 얼마나 수익성이 있는지를 고려한다. 효율적이고 효과적인 회수를 위한 제품 수명주기 관리가 설계 단계에서 고려되어야 한다([그림 5.1]).[6]

그림 5.1 친환경 생산 시스템 변화 매커니즘과 변화 목표 및 영향

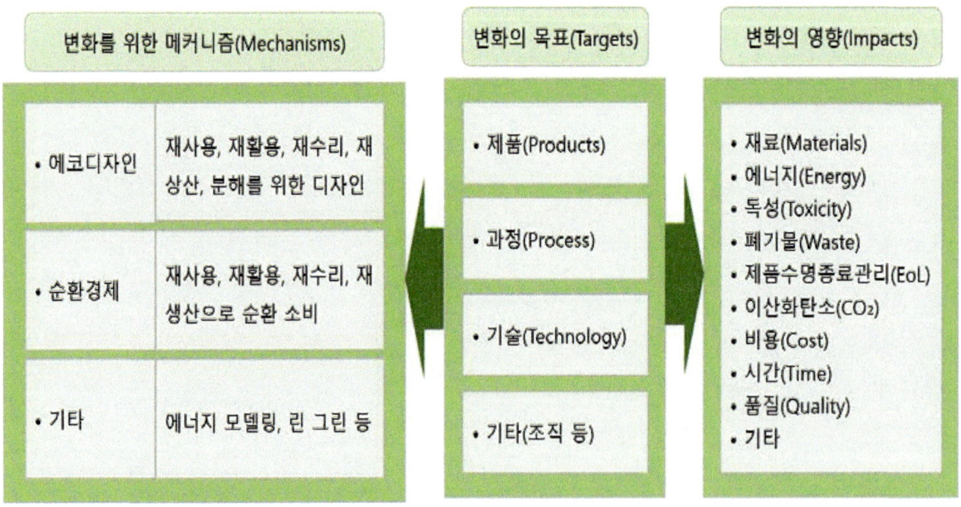

출처: Gbededo, M. A., Liyanage, K. and Garza-Reyes, J. A.(2018), "Towards a Life Cycle Sustainability Analysis: A systematic review of approaches to sustainable manufacturing", Journal of Cleaner Production, 184, p.1012. 참조 재정리.

공급망 비용은 제조원가에서 약 25%를 차지한다. 전 세계의 공급망으로부터 온 부품들은 한 자리에 모여 조립된다. 조립된 제품은 유통 경로로 보내지고 최종적으로 소비자에게 전달된다. 지속가능한 제품의 실현을 위한 노력은 공급망 관리에서도 고려되어야 한다. 전통적인 공급망 관리의 주요 목표는 유통 능력, 재고 및 노동력을 포함한 자원을 가장 효율적으로 사용하여 고객의 요구를 충족시키는 것이었다. 하지만 지속가능 공급망 관리는 구매에서 공급자, 제조자, 고객으로 이어지는 통합적인 관리가 필요하다. 제품의 수명이 종료되고 재생산 혹은 재수리 등으로 돌아오는 역물류까지 고려한다. 이를 위해서는 공급자, 유통업체, 사용자, 재활용 업체 및 폐기물 처리 업체와 협력하여 제품의 전체 환경 부하를 줄이는 데 공동 노력을 기울여야 한다. 기업은 소비자들이 제품의 수명주기에 따른 영향에 더욱 민감해지고 있으며 이를 생각하면서 제품 또는 서비스를 구매하고 사용하고 있다는 점을 인식해야 한다.[7)]

유통기한이 경과된 제품의 관리도 빠르게 성장하는 관심 분야가 되었다. 환경 규제가 제품 폐기의 강력한 관리를 촉구함에 따라 폐기는 더 이상 유통기한 경과 제품의 전략이 될 수 없다. 제조업체는 폐기물을 줄이고 자원을 절약할 수 있도록 보다 적극적인 방법을 찾을 필요가 있다. 중고 제품의 수명종료 관리는 이 문제에 대한 유망한 해결책이다. 이는 유통기한 경과 제품을 주목할 만한 제품이나 구성요소 또는 재료로 전환하는 과정이다. 제조업체는 법률을 준수하는 동시에 경제적 이점도 얻을 수 있다. IT 및 전자제품, 생활가전, 산업 장비, 자동차 등 다양한 산업에서 성공적인 사례가 보고되고 있다. 제품 회수 후 수집된 제품은 회수 공장으로 이동하여 재생 프로세스를 거친다. 회수 불가능한 장치는 매립 또는 소각을 위해 처분장으로 이동한다. 회수 가능한 제품은 재사용, 재생, 재제조 및 재료 회수를 포함한 다양한 옵션으로 재처리된다. 부품 수준의 회수가 제품 회수보다 더 가치가 있을 때, 제품이 회수되기 전에 먼저 분해가 수행된다. 분해된 부품이나 재료는 제조 공장, 중고 시장 또는 부품 시장과 같은 다양한 수요 현장으로 보내지면서 소비되고 이전보다 환경 오염이나 부담을 줄인다.[8)]

Lca 제품 설계 모형

지속가능한 Lca 설계는 내·외부 요인을 분석하고 지속가능 고객의 필요와 요구를 정의하여 개발하고 실행하는 단계가 필요하다. 시작 단계에서 프로젝트의 목적과 범위를 정한다. [그림 5.2]는 이러한 단계를 설명하는 모형이다. 외부요인으로 정부 규제 및 정책, 시장 수요, 환경 위험에 대한 과학적 이해 및 이러한 위험에 대한 대중의 인식을 파악한다.

| 그림 5.2 | 지속가능 Lca 설계 프로세스

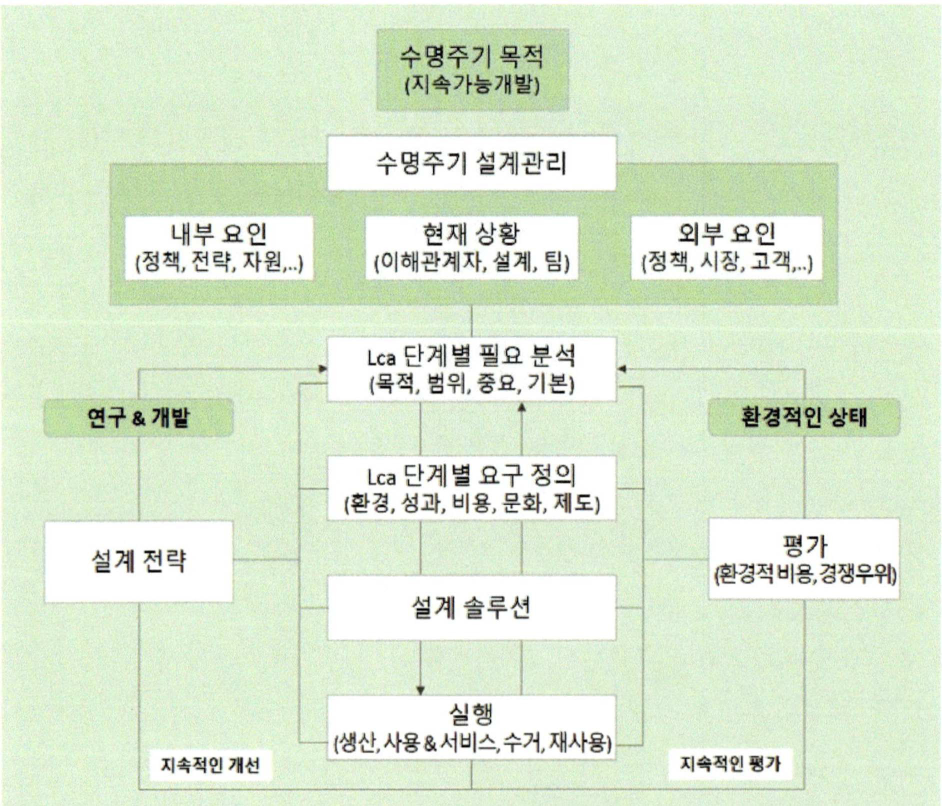

출처: Keoleian, G. A. and Menerey, D.(1994), "Sustainable development by design: review of life cycle design and related approaches", Air & Waste, 44(5). p.651.

Lca 디자인 개발을 효과적으로 구현하기 위해서는 조직 내부의 변화가 같이 이루어져야 한다. 경영진은 모든 개발 단계에서 중요한 영향을 준다. 동시에 설계 및 품질 관리, 적절한 기업 정책, 목표, 성과 조치 및 자원을 파악한다. 내·외부 분석을 통하여 문제 해결 국가 및 지역의 우선 순위를 정하고 Lca 단계별 이해관계자의 현재 및 미래의 필요를 식별한다. 일반적인 설계 프로젝트는 필요를 분석하여 Lca 단계별 요구사항을 공식화한다. 이어서 설계의 개념, 예비 설계, 상세 설계 및 구현의 순서로 진행한다. 요구사항을 충족하기 위해 다양한 전략이 탐색되며, 이는 지식과 새로운 아이디어를 실현 가능한 솔루션으로 집중하기 위한 렌즈 역할을 한다. 개발팀은 설계 과정 전반에 걸쳐 이해관계자 협력을 통하여 지속적으로 대안을 평가한다. 설계는 궁극적으로 환경, 성능, 비용, 문화 및 법적 요구 사항과 균형을 유지해야 한다.[9)]

실습도구

Lca 설계 필요 분석과 요구 실습

[그림 5.3]은 지속가능 제품 또는 서비스 용품의 Lca 매트릭스의 예이다. 내·외부 이해관계자와 함께 평가하고 지속가능 전략의 기초자료로 사용한다.

| 그림 5.3 | 지속가능 제품 또는 서비스 용품 Lca 매트릭스

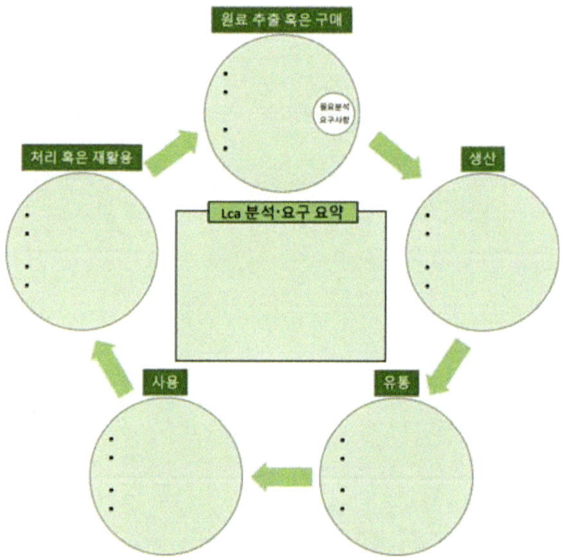

⇨ 작성 방법은,

첫째, 목적 및 범위를 정한다. 이때 경계, 평가방법, 데이터 요구조건, 가정 및 제안요인 등을 고려한다.

둘째, 각 단계별 필요를 분석한다. 이는 Lci(Life cycle inventory) DB를 활용하여 잠재적인 환경영향을 측정하고 평가하는 일이다.

셋째, 각 단계별 요구사항을 정리한다. 이는 주요 이슈를 규명하고 개선점을 찾는 일이다.

2 이해관계자 참여 경영

이해관계자 개념 및 구분

기업의 '이해관계자'는 "기업경영에 영향을 미치거나 영향을 받는 개인이나 그룹"을 말한다. 이해관계자 참여는 주로 '기업의 사회적책임(CSR, Corporate Social Responsibility)' 또는 '윤리' 경영의 실천으로 '지배구조', '혁신', '지속가능성', '보고 및 회계', '천연자원 관리' 등과 함께 논의된다. 이해관계자 참여는 관심을 어디에 두는가에 따라서 '도덕적', '전략적' 및 '실용적'인 의미를 포함하여 정의한다. 즉, 기업과 이해관계자가 '상호 간의 일치된 이해' 혹은 '서로 어떤 영향을 미치는지 고려'하는 전략적인 관계, '협력 혹은 협업', '공동의 인간성', 그리고 '윤리적인 문제'

표 5.2 관심의 비중에 따른 이해관계자 참여의 정의

구성요소	정 의
도덕적, 전략적 및 실용적	기업과 이해관계자 간의 이해의 일치를 통하여 경영자가 직면한 윤리적 문제를 해결하는 데 도움을 주는 기업과 이해관계자 간의 상호작용[10)]
도덕적 및 전략적	적어도 공동의 인간성을 인정하고 존중하며 서로의 행동이 서로에게 어떤 영향을 미칠 수 있는지를 포함하는 상호작용의 유형[11)]
도덕적 및 실용적	주주가치와 사회적 책임의 균형으로써 협력과 협업, 상호작용, 상호존중, 대화, 변화의 역동적인 맥락을 통하여 이해관계자의 삶의 질을 개선하는 과정[12)]
전략적 및 실용적	의사결정에 의하여 영향을 받거나 영향을 미칠 수 있는 모든 사람을 조직의 의사결정 과정과 실행에 참여시켜 진행하는 경영활동의 교환 과정[13)]

해결의 도덕적인 관계, '기업의 성과'와 '주주가치', '사회적 책임'을 다하고 '이해관계자의 삶의 질을 개선'하려는 실용적인 관계를 생각할 수 있다. 〈표 5.2〉은 관심의 정도에 따라 정리한 이해관계자 참여의 정의이다.[14)]

이를 종합하면 '이해관계자 참여'란 "기업이 상호 간 의사결정에 영향을 미칠 사람들을 조직의 의사결정 과정과 실행에 참여시켜, 협력과 협업, 공동의 인간성 혹은 윤리적인 문제해결 등의 사회적 책임을 다하면서, 기업의 재무 및 비재무적인 성과와 동시에 이해관계자의 삶의 질 개선이라는 사회적 성과를 추구하려는 상호작용"으로 정의할 수 있다.

그림 5.4 기업의 내부 및 외부 이해관계자

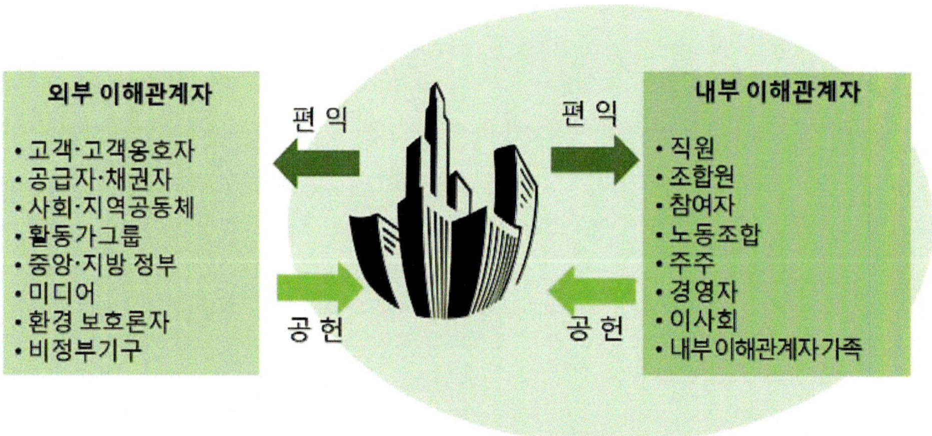

특히, 21세기 초 글로벌 금융위기와 불황의 반복, 빈부 격차와 실업 등 국민소득의 불균형 및 경제주체 간, 국가 간 양극화가 심화함에 따라 자본주의의 문제점을 해결하려는 세계적인 움직임이 증폭되었다. 또한 기업과 영향을 주고받는 내·외부의 이해관계자와 공생 경영이 재조명되면서 이해관계자 참여 경영의 중요성은 날로 커지고 있다. 기업에 영향을 주는 집단이 기업으로부터 영향을 받는 집단과 반드시 같진 않지만, 장기적인 관점에서 볼 때 기업에 영향을 주는 집단뿐만 아니라 기업으로부터 일방적으로 영향을 받는 집단도 이해관계자로 보는 시각이 필요하다. 이해관계자는 '직원', '고객', '고객 옹호자', '주주', '공급자', '채권자', '경영자' , '경쟁자', '미디어', '지역공동체', '사회', '특수이익집단(Special Interest Group)', '지방 또는 국가'와 '환경 보호론자'를 포함한다. 이를 기업 내부 및 외부로 나누어 보면 [그림 5.4]와 같다.[15)]

이해관계자 참여 경영의 효과

기업은 내·외부의 다양한 이해관계자와 편익 및 공헌이라는 교환관계에 놓이며, 이해관계자 참여는 이해관계자와 기업이 서로 긍정적인 영향의 교환을 목적으로 한다. '사랑받는 기업(Firms of Endearment)'은 "주주가치 위주의 경영에서 벗어나서 고객, 공급망, 지역사회, 직원, 생태 환경 등 내·외부의 이해관계자들을 위해 감정과 경험 교환, 사회적 및 재정적 성과의 창출 등 중요한 여러 형태의 가치를 추구하는 기업"이다. 기업은 단기적인 성과가 아니라 지속가능한 성과를 위해서는 이해관계자 참여와 협력을 통하여 사랑받는 기업이 되어야 한다.[16)] 기업에 만족한 이해관계자는 그렇지 않은 이해관계자보다 신뢰가 더 증가하고 협력적이며 많은 정보를 공개한다. 이해관계자와 신뢰가 증가하면 기업의 거래 비용은 줄고 명성은 강화되어 시장에서 자원에 대한 접근성과 제품의 경쟁력이 향상되고 성과를 더욱 높여 준다. 따라서 이해관계자 참여는 기업의 사회적 책임 활동인 동시에 장기 생존을 위한 조건이자 성장 잠재력이며, 조직문화의 필수적인 부분이 되어야 한다.[17)]

기업은 자본 시장 등 협의의 이해관계자 관리에서 사회, 정치적인 광의의 이해관계자 관리로 확대해 가면서 보고나 대응 차원을 넘어서 조직 내적인 포함의 관계로 발전한다. 이해관계자와의 '직접적인 의사소통', '이해관계자 대상의 명확성', '의도적인 피드백 수집', '이해관계자 포용성', 그리고 '이해관계자 학습 참여도'를 높인다([그림 5.5]). 이는 기업이 전통적인 자본 시장을 넘어서 비즈니스 가치와 실적을 제

고하고 지속가능한 성과를 위해서 이해관계자의 참여를 어떻게 높일지에 대한 방향을 제시해 준다.[18]

| 그림 5.5 | 이해관계자 유형 및 목적에 따른 이해관계자 참여 특성

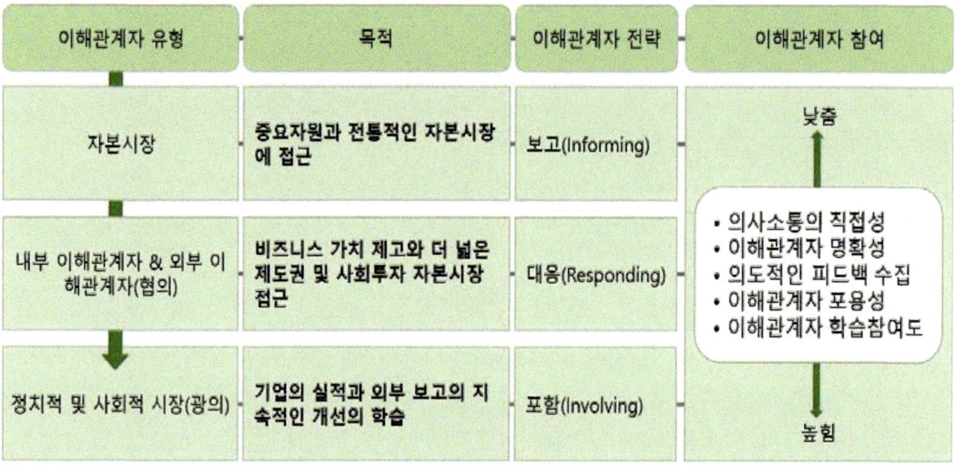

출처: Irene M. Herremans, Jamal A. Nazari, and Fereshteh Mahmoudian(2016), "Stakeholder Relationships, Engagement, and Sustainability Reporting", Journal of Business Ethics, 138(3), p.426. 참조 재정리.

B Corp 인증기업 중에서 이해관계자 관련 응답에 모두 참여한 347개 기업을 분석한 자료에서는 내부 이해관계자, 특히 직원의 참여가 외부 이해관계자의 참여에 영향을 미치고 회사가 기회를 잘 활용할 수 있도록 도와주는 중요한 이해관계자임을 강조한다. 직원 참여는 외부 이해관계자를 촉진하고 더 큰 변화를 가져오기 위한 심리적인 측면의 동기부여 진작으로 중요하다. 직원의 참여는 내적으로도 윤리적 리더십, 도덕적 관리 및 비즈니스에 있어 규범적으로도 적절한 행동을 하도록 한다. 따라서 직원의 참여가 외부 이해관계자보다 먼저 더 중요시 돼야 함을 시사한다.[19]

이해관계자 협업 목표와 방향

사회와 환경에 대한 의무는 경영진이 수익을 책임지는 데 추가적인 부담으로 작용한다. 그리고 모든 기업이 지역사회 권한 부여 및 다양한 사회적 및 환경적 활동에 참여하더라도 재무 성과를 향상시키는 것은 아니다. 하지만 장기적으로 기업의 생존은 이해관계자의 지원에 의존할 수밖에 없다. 기업은 사회와 환경의 외부 신호에 반응하고 장기적인 지속가능성 전략과 단기적인 수익 개선에서 균형을 맞추어야 한다. 따라서 기업은 다양한 이해관계자의 욕구를 충족시킬 수 있어야 하며 이해관계자와 강력한 협업을 창출해야 한다. 협업은 기업의 생존을 보장하는 중요한 요소이다. 중요한 점은 이해관계자의 협업을 기업의 외부 지향 프로그램의 대상물로만 보는 것이 아니라 함께 지속가능성 목표를 달성하고 내부 변화 프로세스의 잠재적인 촉진자로 봐야 한다.[20] 협업 관계의 질은 이해관계자 간의 신뢰도에 따라 결정된다. 지속가능 경영 성과에 가장 큰 영향을 미칠 수 있는 이해관계자는 누구이며 무엇을 협력할지 결정해야 한다. 이해관계자 협력의 목표는 사회적 이해관계자인 지역사회 및 환경이 경제적 이해관계자인 공급망 및 고객, 직원과 주주보다 중요하지만, 협력의 방향은 경제적 이해관계자에서 사회적 이해관계자로 구축되어야 한다([그림 5.6]).[21]

| 그림 5.6 | 이해관계자 협업 방향과 목표

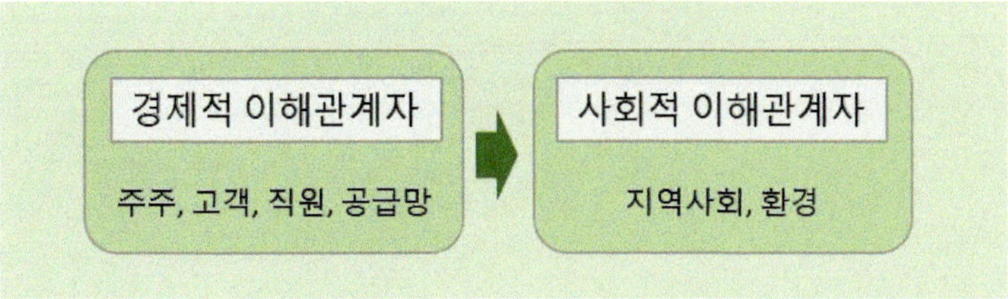

경제적 이해관계자는 기업의 지속가능경영을 지원하고 협력하는데 있어서 자신들의 경제적 이익이 낮아질까 우려한다. 주주들은 기본적으로 투자 금액 대비 높

은 금전적 보상을 바란다. 소비자는 기업의 자선 활동을 높이 평가하지만, 이러한 자선 활동의 추가 비용으로 판매 가격이 인상되는 것을 원치 않는다.[22] 회사는 공급자가 경쟁력 있는 가격을 제공하면서 사회 및 환경 문제를 처리하는 데에도 동참하기를 원한다. 하지만 공급자는 회사가 환경친화적이고 사회적으로 문제가 없는 제품을 공급하도록 요구한다면, 사회 및 환경적인 정책에 바로 응답하기가 어렵다. 또한 그러한 제품을 바로 생산할 수 있는 것도 아니다. 이럴 경우 회사는 추가적인 제품 비용을 부담하면서 공급자의 지속가능성 시스템이 내재화될 수 있는 정책과 학습에 동기를 부여하고 긍정적인 인센티브와 성과 관리를 병행해야 한다.[23] 결국 이해관계자 협력은 경영진이 다른 경제적 이해관계자인 주주, 고객 및 공급망과 신뢰도를 높이고 협업을 구축할 수 있는 능력에 달려 있다.[24]

사례연구

라휘시끼디위(La Ruche qui dit Oui)의 네트워킹 협업

프랑스의 라휘시끼디위는 프랑스 및 유럽 전역에서 지역농산물 유통사업을 운영하면서 '순환 소비', '공정한 농산물', '건강하고 신선한 농산물', ' 식품의 투명성과 신뢰'를 추구한다. 이해관계자 협업 체계를 가장 잘 구축한 사례 중 하나인 라휘시끼디위는 고객이 온라인에서 구매 후 'Hive(지역상점, '벌통')'에서 농산물을 수령하는 방식으로 운영된다. 2023년 현재 1만 명 이상의 유럽 지역 농부와 1500곳 이상의 유럽 Hive를 통하여 25만 명의 회원과 연결하고 유럽 전역에서 농산물을 제공한다. Hive는 지역의 개인 혹은 조직이 개점할 수 있다. 공동체 가치를 지향하는 지원 동기와 실행 가능성을 가지고 있다면 생산자의 농산물을 지역 소비자에게 배포하기 위한 만남의 장소를 정하고 운영한다. 공공의 장소(마을회관, 박물관, 학교 등)이든 사적인 장소(레스토랑, 바, 콘서트홀 등)이든 지역 소비자들이 편안함을 느낄 수 있는 곳이면 된다.

농산물의 가격은 공급자인 지역 농부가 결정한다. 공급자들은 부가세를 제외하고 판매된 금액의 80%를 직접 수령한다. 이것이 "농부들에게는 공정한 가격을 지불하면서 더 나은 세상을 함께 가꾸어가는 라휘시끼디위의 사명"이다. Hive 개점자는 지역사회의 거리를 걷고 시골을 가로질러 Hive 프로젝트를 설명하고 조금씩 의욕 넘치는 지역사회 구성원들과 생산자들을 모으고 공동체를 만든다. 공동체가 만들어지면 정규 판매조직으로 활동할 수 있으며 매주 Hive에서 소비자에게 주문한 제품을 제공할 수 있

그림 5.7 라휘시끼디위 생산자 원가

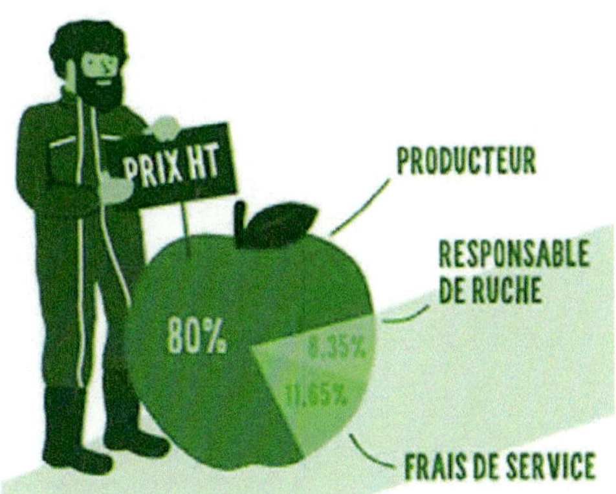

출처: La Ruche qui dit Oui(2024), https://laruchequiditoui.fr.

다. 소비자들은 온라인으로 주문하고 생산자들은 유통 당일에 주문을 받아 소비자를 만나서 유통한다. 유통 당일 지역사회 소비자와 농부들이 만나는 일은 제품의 교환보다도 더 많은 것을 교환할 수 있다. 그것은 지역 행사 및 축제, 공유 서비스, 농장 방문 등으로 이어지고 Hive는 지역공동체 구성원들의 실생활 공간 속에서 중요한 연결의 역할을 한다. 2011년에 프랑스 남서쪽 도시 툴루즈(Toulouse) 교외의 포가(Fauga)에서 첫 번째 Hive의 문을 연 라히시끼디위는 그 이후 파리(Paris), 스트라스부르(Strasbourg), 로양(Royan), 보르도(Bordeaux), 투르(Tours), 캉(Caen), 님(Nîmes), 렌(Rennes), 리옹(Lyon) 등으로 확산되었고 2013년에는 유럽으로 확장하면서 벨기에에 최초로 문을 연 이후 독일, 이탈리아, 스페인 등으로 퍼져 나갔다.[25)]

실습도구

이해관계자-CSR 매트릭스 실습

경영자의 공정한 세상에 대한 믿음이 높은 기업은 CSR 활동과 헌신적인 인사정책도 더 잘하는 것으로 나타났다. CSR 활동을 잘하는 기업의 직원들은 자신들이 조직의 수단적 존재가 아니라 목적으로 대하고 인간 가치를 창출하려는 조직으로 인식한다[26].

더 나아가 CSR은 조직의 외부 이해관계자와도 자연스럽게 연결되어 조직에 긍정적인 도움을 준다. 이해관계자 경영은 기업의 주요 이해관계자가 자신의 목표를 달성하고 다른 이해관계자들도 만족할 수 있도록 하는 것이다. 이러한 '윈-윈'의 결과가 항상 가능한 것은 아니지만, CSR은 경영자가 이해관계자의 이익을 보호하기 위해 추구해야 할 정당하고 바람직한 목표를 구현한다. 따라서 이해관계자 경영의 필수 구성 요소를 포착하기 위해 '이해관계자들이 회사에 주는 기회와 도전'은 무엇이며, '회사가 주요 이해관계자들에게 가지는 책임(경제적, 법적, 윤리적, 자선적)'은 무엇인지 파악하고 이러한 책임에 가장 잘 대처하기 위해 내릴 전략과 행동은 무엇인지 계획하고 실행한다.

〈표 5.3〉은 '이해관계자-CSR 매트릭스'이다. 확인된 이해관계자 집단과 기업이 경제적, 법적, 윤리적, 자선적 의미에서 각각 해야 할 일을 정리한다. 도출된 과제는 우선순위를 정하고 장기적 및 단기적 의사결정과 실행에 접목한다. 〈표 5.3〉은 CSR의 계획과 평가에서 논리와 깊이를 제공하는 출발점이다.[27]

표 5.3 이해관계자-CSR 매트릭스

CSR / Stakeholder	경제적	법적	윤리적	자선적
주주				
고객				
직원				
지역공동체				
경생사				
공급망				
사회적활동가그룹				
공공기관				
기타(　　　　　)				
기타(　　　　　)				
기타(　　　　　)				

출처: Carroll, A. B.(1991), "The pyramid of corporate social responsibility: Toward the moral management of organizational stakeholders", Business horizons, 34(4), p.44.

3 좋은 지배구조와 윤리경영

지배구조와 주주

지배구조(Governance)는 "가족, 사회 집단, 공식 또는 비공식 조직, 관할 구역 또는 영토를 넘는 모든 사회 체계 속에서 법률, 규범, 권력, 사회언어 등에 의하여 진행되는 상호작용 및 관리 절차"를 말한다. 지배구조는 조직이나 사회의 기능을 위한 의사결정, 규칙의 설정, 작동의 원리 등을 포괄한다. 효과적인 지배구조는 질서를 유지하고 목적을 달성하며, 조직 내에서 공동체나 구성원들의 요구를 해결하기 위해 필수적이다. 나아가 투명성을 촉진하고 이해관계자들 간의 신뢰를 조성하며 변화에 적응하여 조직이나 사회가 목표를 달성하는 데 반응력과 탄력성을 유지하도록 한다. 실무적으로 공공의 지배구조와 기업의 지배구조는 그 의미에 차이가 있다. 공공의 지배구조는 "정부가 일방적으로 통치하는 방식이 아니라 민간기업, 시민사회 및 지역공동체 등 이해관계자가 함께 참여하는 의사결정 및 실행 체계"를 말한다.[28] 현대사회의 빈곤과 실업, 소득과 부의 양극화, 사회적 갈등과 같은 문제들은 공공이 혼자 해결하기 어려우며 민간기업, 시민사회 및 지역공동체가 함께 협력하고 네트워크를 구축하여 해결해야 하기 때문이다.[29]

기업의 지배구조는 이와는 다른 의미가 있다. 과거의 기업 지배구조는 "주로 주주, 경영진, 이사회를 의미하는 용어로 이사회가 기업을 지휘, 관리 또는 통제하는 방식으로써 일련의 과정, 관습, 정책, 법과 제도"의 의미로 좁게 생각했다. 이때는 주로 주주의 이익을 고려하면서 기업의 수익성과 효율성을 높이도록 경영자에게 영향을 미치고 통제하는 것으로 설명해 왔다.[30] 세계적으로 명성이 높은 유럽과 미국, 그리고 한국의 대표적인 기업들의 10대 주주 분포를 보면 유럽과 미국의 기업들은 투자기관이 주식을 많이 소유하고 있다.

| 표 5.4 | 유럽, 미국 및 한국 주요 기업 10대 주주 순위 및 소유 비율

구분	유럽 S사	미국 A사	한국 S사
1위	투자사 V 3.3%	투자사 V 8.1%	관계사 L 8.5%
2위	자사직원 2.4%	투자사 V-Sub 7.9%	공공기관 N 7.6%
3위	투자은행 N 2.4%	투자지주 B 5.8%	관계사 C 5.0%
4위	자사 2.0%	투자은행 S 3.6%	오너일가 H 1.6%
5위	정부(프랑스) 1.7%	투자사 B 2.1%	오너 L 1.6%
6위	공공금융 C 1.7%	투자사 G1 1.7%	투자은행 N 1.5%
7위	투자사 M(영국) 1.6%	투자은행 F 1.3%	관계사 F 1.4%
8위	투자사 M 1.5%	투자사 T-Sub 1.2%	오너일가 L1 0.89%
9위	투자사 G2 1.4%	투자은행 N 1.0%	오너일가 L2 0.79%
10위	투자사 B(영국) 1.3%	투자은행 N-T 1.0%	자산관리A 0.52%

구분	유럽 N사	미국 M사	한국 k사
1위	투자사 V 3.5%	투자사 V 8.0%	오너 K 23.6%
2위	자사 3.0 %	투자사 V-Sub 7.8%	기업 M 5.9%
3위	투자은행 N 2.9%	투자은행 F 4.5%	공공기관 N 5.4%
4위	투자사 C1-W 1.8%	투자은행 S 3.8%	기업 S 2.4%
5위	투자사 U(스위스) 1.4%	투자사 C1-G 2.3%	투자사 V 2.3%
6위	투자사 C2(스위스) 1.3%	투자사 B 2.2%	자사 1.9%
7위	투자사 Z 0.8%	투자사 T-Sub 2.0%	투자은행 N 1.0%
8위	투자사 M 0.7%	투자사 C1-W 1.9%	투자사 I 0.5%
9위	투자사 G1 0.6%	투자사 G1 1.8%	투자은행 F 0.3%
10위	투자은행 F 0.5%	투자은행 N 1.5%	투자사 G1 0.3%

출처: MarketScreener(2024), "각 회사 2024년 1월 현재 10대 주주 현황(소수점 2자리 이하 절삭)", https://marketscreener.com.

특히 세계적인 투자기관인 뱅가드(The Vanguard Group, Inc.)와 노르게스(Norges Bank Investment Management) 등은 국내·외 기업 모두에서 최대 5개 기업 이상의 주식을 높은 비율로 소유하고 있다. 유럽 S사는 자국 정부 및 공공금융의 소유가 각각 5, 6위에 들어있으며 자사 직원 소유의 비중도 2위로 높다. 한국 S사는 오너 및 오너 일가, 계열사의 주식 소유 비중이 높으며 공공기관인 국민연금공단도 높은 비중으로 주식을 소유하고 있다.[31]

좀 더 자세히 보면, 유럽 기업들은 유럽 혹은 자국 투자기관, 자사 및 자사 직원, 자국 공공기관 등 다양한 주식 보유 형태를 나타내고 있으며, 한국 기업들은 오너 일가와 자국의 공공기관, 관계사들이 보유한 주식의 비중이 높다(〈표 5.4〉). 이러한 구조는 자국의 기업들이 해외 투자기관과 경영권 분쟁 시에 방어할 수 있는 토대를 준다. 한국 기업들의 재벌(Chaebol) 오너 중심 소유 구조는 종종 국가 경제에 나쁜 영향을 주고 대외적인 리스크로 작용한다. 문제 발생 시에 여전히 국가 및 기업 브랜드에 부정적인 영향을 준다. 특히 한국 사회는 경제발전 단계에서 누린 재벌의 과도한 시장 지배력과 팽창, 그리고 그로 인한 국가 부도의 경험과 국민 생활의 어려움이 있었다. 따라서 재벌의 소유권 상속과 같은 문제를 개선하고 좋은 지배구조로 경영하여 기업 경쟁력 제고와 함께 중소기업 상생발전과 사회에 대한 책임도 함께 해야 한다.[32] 한국 사회에서 국가 경제력에 맞는 규모 있는, 그리고 사회적 책임이 함께하는 투자기관, 더 큰 영향력을 갖춘 투자기관이 나타나지 않는 점도 아쉽다.

지배구조와 이사회, 의장

요즘의 기업 지배구조는 "내부 이해관계자의 이득, 관리와 통제 활동뿐만 아니라 투명, 공정, 반부패, 윤리경영과 같은 사회의 책임 있는 행동에 대한 규칙 및 규범 등을 정하고, 실행하도록 유지하며, 책임을 지는 방식"으로 발전하였다. GRI는 "최고경영자와 이사회의 구조, 기능, 역할, 평가, 보수와 함께 윤리 및 투명성, 이해관계자 참여와 보고 관행"을 지배구조의 주요 지표로 구성한다. SASB의 지배구조 요소는 "비즈니스 모델이나 업계의 일반적인 관행에 내재되어 있고 광범위한 이해관계자 그룹(예: 정부, 지역사회, 고객 및 직원)의 이해와 잠재적으로 상충되는 문제를 관리하는 것"을 포함하며, "규제 준수, 정치적 영향력, 위험 관리, 안전 관리, 공급망 및 자재 소싱, 이해 상충, 반경쟁적 행동, 부패 및 뇌물 수수" 등을 포함한다. 삼정KPMG는 "이사회 및 감사위원회 구성, 뇌물 및 반부패, 로비 및 정치 기부, 기업윤리, 내부 준법감시 시스템, 공정경쟁"을 지배구조의 주요 지표로 한다. 딜로이트(Deloitte) 안진회계법인의 ESG 나침반(ESG Compass)은 "지배구조 체계, 이사회 참여·구성·운영·역동성·보고, 의장 리더십, 성과 평가, 윤리경영"을 주요 지표로 구성한다(〈표 5.5〉).[33]

표 5.5 기관별 지배구조 평가요소

구 분	지배구조 평가요소
GRI	최고경영자 및 이사회의 구조, 기능, 역할, 평가, 보수와 함께 윤리 및 투명성, 이해관계자 참여와 보고 관행
SASB	규제 준수, 규제 및 정치적 영향력, 위험 관리, 안전 관리, 공급망 및 자재 소싱, 이해 상충, 반경쟁적 행동, 부패 및 뇌물 수수
KPMG	이사회 및 감사위원회 구성, 뇌물 및 반부패, 로비 및 정치 기부, 기업윤리, 내부 준법감시 시스템, 공정경쟁
Deloitte	지배구조 체계, 이사회 참여·구성·운영·역동성·보고, 의장 리더십, 성과 평가, 윤리경영

이사회는 사내이사와 사외이사로 구성된다. 의사회 의장의 책임은 이사회와 위원회가 헌장에 명시된 기능을 수행하도록 보장하는 것이다. 이사회는 회사의 전반적인 방향을 결정하고 최고경영자를 고용하거나 해고한다. 자원의 사용을 검토하여 승인하고 재무 및 운영 보고의 적절성과 절차를 모니터링 한다. 최고경영자의

역할은 전략의 수립, 계획과 실행, 대외 관계 및 이사회에 대한 책임에 집중하는 것이다. 그러므로 한 사람이 동시에 이사회 의장과 최고경영자를 맡는 일은 비판의 대상이 된다. 이사회 의장을 최고경영자로 구성한다면 이사회가 어떻게 최고 경영진을 적절하게 감독할 수 있는지 의문이기 때문이다. 특히 이사회의 임무가 경영진을 모니터링하고 평가하며 중요한 업무를 결정하고 영향력을 행사한다는 측면에서 더욱 그렇다.[34)]

미국 법률 연구소의 강령에서는 이사회의 여러 기능 중에서 '기업의 위기 검토와 관리, 감독', '법인의 법적 및 윤리적 의무 준수 여부에 대한 정보 수신 및 보고'를 명시하고 있다. 이사회의 운영은 독립적이고 투명한 운영이 필요하다. 최근에는 내·외부 이해관계자의 이득을 고려하고 사회적 및 환경적 성과를 촉진할 수 있는 지속가능한 전략의 개발과 실행을 지원하고 통제하는 역할이 강조된다. 이사회는 지속가능성을 지향하는 더 많은 독립적인 사외이사와 여성 이사, 전문성을 보유한 재무전문 감사위원회의 이사가 필요하다. 이를 통하여 기업은 위기에 대하여 사전 예방적이고도 포괄적인 조치를 취해야 한다.[35)]

ESRS는 지속가능성 문제의 모니터링과 관리 및 감독을 위해 시행하는 지배구조의 절차와 통제를 이해할 수 있도록 공시해야 한다. 이사회는 지속가능성의 위험 및 기회, 그리고 그 영향을 통제하고 관리, 감독하는 중요한 역할을 한다. 이와 관련된 세부적인 공시는 'GOV-1. 행정, 관리, 감독 기관의 역할', 'GOV-2. 사업의 행정, 관리, 감독 기관에 제공되는 정보 및 지속가능성에 관한 사항', 'GOV-3. 인센티브 제도에서 지속가능성 관련 성과의 통합', 'GOV-4. 사업 실사서', 'GOV-5. 지속가능성 보고에 대한 위험 관리 및 내부 통제'의 다섯 가지로 분류하고 18가지 항목에서 약 40가지 내외의 지수를 보고하도록 한다. 이사회 구성과 관련된 보고 지수로는 '사내 임원 및 비상임 위원의 수', '여성과 남성 이사회 구성원의 평균 비율', '독립적인 이사회 구성원의 비율'이 있다.[36)]

한국 기업은 미국 기업에 비하여 이사회의 규모가 적고 이사회의 독립성도 낮은 편이다. 사내 경영 이사는 일반적으로 회사에 고용된 임원이지만 독립적인 사외이사는 회사와 관계되지(linked) 않은 임원을 말한다. 독립적인 사외이사의 비율이 높은 것이 기업의 재무적 성과를 향상시킨다는 명확한 증거는 없지만, 기업 외부의 이해관계자 요구와 사회적 및 환경적 성과를 높인다. 미국의 투자자들은 이사회에 독립적인 사외이사가 과반수를 넘는 법인에는 기꺼이 프리미엄을 지불하려고 한다. 이사회 구성에 관한 분석 자료에 의하면 전형적인 미국 대기업의 이사회는 평균 9~10명 내외이며 그중에서 80% 가까이는 독립적인 사외이사인데 반하여, 한국의 이사회는 평균 6명 내외이며 사외이사의 비율은 50%를 넘지 못한다. 일반적으로 사외이사가 사내이사보다 덜 편향적이고 경영진의 성과를 객관적으로 평가할 가능성이 높다. 이것이 미국 증권거래위원회(SEC)가 이사회의 이사 중 과반수가 독립적인 사외이사일 것을 주장하는 주된 이유이다. 또한 독립적인 외부의 구성원으로 감사(위원회) 및 기업지배구조위원회를 구성할 것을 요구한다.[37]

지배구조와 윤리

좋은 지배구조를 가진 조직은 다음과 같은 특징이 있다. 그것은 첫 번째, "이사진들이 진실성과 역량을 가지고 효과적이며 책임감 있게 일한다." 두 번째, "이사진에 의하여 선출된 최고경영자는 비즈니스 수행에 있어 역량을 잘 발휘한다." 세 번째, "최고경영자가 추진하는 사업은 이사진의 조언과 협조를 통하여 타당성 있는 비즈니스 개념을 창출한다." 네 번째, "최고경영자는 이것을 다시 임직원들과 실행하여 효과적이며 매력적으로 수익성 및 사회적 가치를 창출한다." 또한 좋은 지배구조가 주는 효과는, 첫 번째, "경영자의 부정행위나 사익의 가능성을 줄이고, 도산을 막는다." 두 번째, "정직하고 건실한 경영으로 성과가 향상되고, 이해관계자 가치가 증대된다." 세 번째, "기업 평판이 좋아지고 유리한 조건으로 자금을 조달한다."[38] 반면, 경영자의 비윤리적인 의사결정은 기업과 사회에 커다란 충격을 줄 수도 있다. 2001년 미국에서는 엔론(Enron)과 월드컴(Worldcom) 등 세계적인 기업이 회계 부정으로 파산하고 미국 경제를 큰 위험에 빠트리며 투자자에게는 큰 충격을 주었다.

표 5.6 이해관계자별 반부패 윤리경영 보고 항목

구 분	항 목	비고
고객	고객정보	3P(Policy, Program, Performance) 체계
	제품·서비스 정보	
임직원	인사관리	
	성과평가	
주주·투자자	이사회활동	
	회계투명성	
협력업체	공정거래	
경쟁사	공정경쟁	
지역사회/정부	정치 및 로비 활동	

출처: 국민권익위원회(2009), "반부패 지표 중심의 윤리경영 보고서 표준안", p.72.

한국 사회도 1990년대 후반 대기업의 회계 부정 사건이 발생했다. 미국은 2002년에 기업의 지배구조를 강화하는 '사베인즈-옥슬리(Sarbanes Oxley)법'을 제정하고, 내부 고발자를 통한 사내 견제와 이사회 및 회계 감사의 독립성 강화, 기업윤리 규정 채택 등으로 오늘까지 경영의 투명성을 강조하고 있다. 한국 사회는 2009년에 UN과 OECD 등의 국제 표준과 규범을 참고하고 지배구조, 반부패, 회계의 투명성 등의 윤리경영을 담은 '반부패 지표 중심의 윤리경영 표준안'을 만들고, 이해관계자별 반부패 윤리경영의 '정책', '프로그램', '성과' 단계별 실무적인 지침과 편람으로 사용토록 하였다(〈표 5.6〉).[39]

'윤리(Ethics)'란 "옳고 그름에 대한 도덕적 신념이자 규칙"을 말한다. 윤리는 태도 혹은 행동의 올바름, 선과 악을 구분하는 판단기준이 된다. 기업의 윤리는 "비즈니스 환경하에서 발생할 수 있는 윤리적 및 도덕적 신념과 규칙"으로 기업이 윤리를 준수하는지 아닌지에 따라 이해관계자들은 이익을 보기도 하고 손해를 보기도 한다.[40] 기업의 윤리경영은 이해관계자의 신뢰와 만족, 도덕적 정서를 자극하고

의사결정과 행동에 영향을 준다. 〈표 5.7〉은 국내 · 외 연구자들이 이야기한 이해관계자 윤리경영의 개념이다.

표 5.7 이해관계자 윤리경영의 개념

연구자[41)]	윤리경영의 개념
Baumhart(1961)	기업이 고객, 직원, 주주 및 다른 기업 등 이해관계자와 밀접하게 관계된 의사결정에 있어서 올바름 또는 선악과 관련된 과정과 그 결과에 관련되어 행하는 경영 행태
Gandz and Hayes (1988)	경영에 있어서 다양한 이해관계자 및 광범위한 사회에 이익을 주거나 해를 줄 수 있는 의사결정 과정과 결과
Thomas M. Jones (1995)	기업이 이해관계자에게 영향을 줄 정책과 결정에 있어서 개인의 도덕성과 같이 성실한 태도와 평판을 기업의 정책과 결정에 반영하는 경영
한진환(2011)	기업이 이해관계자들에게 영향을 줄 의사결정이나 행위에 있어서, 그 체계적인 판단기준으로써 꼭 지켜야 할 도덕적 기준을 반영하는 경영
김영복 · 최만기(2011)	기업이 윤리적 방침, 시스템 및 문화 등을 실천함으로써 기업 이미지를 제고하는 동시에 이해관계자의 호응을 얻어 조직성과와 경쟁력을 제고하는 경영

출처: 최중석 외(2023), "사회적경제학(Social Economics)", 좋은땅, p.231.

이처럼 이해관계자 윤리경영은 "기업이 이해관계자에게 이익 혹은 해를 줄 수 있는 의사결정과 실행에 있어서 도덕적 신념과 규칙을 지키려는 경영 행태"를 말한다. 기업의 윤리경영은 중요한 경영전략의 하나이다. 기업 내 · 외부의 이해관계자들은 그들이 추구하는 가치와 욕구를 기업이 어떻게 충족시켜 주느냐에 따라 다른 호응을 보이며 그 호응은 기업의 성과에 영향을 준다. 기업의 윤리적인 의사결정은 이해관계자들의 지지와 인정을 받을 수 있도록 추진되어야 한다. 이것은 기업의 윤리경영이 고객의 권리와 법적 보호, 직원의 공평한 대우와 공정한 시장 경쟁, 지역공동체의 기대와 문제들을 포함하고 있기 때문이다.[42]

기업의 이미지는 좋은 제품과 서비스를 제공할 때 높아지고 신뢰하는 것처럼 윤리경영을 실천하는 기업의 이미지는 높아지고 신뢰할 수 있게 된다. 또한 내부 이해관계자는 정체성과 단합이 강화되고 외부 이해관계자에게는 기업의 사회적 이미지가 호의적으로 형성된다.

이러한 긍정적인 이미지와 신뢰는 투자자에게 긍정적인 영향을 미치는 등 기업 이미지와 이해관계자 호응은 서로 밀접한 관계를 맺고 있다[43]. 조직행동 연구에서도 기업의 윤리적인 환경은 직원들의 윤리적 행동과 조직성과에 좋은 영향을 미친다. 윤리경영 수준이 높은 경우에 직원들의 조직 몰입도는 높아지고, 자발적으로 조직에 남으려는 경향이 높다. 또한 직원들은 자신이 속한 조직이 윤리경영을 실천한다고 인식할 경우, 관리자나 조직에 대해 강한 믿음을 갖는다. 윤리경영의 실천은 현재 상황을 분석하고 미래의 모습을 결정하며, 취할 조치와 활동 계획을 수립하고 실행 및 평가하는 조직 맥락 전체에 통합해야 한다. 이것은 기업 존재의 필수적인 요소로서 조직에 윤리적 책임을 불어넣는 것이다. 단순히 법 위반 횟수, 윤리교육 시간이나 직원들의 행동 패턴으로 이야기할 수 있는 것은 아니다. 눈에 보이지 않기 때문에 실제 조직 맥락에서 처방도, 측정도 어렵다고 생각해서도 안 된다.[44]

도덕적 조직과 윤리

조직의 윤리적 및 비윤리적 행동은 개인의 행동과 조직 활동 모두에 의해 영향을 받는다. 특히 비윤리적 문제는 리더와 조직 모두의 신뢰와 평판에 부정적인 영향을 미친다. 따라서 개인 수준의 윤리경영과 조직 수준의 윤리경영, 그리고 그 상호 연결과 보완, 실천은 어떻게 가능하게 할 것인지 생각해야 한다[45]. 조직 수준에서 보면, 개인의 도덕적 발달이 개인의 비윤리적 행동에 영향을 주듯이 조직의 도덕적 발달도 조직의 윤리적인 의사결정과 결과에 영향을 미친다. 기업의 도덕적 발달은 조직문화에 의해 결정되며 호혜적 방식으로 조직문화를 정의하는 데는 기업의 도덕적 발달이 영향을 준다. [그림 5.8]은 기업을 도덕적 발달 단계에 따라 5단계로 분류한 모형이다.

그림 5.8 기업의 도덕적 발달 모델

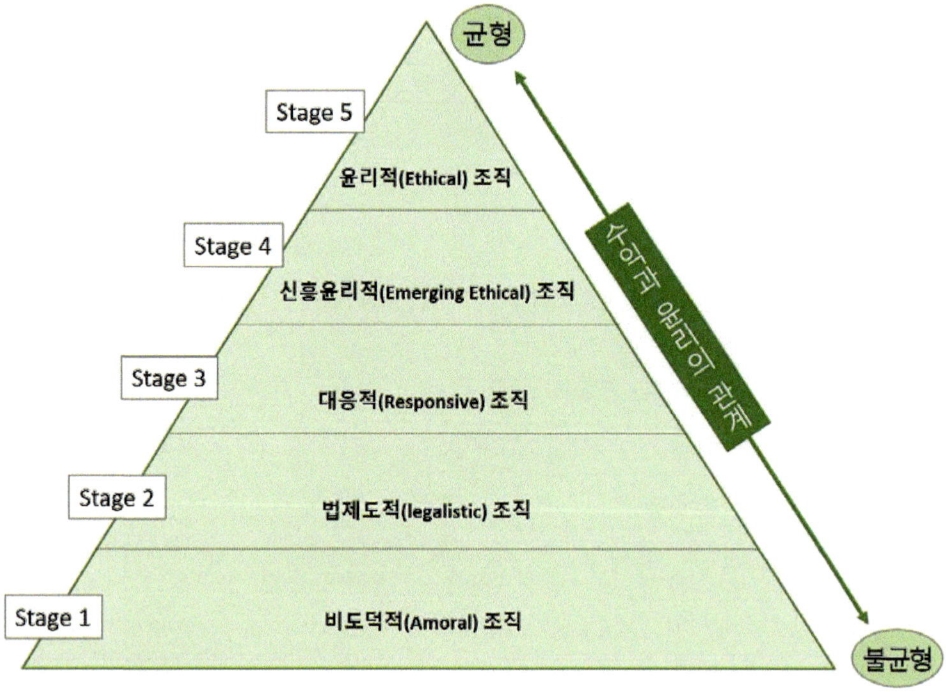

출처: R. Eric Reidenbach and Donald P. Robin(1991), "A Conceptual Model of Corporate Moral Development", Journal of Business Ethics, 10(4), p.274.

이러한 도덕성 발달 모형은 조직의 경영철학과 태도, 그들의 문화에 나타나는 윤리적 행태, 고충 처리 혹은 보상제도와 같은 조직행동을 관찰함으로써 추론할 수 있다. 여기서 개인의 도덕적 발달은 조직의 도덕적 발달에 기여는 하지만 결정적인 요인은 아니다.

1단계 '비도덕적 조직'은 "어떤 대가를 치르더라도 승리하는 태도에 의해 움직이는 조직문화"를 가지고 있다. 1단계 조직문화에서 발견되는 지배적인 가치는 생산성과 수익 능력이다. 윤리에 대한 우려가 존재한다면 어떤 잘못에 휘말렸을 때의 사후적인 일이다. 이때는 냉소적인 정당화 혹은 피해 통제 목적을 위한 사후적 합리화 행동에 집중한다.

2단계 '법제도적 조직'은 "본래 법의 정신이 아닌, 법의 문구를 준수하는 것에 가치를 두는 조직문화"를 가진 기업이다. 조직의 가치는 국가의 규칙에서 흘러나오며 "합법적이면 괜찮으며, 확신이 서지 않으면 변호사에게 확인하라"는 것이 2단계 조직의 전형적인 운영 격언이다. 이 조직문화에서 법은 정의와 동일시된다. 무엇이 합법적이고 무엇이 옳고 정의로운 지에는 차이가 없다.

3단계 '대응적 조직'은 "생산성과 합법성 이외의 가치를 포함하는 문화로 진화를 시작하는 조직"이다. 3단계의 조직은 이윤과 옳은 일을 하는 것 사이에서 균형을 잡기 시작한다. 이러한 조직의 역할은 순수하게 경제적인 것을 넘어서고, 그것이 특정한 사회적 의무라고 인식하기 시작한다.

4단계 '신흥 윤리적 조직'은 "기업의 이익과 윤리 사이의 균형을 적극적으로 추구하는 조직문화"를 가지고 있다. 원하는 윤리적 풍토를 만들기 위해 조직의 문화를 관리하려는 명백한 노력이 있다. 이러한 문화의 변화는 기업과 사회 사이의 사회적 계약에 대한 인식을 포함한다. 4단계 기업의 대표적인 윤리 정책은 '핸드북', '정책 성명서', '위원회', '고충 처리반', '윤리 프로그램 이사' 등을 갖춘다. 예를 들어 4단계 조직은 다음과 같은 질문에 답변할 수 있는 핸드북을 가지고 있다.

1. 우리 회사의 윤리 담당 이사는 누구인가?
2. 윤리 담당 이사는 나를 어떻게 도울 수 있는가?

3. 윤리 담당 이사와 연락하려면 어떻게 해야 하는가?

4. 윤리 담당 이사와 연락하려면 상사의 허가가 필요한가?

5. 윤리 담당 이사와 핫라인은 어떻게 작동하는가?

6. 우리 회사의 윤리 기준이 실제로 무엇인지 어떻게 알 수 있는가?

7. 만약 내가 기준을 위반하는 사람을 알게 된다면 나의 책임은 무엇인가?

8. 만약 내가 기준을 위반하면 어떻게 되는가?

9. 우리 회사의 윤리경영 프로그램은 나에게 어떻게 적용되는가?

10. 내가 회사 기준을 위반했다고 생각되는 일을 지시받으면 어떻게 해야 하는가?

5단계 '윤리적 조직'은 "윤리적 가치의 공통된 집합을 조직 전체적으로 수용하는 조직"이다. 비윤리적이라고 생각하는 상황에서는 이익을 얻지 못하며, 윤리적 조직을 작동시키는 것은 그 안에 내재한 강한 도덕적 의무감과 그런 문화를 지지하는 것이다. 직원들은 조직의 윤리적 위치가 훼손될 행동을 멀리한 것에 대해 보상 받는다.[46)]

준법과 청렴

윤리적인 활동은 개인적 수준과 조직적 수준을 통합하여 관리하여야 한다. 조직의 '메커니즘'과 '윤리 전략'에 따라 구성원에 대한 '윤리 활동의 개입'은 다른 방법이 필요하다. 〈표 5.8〉은 조직의 윤리 전략과 메커니즘에 따른 윤리 활동의 개입을 구분한 표이다. 조직의 윤리 전략을 '준법'과 '청렴'으로 정확히 이분화하기는 어렵다. 어떤 경우는 상호 보완적으로, 어떤 경우는 서로 구분되어 작동한다.[47)] 준법 전략은 법적 위반의 예방, 적발 및 처벌에 초점을 맞춘 윤리 프로그램 중심의 전략이며, 청렴 전략은 단순한 법적 요건을 넘어 모범적인 행동을 지원하는 윤리 프로그램 전략으로 구분된다. 준법 전략은 대체로 규칙을 기반으로 하는 강제성을 띠지만, 청렴 전략은 가치를 기반으로 하는 권한 부여식 접근을 따른다.[48] 조직 메커니즘도 정확히 이분법으로 설명할 수 없지만, 구조 중심의 강한 통제 방식과 문화 중심의 부드러운 통제 방식으로 구분할 수 있다. 전자는 서면 절차 및 규범과 같은 공식적 메커니즘이 작동되는 반면, 후자는 가치, 신념, 불문율, 전통과 같은 비공식적 메커니즘으로 작동한다. 강한 통제는 구체적이고 예측 가능한 상황과 관련성이 높고, 부드러운 통제는 모호하고 예상치 못한 일에 더 적합하다.[49]

준법에 대한 강한 통제 매커니즘을 갖는 경우, 조직 내 개인의 비윤리적인 행동이 기업 윤리경영의 긍정적인 기대효과를 줄이고 조직 혹은 구성원에게 주는 부정적인 영향을 높인다. 특히, '반사회적 과업 행동(CWB, Counterproductive Work Behavior)'은 "조직에서 정한 규범을 자발적으로 위반하는 행동이자 그 결과가 조직과 구성원에게 피해를 주는 행동"을 말한다. CWB 특성을 나타내는 대표적인 이상행동은 '죄책감 결여', '공격성', '지배 성향', '자기중심성', '과시성'이 있다. 죄책감 결여는 "사회적 규범에 어긋나는 행동에도 죄책감을 느끼지 않는 성향"을 말한다. 공격성은 "공격 행동을 쉽게 보이고 조직 내 공포 분위기를 조성함으로써 통제하려는 행동"이며, 지배 성향은 "동료의 감정이나 행동에 관심이 없고 타인을 업신여기거나 자신의 이익을 위해 이용하려는 성향"이다. 자기중심성은 "자기 자신이 제일 중요하다고 생각하고 업무수행 시에도 자기 일을 우선하는 성향"이다. 과시성은 ""타인으로부터 관심과 주목을 받고자 하며 성과를 부풀릴 수도 있는 성향"이다.[50]

〈표 5.8〉을 보면 준법 전략과 공식적 매카니즘 조직은 "주로 규칙·표준·법규를 중시하고 비윤리적 행위에 대한 처벌과 위원회를 유지"하는 개입을, 청렴 전략과 공식적 매커니즘 조직은 "주로 목적·가치·원칙을 중시하고 윤리적 행위에 대한 보상체계"를 가지고 있다. 준법 전략과 비공식적 매커니즘 조직은 "주로 규칙·표준·법규의 역할 모델과 비윤리적 행동에 대한 논의 및 인식을 유지"하는 개입을,

청렴 전략과 비공식적 매커니즘을 중시하는 조직은 "주로 목적 · 가치 · 원칙의 역할 모델과 윤리적 행동에 대한 논의 및 인식"의 개입을 한다.[51)]

표 5.8 윤리 전략과 작동원리에 따른 잠재적 개입

<table>
<tr><th colspan="2" rowspan="2">구 분</th><th colspan="2">윤리 전략</th></tr>
<tr><th>준법 전략(강제적/규칙 기반)</th><th>청렴 전략(권한 부여/가치 기반)</th></tr>
<tr><td rowspan="2">작동원리</td><td>공식·구조 / 강한 통제</td><td>1. 규칙과 표준이 있는 행동 강령
2. 위반사항을 판단하는 준수위원회
3. 비윤리적 행위에 대한 처벌체계
4. 윤리 핫(hot) 라인
5. 규칙 · 표준 · 법규를 설명하는 윤리교육
6. 규칙 · 표준 · 법규 지식의 이러닝 시험</td><td>1. 목적 · 가치 · 원칙이 있는 사회 규범
2. 윤리적 갈등을 처리하는 윤리위원회
3. 윤리적 행위에 대한 보상체계
4. 윤리 헬프(help) 라인
5. 목적 · 가치 · 원칙이 고취되는 윤리교육
6. 윤리적 갈등 대처의 이러닝 시험</td></tr>
<tr><td>비공식· 문화 / 부드러운 통제</td><td>1. 규칙 · 표준 · 법규 중심 역할 모델
2. 규칙 · 표준 · 법규의 준수
3. 규칙 · 표준 · 법규 행동 보호감 느낌
4. 비윤리적 행동에 대해 논의
5. 비윤리적 행동은 처벌된다는 인식
6. 윤리적 일이 틀리지 않도록 배움</td><td>1. 목적 · 가치 · 원칙 중심 역할 모델
2. 목적 · 가치 · 원칙에 충실
3. 목적 · 가치 · 원칙 행동 자율성 느낌
4. 윤리적 행동에 대해 논의
5. 윤리적 행동은 보상받는다는 인식
6. 더 나은 윤리적 상황을 배움</td></tr>
</table>

출처: Constantinescu, M. and Kaptein, M.(2020), "Ethics management and ethical management: Mapping criteria and interventions to support responsible management practice", Research handbook of responsible management, p.41.

윤리적 리더십

경영자의 역할은 윤리경영이 제대로 실천될 수 있도록, 조직 맥락의 환경조성과 윤리적 리더십을 갖추는 것이다. 긍정적인 윤리 관행은 촉진하고 반윤리적 행동은 줄일 수 있는 영향력이 필요하다.[52] 경영자가 윤리를 대하는 태도에 따라서 조직의 윤리경영은 큰 차이를 보인다. 윤리경영에 대한 태도 수준이 '매우 낮은' 단계의 경영자는 윤리적인 조치 혹은 비윤리적 상황은 사업을 하는 데 드는 비용으로 간주한다. '낮은' 단계의 경영자는 윤리경영 행위의 도덕성보다는 행위의 적법성을 준수하는 데에 관심을 기울인다. '보통 단계'의 경영자는 이전 단계의 경영자보다 사회의 요구에 더 민감하고 도덕적인 행위에 더 큰 관심을 둔다. '높은' 단계의 경영자는 어떤 행동이 미칠 잠재적인 수익성뿐만 아니라 윤리적 결과를 인식하면서 문제 해결에 접근하고 조직원에게는 윤리적 행동에 강력한 신호를 보낸다. '매우 높은' 단계의 경영자는 수익성뿐만 아니라 내재적 정의와 공정성에 근거한 의사결정을 한다.[53]

윤리적인 리더십은 구성원의 조직 및 팀 몰입, 조직시민행동을 높이고 직무에는 더 만족하며 과업 성과에도 긍정적인 영향을 미친다. 또한 심리적 주인의식이 높아지고 절차적 공정성과 자기효능감도 높아 조직에 긍정적인 효과를 준다.[54] 윤리적인 리더는 도덕적인 사람이면서 도덕적인 관리자여야 한다. 윤리적인 리더십은 다른 사람들이 리더를 도덕적인 사람이며 동시에 도덕적인 관리자로 인식하는 것에 달려 있다. 도덕적인 사람이 된다는 것은 다른 사람들에게 당신이 어떤 사람인지, 무엇을 하는지, 무엇을 결정하는지를 확인하는 것뿐만 아니라 사람으로서 도덕적인 차원에 대해 확실히 알게 하는 것을 포함한다.

기업의 임원들은 만일 그들이 윤리적 리더십에 대한 평판을 발전시키지 못한다면, 그들이 '윤리적으로 중립적 리더'로 꼬리표가 붙을 가능성이 높다는 것을 인식해야 한다. 결과적으로, 직원들은 수익만이 그들의 결정을 이끌어야 하는 유일한 가치라고 믿을 것이고, 임원들은 그 조직과 다수의 이해관계자들의 장기적인 이익보다 자신과 단기적인 재무에 더 신경을 쓸 것이다([그림 5.9]).

| 그림 5.9 | 임원의 평판과 윤리적 리더십

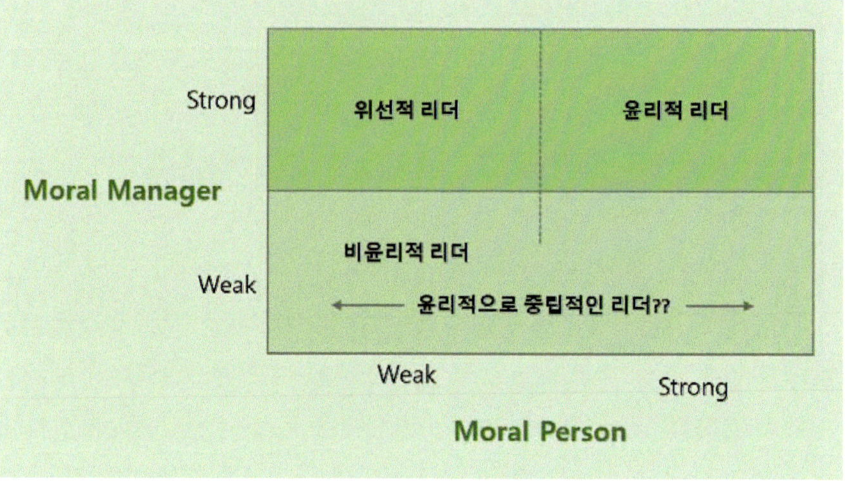

출처: Treviño, L. K., Hartman, L. P., and Brown, M.(2000), "Moral person and moral manager: How executives develop a reputation for ethical leadership", California management review, 42(4), p.137.

도덕적인 사람의 특성은 '청렴도', '정직함', '신뢰도'가 높다. 그리고 '올바른 작업 수행', '사람들을 위한 고민', '열린 생각', '개인적인 도덕적 행동'을 한다. 의사결정의 기준은 '가치 중심', '목적과 공정', '사회에 관심', '윤리적 의사결정 규칙 준수'이다. 그리고 도덕적인 관리자가 된다는 것은 '윤리적 행동에 대한 역할 모델이 되는 것', '윤리와 가치에 대해 정기적으로 소통하는 것', 그리고 '모든 사람에게 가치와 기준에 대한 책임을 묻기 위해 보상 시스템을 사용하는 것'을 포함한다. 윤리적인 리더십은 직원들의 자부심, 헌신, 그리고 충성심에서 존재가치로 빛을 발하며, 이는 좋은 회사들이 최고의 사람들을 찾고 유지하기 위해 노력하는 최적의 인사관리 측면에서 특히, 중요하다.[55]

사례연구

발렌베리(Wallenberg)의 지배구조

167년의 역사를 가진 스웨덴의 발렌베리 그룹은 유럽 최대, 최고의 기업집단으로 전문경영인 제도, 노동자 중심 운영, 기업 투명성, 사회공헌의 경영철학을 바탕으로 국민적 지지와 사회적인 존경을 받으며 소유지배구조의 세계적인 벤치마킹으로 알려졌다. 2022년 5월 시가총액이 600억 달러에 달하며 스웨덴 전체 GDP의 약 10%에 해당하는 경제 규모를 가지고 있다. 미국에서 시가총액이 미국 GDP의 10%를 넘는 기업은 단지 애플(Apple)과 마이크로소프트(Microsoft)뿐인 것을 생각하면 매우 큰 그룹임을 알 수 있다. 스웨덴 인구의 4.5% 정도인 40여만 명을 고용하고 있다. 1856년 설립 이래 167년에 걸쳐 경영권을 계승하고 있는 발렌베리는 지주회사인 인베스터 AB(Investor AB)를 기반으로 가전·건설·금융·항공·제약·통신 등의 스웨덴 기업과 세계적인 기업 19곳을 포함해 100여 개 기업의 지분을 소유하고 있다. 발렌베리 그룹은 1856년에 은행을 창립하면서 시작되었으며 이것이 오늘날 발렌베리 그룹의 모태가 되었다. 발렌베리 배당금 수익의 80%는 발렌베리 가문의 재단을 통해 대학과 도서관, 박물관 및 과학연구 등 공공사업에 투자한다. 스웨덴이 생명공학 분야에서 강점인 이유가 여기에 있다. 재단은 외부의 전문가들로 구성된 투자위원회를 운영한다. 투자위원회는 매년 막대한 금액을 스웨덴의 과학기술 및 학술 사업 발전에 후원한다. 재단의 재무 상황도 투명하게 공개한다. 재단은 기업의 장기적인 비전을 제

그림 5.10 라울 발렌베리 추모 동상(영국 런던)

출처: https://en.wikipedia.org/wiki

시하고 계열사 대부분은 전문경영인에게 맡긴다. 재단과 경영자는 급여만 받는다.

소유와 경영의 분리, 이익의 사회 환원은 167년 동안 스웨덴 국민이 자랑스러워 하고 세계의 벤치마킹이 된 요인이다. 2019년 현재 재단은 지주회사인 인베스터 AB 주식의 약 23%를 가지고 있지만 차등의결권으로 약 50%의 의결권을 행사한다. 스웨덴 연기금과 개인적인 가문 일원의 지분을 합치면 외부의 경영권 위협은 원천 차단되어 있다. 차등의결권은 1938년 스웨덴의 극심한 노사분규 국면에서 노·사·정의 대타협으로 의결권은 보장하고 이익은 재단을 통해 50% 이상 교육과 여성, 아동복지 부문 등에 기부한다는 '살트셰바덴(Saltsjöbaden) 협약'의 산물이었다. 발렌베리 가문은 경제적인 이익 대신에 경영권의 보장과 사회적책임을 선택한 것이다. 발렌베리 재단은 연간 1억 6000만 파운드(약 2조 7000억 원)를 기부한다. 전문경영인 체제를 통해 기업의 분식회계와 친인척의 독단적 경영을 사전에 차단하고, 투명한 경영과 이익 대부분을 사회에 환원하는 발렌베리 가문은 최고의 국민적 지지와 사회적인 존경의 대상이다. 발렌베리 가문은 '존재하되 드러내지 않는다.'는 원칙과 '존경받는 부자가 되라!'는 가훈을 가지고 집안 단속도 철저히 한다. 이들은 세계 1000대 부자는 물론이고 스웨덴 100대 부자 명단에 있지도 않지만, 기업이 창출한 부를 자신들의 몫으로 돌리지 않고 기부와 자선을 통하여 노블레스 오블리주(Noblesse oblige)를 실천하는 진정한 부자이다.[56)]

발렌베리 가문 중 가장 유명한 외교관인 라울 발렌베리[Raoul Wallenberg, ([그림 5.10])]은 제2차 세계대전 중에 헝가리 부다페스트의 스웨덴 특사로 일하면서, 홀로코스트(Holocaust, 유대인 대학살)로부터 수천 명의 헝가리 유대인들을 구했다. 이후 그는 간첩 협의로 31세의 나이에 구금 후 실종되었으며 훗날 감옥 수감 중에 심근경색으로 사망했다고 알려졌다. 그는 사망 이후에 수십 년 동안 수많은 인도주의적인 영예의 대상이 되었으며 미국, 캐나다, 헝가리, 호주, 영국 및 이스라엘의 명예시민이 되었다. ([그림 5.10])은 영국 런던의 그레이트 컴버랜드 거리(Great Cumberland Place)에 있는 그의 추모 동상이다.[57)]

4 일과 삶의 균형(Work-life balance)

개인과 조직의 조화로운 성장

일과 삶의 균형, 이른바 '워라밸(Wlb, Work-life balance)'은 "개인의 직업과 삶의 요구 사항이 동등하게 충족된 균형의 상태"를 말한다. 일이 개인 생활을 방해하고 개인 생활은 일을 방해한다고 생각할 수 있지만, 조직행동 연구에서 워라밸은 직원의 몰입을 촉진하고 생산성을 높이며 이직률은 낮추는 것으로 연구되고 있다. 워라밸에 매우 만족한 직원은 불만족한 직원에 비하여 1.4배 이상 생산성이 높다는 연구 결과도 있다.[58]

| 그림 5.11 | 워라밸의 조직적 성과(좌)와 직원 이득(우)

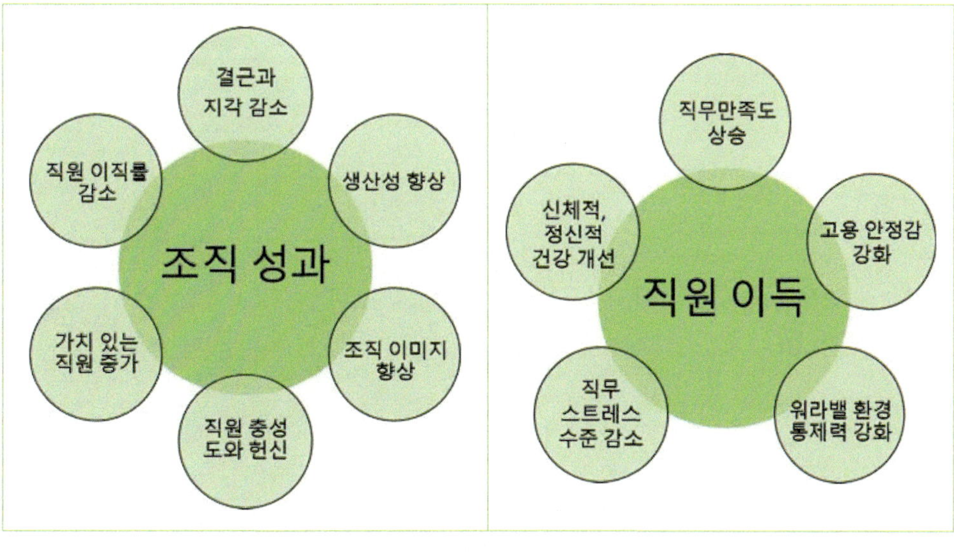

출처: Ioan Lazar, Codruta Oosoian, and Patricia Rratiu(2010), "The Role of Work-Life Balance Practices in Order to Improve Organizational Performance", European Research Studies, XIII(1), pp.207-208.

워라밸은 직원 관계를 향상시키며 비윤리적인 비즈니스 관행의 가능성도 줄인다. 따라서 기업은 직원의 결근율, 이직률, 직무만족도, 애사심, 조직몰입 수준 등 조직 구성원의 심리적인 만족에 대한 워라밸의 증진 효과를 같이 고려해야 한다([그림 5.11]). 흥미롭게도 워라밸 프로그램은 그 용어가 생기기 훨씬 전의 1930년대에도 존재했다. 제2차 세계대전 전에 캘로그 사(W.K. Kellogg Company)는 하루 3개의 8시간 근무제도를 4개의 6시간 근무제도로 변경한 이후에 직원들의 사기와 효율성을 증가시키는 성과를 보았다.[59)]

워라밸은 기본적으로 업무와 관련된 개인의 높은 역할 참여를 전제조건으로 한다. 조직의 발전 없이는 개인의 발전도 없듯이 개인의 발전이 없는 조직의 발전도 존재하기 어렵다. 워라밸은 직업생활에서의 목표 달성뿐만 아니라 다른 삶의 영역에도 긍정적인 파급 효과를 주며 이를 통해 워라밸은 더욱 향상된다. 따라서 조직 목표 달성과 개인 목표 달성이 함께 하기 위해서는 조직은 개인 발전을 위한 장이어야 하고 개인은 조직발전의 원동력이 되어야 한다([그림 5.12]). 초기 워라밸의 물결은 주로 아이를 가진 여성을 지원하는 것이었지만, 오늘날의 워라밸은 성별에는 덜 민감하고 가족과 그리고 더 나아가 여가와 건강 등 더 많은 분야로 인식되고 있다.

그림 5.12 개인과 조직의 조화로운 발전도

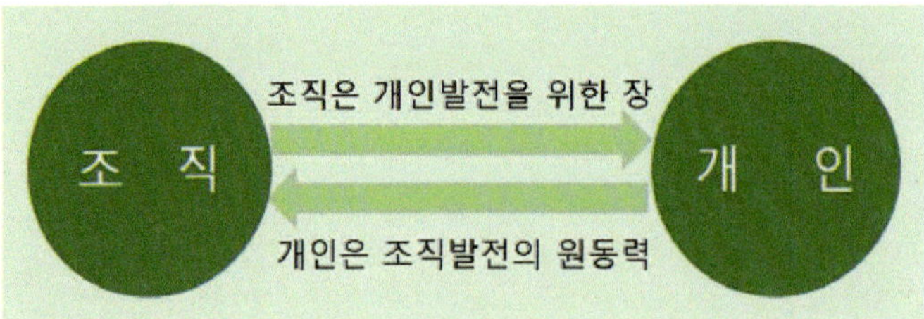

하지만 아직도 여성의 워라밸은 개선할 점이 많다. 여성은 남성보다 워라밸이 중요하다고 생각하지만, 만족도는 남성보다 낮고 혼인상태에 따라서도 워라밸에

대한 만족도는 차이를 보인다. 직장인의 워라밸 만족도는 비취업자보다 높지만, 아직도 다른 활동에 대한 경제적 부담과 장시간 일하는 문화, 과도한 업무량은 워라밸을 어렵게 하는 요인들이다. 일과 가족 및 개인 생활 사이에서 종종 갈등을 경험하며 업무 스트레스가 가족 및 개인 생활에까지 연결되는 경우도 많다. 아직도 직장인들은 워라밸을 위한 여가 시간이 더 필요하다.[60]

워라밸 프로그램

최근 OECD 37개 조사국을 기준으로 노동시간을 조사한 자료를 보면 세계적인 경제력에 비하여 한국의 자료는 매우 부정적이다. 한국의 노동시간은 콜롬비아, 멕시코 등을 제외하고 32위로 선진국 중에서 거의 최장이다. 치명적 산업재해 건수도 27개국 조사데이터를 보면 두 개 연도 모두 25위로 매우 불량하다. 생산성도 그리 높지 않은 것으로 나타났다.[61]

그림 5.13 일·생활 균형 캠페인 추진 과제

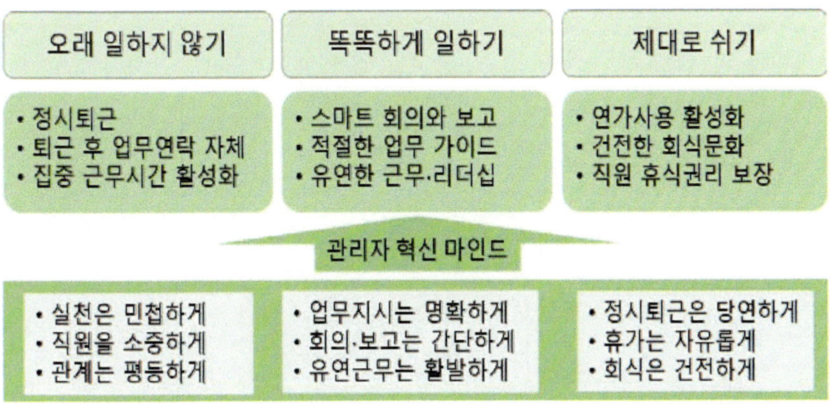

출처: 고용노동부(2024), "일하는 문화개선", https://worklife.kr.

결국 오래 일하는 것보다 똑똑하고 안전하게 일하고 제대로 쉬는 직장문화가 필요하다. 한국 정부는 워라밸을 위하여 '관리자부터 실천하기'를 기본과제로 첫째, '오래 일하지 않기', 둘째, '똑똑하게 일하기', '셋째, 제대로 쉬기'를 주제로 캠페인을 진행하고 있다. 매년 우수기업도 선정하여 알리고 있다. 관리자는 워라밸의 역할 모델이자 실천 의지를 갖춘 선봉장이 되어야 한다. 우수사례 기업의 임직원들은 "인재를 채용하고 지킬 수 있는 확실한 투자는 일·가정 양립 제도임을 실감"하며 "직원이 가족과 행복한 삶을 누리기 위해서 가장 필요한 것은 시간"임을 인식하고 있다. 이를 위하여 "기업문화를 혁신하여 회의 보고 및 조직문화에 변화를 줌으로써 직원 만족과 업무 생산성 향상"을 이룰 수 있었다. 한국 정부의 일·생활 균형 캠페인의 주요 내용은 [그림 5.13]과 같다.

워라밸을 위한 기업의 정책으로는 근무시간 조정(Flextime), 재택근무(Telecommuting) 혹은 유연한 근무 장소(Flexplace), 압축 근무 주 제도(Compressed Work Weeks), 시간제 근무(Part-Time Work), 일자리 나누기(Job sharing) 등이 있다. 이 외에도 건강 프로그램(Wellness Program), 피트니스 센터(On-site Fitness Center), 스트레스 감소 팁(Stress Reduction Tips to Workers), 마사지 요법(Massage Therapy) 등을 제공하고 있는 것으로 나타났다. 워라밸을 어렵게 하는 장애요인으로 '경영자의 지원 부족', '자기 경력에 부정적이란 인식', '근무 시간에 대한 조직의 기대', '여성에게만 해당 된다는 인식', '상사와 동료의 부정적인 인식'이 있는 것으로 나타나서, 월라밸을 위하여 조직의 기대와 직장 내 인식개선이 선행되어야 한다.[62)]

자기분석과 자기개발

사람은 누구나 적극적인 삶의 목표와 비전을 세우고 자기 삶을 주도적으로 살아갈 필요가 있다. 인간은 여러 가지 이유로 혼자서는 살아갈 수가 없다. 톰 행크스가 출연한 영화, '캐스트 어웨이(Cast Away)'는 주인공이 무인도에 혼자 살아가면서 배구공과 대화하는 장면이 자주 등장한다. 탈출하는 와중에 배구공을 실수로 흘려보내고 대성통곡하는 장면을 볼 수가 있다. 나중에 문명사회로 돌아와서 한 가족, 한 사회의 구성원으로 살아가는 일이 얼마나 새롭고 경이로운 일인지 느끼고 감사하는 장면을 기억할 수 있다.

헬렌 켈러(Helen Keller)는 "앞을 못 보는 사람은 불쌍한 사람입니다. 그러나 더 불쌍한 사람은 비전이 없는 사람입니다. 나는 평생 태양을 보면서 살았습니다. 결코 어둠을 볼 여가가 없었습니다."라고 이야기하였다. 비전이 없는 사람이 제일 불쌍한 사람이라고 하였다. 자왈(子曰) "오 십유오이지우학(吾 十有五而志于學), 삼십이립(三十而立), 사십이불혹(四十而不惑), 오십이지천명(五十而知天命), 육십이이순(六十而耳順), 칠십이종심소욕(七十而從心所欲) 불유구(不踰矩)"라 했다. 즉, 공자(Confucius)께서 말씀하시기를 "나는 열다섯 살에 학문의 뜻을 세웠고, 서른 살에는 학문의 기틀이 확립되었고, 마흔 살에는 유혹에 넘어가지 않았고, 쉰 살에는 하늘의 명을 알았고, 예순 살에는 남의 말을 들으면 그 뜻을 이해하게 되었고, 일흔 살이 되어서는 마음이 하고자 하는 바를 그대로 따라도 법도에 벗어나지 않았다."라고 말씀하셨다.[63)]

조직 속의 개인은 그냥 개인으로서가 아니라 조직 구성원으로서 존재할 때 의미가 있다. 조직과 개인의 조화로운 발전이 중요한 이유가 여기에 있다. 결국 조직은 구성원 모두가 공유하는 공동의 목표와 비전이 있어야 하며, 조직 속의 개인은 각자가 추구하는 개인 목표와 비전이 있어야 한다. 이러한 개인이 모여 이루어진 조직은 역할 분업과 통합의 원리로 연결되며 유기적인 상호작용으로 발전한다. 개인은 자기 목표를 명확히 하고 조직의 목표 달성에 정진할 때, 그리고 조직은 개인의 목표가 달성될 수 있도록 직원에게 헌신할 때 개인 및 조직의 비전은 서로 필요충분조건으로 지속가능하게 유지된다.

표 5.9 자기성찰, 자기분석을 위한 10가지 자기평가 문항

항 목		YES(√)	NO(√)
1. 가정인, 직업인, 사회인으로서 비전을 가지고 있는가? 2. 계획적으로 자기의 능력을 개발하고 있는가? 3. 프로의식이 투철하고 전문가로의 능력향상에 노력하고 있는가? 4. 다양한 분야의 사람들과 사귀고 있는가? 5. 자신의 성격상 특징을 잘 알고 있는가? 6. 책을 읽으며 꾸준히 자기 연찬에 노력하고 있는가? 7. 자기의 일에 대해서는 누구보다도 잘 할 수 있는가? 8. 수입의 일부분을 미래 준비에 투자하고 있는가? 9. 세상에 팔 수 있는 능력(남보다 자신 있는 기술)이 있는가? 10. 전문 직업기술 외에 다른 분야의 특별한 능력이 있는가?			
평가(Yes의 갯수)	8개 이상 : 자기개발 노력이 훌륭함. 성공된 미래가 보임 6~7개 : 자기개발 노력에 열심임. 조금 더 분발할 필요 4~5개 : 자기개발 노력이 보통임. 구체적인 실천계획이 필요 3개 이하 : 자기개발 노력이 부족함. 각고의 노력을 요구함		

태어나서 죽을 때까지 삶의 질을 좌우하는 주체는 바로 자기 자신이며 후회 없는 인생을 살기 위한 전제조건은 뚜렷한 인생 목표의 설정과 목표 달성을 위한 충실한 자기개발에 있다. 의미와 가치 있는 삶을 살기 위해 목표를 정하고 자기개발과 실천이 필요하다. 직장 및 사회생활을 하는 성인은 현재까지 직장 및 사회생활에 대한 성찰과 분석을 토대로 삶의 목표를 수립하고 그것을 달성하기 위한 자기개발이 뒤따라야 한다. 만약 지금의 조직을 이탈했을 때 외부에서 평가되는 당신의 힘은 어떠한가 생각하고 자기를 성찰하는 것이 필요하다. 자신의 가능성을 믿고 찾되

막연하거나 과대평가하지 않는 자기성찰이 필요하다(〈표 5.9〉).

가정인이자 직업인, 그리고 공동체 속의 사회인으로서 사명과 비전은 무엇인지, 나는 내 삶의 의미와 목표를 위하여 어떤 준비를 하고 있는지, 10년 후의 자기 모습을 그려보고 있는지, 모범이 될 만한 사람들과 만나고 있는지, 공동체에는 좋은 영향을 주고 있는지, 좋은 인간관계를 유지하고 있는지 자기성찰을 해보자. 어떤 사람은 자기분석의 결과가 마음에 들지 않거나 생각하기 싫은 경험도 있다. 어떤 사람은 지금까지 좋은 경험과 성공, 공동체 속에서 소통하면서 뿌듯함을 맛본 경험도 있다. 그렇지만 부정적인 경험이 많은 사람이더라도 쉽게 좌절하지 말라. 또한 긍정적인 경험이 많았던 경우라도 안이하게 만족하지 말자. 자신이 정말 하고 싶은 것은 무엇인지, 장래를 예측하고 꼭 해보고 싶은 것은 무엇인지, 자신이 다른 사람보다 약한 점은 무엇인지, 지식과 지혜의 균형은 잘 잡혀 있는지, 최근 1~3년 사이의 성장도는 만족할 만한 것인지, 사생활, 공동체생활, 업무생활에 있어서 부족하다고 느끼는 것은 무엇인지, 계획을 추진하는데 장애요인은 없는지 생각하라. 이러한 착안점을 토대로 시간을 잘 사용하여 자기개발에 힘을 쏟는다.

균형잡힌 삶의 목표

균형 잡힌 삶이 중요하다. 삶의 목표와 실천이 한쪽으로 치우친다면 균형 잡힌 삶은 유지할 수 없다. 복수의 일을 경험하되 가능하면 180도의 방향 전환은 하지 않는다. 일과 능력, 업무적인 측면만이 아니라 건강, 경력, 가정, 정서 측면에서도 다면적인 목표와 실천이 필요하다. 평생직업의 시대를 생각하고 꿈과 낭만을 잃지 않고 살아야 한다. 교양을 풍부하게 하는 목표, 취미·스포츠·레져를 위한 목표, 사회적 자격을 취득하기 위한 목표, 인격 향상을 위한 목표, 금전 자본 및 사회 자본 형성을 위한 목표, 사람 관계와 정보망을 위한 목표, 건강과 체력을 위한 목표, 조화로운 부부 및 자녀 관계, 존경받는 부모가 되기 위한 목표가 그렇다. 목표 달성을 위한 노력은 일하면서 배우는 오제이티(OJT : On the Job Training), 스스로 학습하고 배우는 자기개발(Self Development), 교육기관에서 배우는 집합교육, 포럼 및 동호회 등 소모임 활동, 모범적인 기업 혹은 사람을 보고 배우는 벤치마킹(Benchmarking) 방법을 사용한다. 자기 목표와 개발 방법은 구체적이어야 한다([그림 5.14]).

그림 5.14 균형잡 힌 목표설정 및 자기개발 방법

내 용	방 법
1. 업무능력	1. O.J.T.
2. 인맥관리	2. 자기개발(SD)
3. 건강관리	3. 벤치마킹
4. 경력관리	4. 경력개발(CDP)
5. 재산관리	5. Off.J.T.
6. 가정관리	6. 포럼, 동호회

일반적으로 20대는 '자기 성장을 위해 기초를 다지는 시기'이다. 글로벌 시대의 어학 능력, 자기 분야의 전공과 전문 지식 및 기술 습득, 그리고 인터넷 사용 및 업무용 응용 프로그램의 숙련화가 필요하다. 직업 면에서 자립할 수 있는 기술과 기능 습득, 결혼과 가정을 이루기 위한 가정인의 기본을 습득하는 시기이다. 30대는 '특정 업무의 전문화 시기'이다. 특정 분야의 전문가, 인간관계 능력의 향상, 판단 능력의 개발이 필요한 시기이다. 재무적 관점에서는 '주택, 출산, 육아를 위한 자산 형성기'이기도 하다.

40~50대는 '최고도의 능력 발휘 시기'이다. 공자는 사십불혹(四十不惑: 유혹에 흔들리지 않음)이라고 했지만, 우리는 업무·생활·육체·노후 불안에 따른 사십다혹(四十多惑)의 시대를 살고 있다. 이를 극복하고 인간관계 능력과 판단 능력을 높이고 사회적으로 조정자 역할을 해야 하는 시기이다. 다양한 사람과 관계를 포용

하면서 공동체 속에서 '보여주는 인생'에서 '보여지는 인생'으로 살아가는 시기이다. 재무적 관점에서는 '교육 및 노후를 위한 자산 운용기'이다. 60~70대는 '진정한 프로의 시기'이다. 일과 삶에 있어서 이미 프로이고 전·후·좌·우 상황 판단에 따른 전략적 사고와 인간관계, 지성과 감성의 조화가 최고도로 높아지는 시기이다. 능력(Ability)에서 용량(Capacity)으로 중심이 바뀌는 시기이다. 100세 시대에 제2의 인생을 준비하는 새로운 20대의 시기이기도 하다. 재무적 관점에서는 '자산을 관리하고 보전하는 시기'이며 가정이나 동료, 새로운 직무에 대한 순화와 적응의 시기이고 사회에 베풀고 환원하는 시기이다(〈표 5.10〉).

표 5.10 직장인의 연령대별 자기개발 핵심 주제

구 분	자기개발 핵심주제
20대	자기 성장을 위한 기초를 다지는 시기(가정인)
30대	특정 업무의 전문화 시기(직업인)
40~50대	최고도의 능력 발휘 시기(직장인), 포용적 사람 관계와 공동체 일원(사회인)
60대 이후	진정한 프로의 시기, 제2의 인생기

실습도구

개인 비전 수립 실습

비전목표 (3~5년)	
왜	
어떻게	
해결과제	

자기선언문

1년간 자기개발의 포인트				

목표달성 슬로건													
주요목표		( )월	( )월	( )월	( )월	( )월	( )월	( )월	( )월	( )월	( )월	( )월	( )월
	기간												
	내용												
	기간												
	내용												
	기간												
	내용												
	기간												
	내용												

검토 및 토론

- 지속가능 소비문화 정착을 이야기하기
- 지구 온난화와 제품 또는 서비스 혁신의 요구를 매칭하여 이야기하기
- 친환경 생산 시스템의 변화 목표와 영향을 알고 설명하기
- 지속가능 Lca 설계 프로세스를 알고 설명하기
- 제품 또는 서비스 용품 Lca 매트릭스를 사용하고 이야기하기
- 중요한(1차) 이해관계자와 2차 이해관계자를 구분하여 이야기하기
- 광의의 이해관계자 관점에 따른 이해관계자 참여도 변화를 설명하기
- 이해관계자 협업의 목표를 내부 및 외부 이해관계자로 나누어 이야기하기
- 이해관계자-CSR 매트릭스 실습표를 사용하고 이야기하기
- 지배구조와 주주, 이사회, 윤리경영, 도덕적 조직, 준법과 청렴, 윤리적 리더십을 이야기하기
- 개인과 조직의 조화로운 성장의 관계를 이야기하기
- 워라벨 프로그램을 이야기하기

- 자기성찰, 자기분석 표를 사용하고 이야기하기
- 연령대별 자기개발의 핵심 주제 이야기하기
- 라휘시끼디위의 협업 비즈니스 모델을 이야기하기
- 발렌베리의 지배구조를 이야기하기

제5장 참고문헌

1) Vargo, Stephen L. and Robert F. Lusch(2016), "Institutions and Axions: An Extension and Update of Service-Dominant Logic", Journal of the Academy of Marketing Science, 44, 5-23.

2) Wilkie, William L. and Elizabeth S. Moore(2007), "What does the Definition of Marketing Tell Us About Ourselves", Journal of Public Policy and Marketing, 26 (2), 269-276.; Sheth, J. N. and Parvatiyar, A.(2021), "Sustainable marketing: Market-driving, not market-driven", Journal of macromarketing, 41(1), 150-165.

3) IPCC(2023), "Summary for Policymakers, In Climate Change 2023(Synthesis Report Contribution of Working Groups I, II and III to the Sixth Assessment Report of the Intergovernmental Panel on Climate Change), Core Writing Team, H. Lee and J. Romero(eds.)".

4) OECD(2009), "Eco-Innovation in Industry: ENABLING GREEN GROWTH", OECD publishing.; Hatcher, G. D., Ijomah, W. L., and Windmill, J. F. C.(2011), "Design for remanufacture: a literature review and future research needs", Journal of Cleaner Production, 19(17-18), 2004-2014.

5) Dao, V., Langella, I., and Carbo, J.(2011), "From green to sustainability: Information Technology and an integrated sustainability framework", The Journal of Strategic Information Systems, 20(1), 63-79.

6) Gbededo, M. A., Liyanage, K., and Garza-Reyes, J. A.(2018), "Towards a Life Cycle Sustainability Analysis: A systematic review of approaches to sustainable manufacturing", Journal of Cleaner Production, 184, 1002-1015.

7) Sheu, J. B., Chou, Y. H., and Hu, C. C.(2005), "An integrated logistics operational model for green-supply chain management", Transportation Research Part E: Logistics and Transportation Review, 41(4), 287-313.; Demirel, N. Ö. and Gökçen, H.(2008), "A mixed integer programming model for remanufacturing in reverse logistics environment", The International Journal of Advanced Manufacturing Technology, 39, 1197-1206.

8) White, C. D., Masanet, E., Rosen, C. M., and Beckman, S. L.(2003), "Product recov-

ery with some byte: an overview of management challenges and environmental consequences in reverse manufacturing for the computer industry", Journal of Cleaner Production, 11(4), 445-458.; Gbededo, M. A., Liyanage, K., and Garza-Reyes, J. A.(2018), "Towards a Life Cycle Sustainability Analysis: A systematic review of approaches to sustainable manufacturing", Journal of Cleaner Production, 184, 1002-1015.

9) Keoleian, G. A. and Menerey, D.(1994), "Sustainable development by design: review of life cycle design and related approaches", Air & Waste, 44(5), 645-668.

10) Mitchell, J. R., Mitchell, R. K., Hunt, R. A., Townsend, D. M., and Lee, J. H. (2022), "Stakeholder engagement, knowledge problems and ethical challenges", Journal of Business Ethics, 175(1), 75–94.

11) Noland, J. and Phillips, R.(2010), "Stakeholder engagement, discourse ethics and strategic management", International Journal of Management Reviews", 12, 39–49.

12) Hine, J. A., and Preuss, L.(2009), "Society is out there, organisation is in here: On the perceptions of corporate social responsibility held by different managerial groups", Journal of Business Ethics, 88, 381–393.; Cundy, A. B., Bardos, R. P., Church, A., Puschenreiter, M., Friesl-Hanl, W., Müller, I., Neu, S., Mench, M., Witters, N., and Vangronsveld, J.(2013), "Developing principles of sustainability and stakeholder engagement for "gentle" remediation approaches: The European context", Journal of Environmental Management, 129, 283–291.

13) Novoa, A., Shackleton, R., Canavan, S., Cybele, C., Davies, S. J., Dehnen- Schmutz, K., Fried, J., Gaertner, M., Geerts, S., Griffiths, C. L., Kaplan, H., Kumschick, S., Le Maitre, D. C., Measey, G. J., Nunes, A. L., Richardson, D. M., Robinson, T. B., Touza, J., and Wilson, J. R. U.(2018), "A framework for engaging stakeholders on the management of alien species", Journal of Environmental Management, 205, 286–297.

14) Gupta, K., Crilly, D., and Greckhamer, T.(2020), "Stakeholder engagement strategies, national institutions, and firm performance: A configurational perspective", Strategic Management Journal, 41, 1869–1900.; Johanna Kujala, Sybille Sachs, Heta Leinonen, Anna Heikkinen, and Daniel Laude(2022), "Stakeholder Engagement: Past, Present, and Future", Business & Society, 2022, 61(5), 1136–1196.

15) Freeman, R. E.(1984), "Strategic management: A stakeholder approach", Pitman Publishing Ltd.; Bebchuk, L. A. and R. Tallarita(2020), "The Illusory Promise of

Stakeholder Governance", Cornell Law Review, 106, 91-177.

16) Rajendra Sisodia, David Wolfe, and Jagdish Sheth(2007). "Firms of Endearment", Wharton School Publishing.

17) Mario Minoja(2012), "Stakeholder Management Theory, Firm Strategy, and Ambidexterity", J Bus Ethics, 109, 67–82.; Bidhan L. Parmar, R. Edward Freeman, Jeffrey S. Harrison, Andrew C. Wicks, Lauren Purnell, and Simone de Colle(2010), "Stakeholder Theory: The State of the Art", Management Faculty Publications, 99.; Post, J. E., Preston, L. E., and Sachs, S.(2002), "Managing the extended enterprise: The new stakeholder view", California Management Review, 45(1), 5–27.

18) Irene M. Herremans, Jamal A. Nazari, and Fereshteh Mahmoudian(2016), "Stakeholder Relationships, Engagement, and Sustainability Reporting", Journal of Business Ethics, 138(3), 417-435.

19) Anne-Laure P. Winkler, Jill A. Brown, and David L. Finegold(2019), "Employees as Conduits for Effective Stakeholder Engagement: An Example from B-Corporations", Journal of Business Ethics, 160(4), 913-936.

20) Jorge, A., Castello, I., de Colle, S., Lenssen, G., Neuman, K., and Zollo, M.(2011), "Introduction to the Special Issue Integrating Sustainability in Business Models", Journal of Management Development, 30(10), 941-964.; Grayson, D., M., L., Slaughter, S , Rodriguez, M. A., Jin,Z., and Tay, S. (2008), "A New Mindset for Corporate Sustainability." BT and Cisco.

21) Papasolomou, I.D, Kapardis, K., and Katsilioudes, M.(2005), "Corporate Social Responsibility: The Way Forward? Maybe Not!", European Business Review, 17(3), 263-279.; Jones, B., Bowd, R., and Tench, R.(2009), "Corporate irresponsibility and corporate social responsibility: competing realities", Social Responsibility Journal, 5(3), 300-310.

22) Öberseder, M., Schlegelmilch, B. B., and Gruber, V.(2011), "Why don't consumers care about CSR?: A qualitative study exploring the role of CSR in consumption decisions", Journal of business ethics, 104, 449-460.

23) Andersen, M. and Larsen, T. S.(2009), "Corporate social responsibility in global supply chains", Supply Chain Management: An International Journal, 14(2), 75-86.

24) Rahardjo, H., Idrus, M. S., Hadiwidjojo, D., and Aisjah, S.(2013), "Factors that determines the success of corporate sustainability management", Journal of Management

Research, 5(2), 1-16.

25) La Ruche qui dit Oui(2023), https://laruchequiditoui.fr.; YouTube(2023), "La Ruche qui dit Oui", https://youtu.be/grElHRiYgRE.; 최중석 외(2023), "사회적경제학(Social Economics)", 좋은땅.

26) 홍운기 · 김영신 · 최용득(2022), "경영자의 공정한 세상에 대한 믿음과 사회적 책임활동 및 직원의 수단성 인식의 관계에 대한 연구", 윤리경영연구, 22(2), 1-26.

27) Carroll, A. B.(1991), "The pyramid of corporate social responsibility: Toward the moral management of organizational stakeholders", Business horizons, 34(4), 39-48.

28) 강병준(2014), "거버넌스 관점에서의 사회적 경제조직의 성과요인 분석: 이해관계자의 인식조사를 중심으로", 공간과 사회, 24(3), 5-46.; 국제개발협력시민사회포럼(2016), "알기 쉬운 지속가능발전목표 SDGs".

29) Bevir, Mark(2013), "Governance: A very short introduction", Oxford University Press.; Wikipedia(2024), "Governance", https://en.wikipedia.org/wiki.

30) Jean Jacques du Plessis, Anil Hargovan, and Jason Harris(2018), "Principles of Contemporary Corporate Governance, 4ed", Cambridge University Press.

31) MarketScreener(2024), "Samsung Electronics Co., Ltd., Apple Inc., Schneider Electric SE, Kakao Corp., Meta Platforms, Inc., and Nestlé S.A.", https://marketscreener.com.

32) Phil-Sang Lee(2000), "Economic Crisis and Chaebol Reform in Korea: Discussion Paper No. 14", APEC Study Center and Columbia Business School.; Klingler- Vidra, R., and Pacheco Pardo, R.(2019), "Beyond the Chaebol? The social purpose of entrepreneurship promotion in South Korea", Asian Studies Review, 43(4), 637-656.

33) GRI(2024), "GRI Standards", https://globalreporting.org.; SASB(2024), "SASB Standards", https://sasb.org.; 이준희(2020), "한국기업들의 ESG 경영을 위한 변화 I : ESG 경영의 개념과 접근 방법", 딜로이트 안진회계법인.; 이효정 · 김규림 · 임두빈 · 박도휘 · 전창의 · 장지혜(2021), "ESG의 부상, 기업은 무엇을 준비해야 하는가?", Samjong INSIGHT, 74, 삼정KPMG 경제연구원.

34) J. David Hunger and Thomas L. Wheelen(2011), "Essentials of Strategic Management, 5ed", Prentice Hall.; Sidley Austin LLP(2022), "At a glance: responsibilities of company boards in USA", https://lexology.com.

35) Shaukat, A., Qiu, Y., and Trojanowski, G.(2016), "Board attributes, corporate social responsibility strategy, and corporate environmental and social performance",

Journal of Business Ethics, 135, 569-585.; Sidley Austin LLP(2022), "At a glance: responsibilities of company boards in USA", https://lexology.com.

36) ESRS(2023), "Commission Delegated Regulation(EU) 2023/2772 of 31 July 2023", Official Journal of the European Union", L series, 1-284.

37) 이창민 · 석우남(2017), "사외이사, 독립이사 그리고 기업가치: 한국과 미국의 비교연구", 비교경제연구, 24(1), 31-54.; 삼일PwC 거버넌스센터(2022), "2022 이사회 트렌드 리포트, 상장사 이사회 현황과 시사점".; J. David Hunger and Thomas L. Wheelen(2011), "Essentials of Strategic Management, 5ed", Prentice Hall.

38) Jean Jacques du Plessis, Anil Hargovan, and Jason Harris(2018), "Principles of Contemporary Corporate Governance, 4ed", Cambridge University Press.; James Chen(2023), "Corporate Governance: Definition, Principles, Models, and Examples", https://investopedia.com.

39) Wikipedia(2024), "Sarbanes–Oxley Act", https://en.wikipedia.org/wiki.; 국민권익위원회(2009), "반부패 지표 중심의 윤리경영 보고서 표준안".

40) Wikipedia(2024), "Ethics", https://en.wikipedia.org/wiki.

41) Baumhart, R. C.(1961), "How ethical are businessmen?", Harvard Business Review, 39(4). 6-31.; Jeffrey Gandz and Nadine Hayes(1988), "Teaching business ethics", Journal of Business Ethics, 7(9), 657-669.; Thomas M. Jones(1995), "Instrumental Stakeholder Theory: A Synthesis of Ethics and Economics", The Academy of Management Review, 20(2), 404-437.; 한진환(2011), "윤리경영이 조직신뢰 및 조직시민행동에 미치는 영향", 대한경영학회지, 24(4), 2225-2244.; 김영복 · 최만기(2011), "윤리경영, 이해관계자 호응, 기업 이미지 및 조직성과에 관한 실증연구", 윤리경영연구, 13(1), 1-56.

42) Koh, H. C. and Boo, E. H.(2001), "The link between organizational ethics and job satisfaction: A study of managers in singapore", Journal of Business Ethics, 29(4), 309-324.; Phillips, R. A. and Reichart, J.(2000), "The environment as a stakeholder? A fairness-based approach", Journal of Business Ethics, 23(2), 185-197.

43) Gray, J. G., Jr.(1986), "Managing corporate image: The key to public trust", Quorum Books.; 김영복 · 최만기(2011), "윤리경영, 이해관계자 호응, 기업 이미지 및 조직성과에 관한 실증연구", 윤리경영연구 13(1), 1-56.

44) Kaptein, Muel(1998), "Ethics management: auditing and developing the ethical content of organizations", Dordrecht.

45) Constantinescu, M. and Kaptein, M.(2020), "Ethics management and ethical management: Mapping criteria and interventions to support responsible management practice", Research handbook of responsible management, 1-41.

46) R. Eric Reidenbach and Donald P. Robin(1991), "A Conceptual Model of Corporate Moral Development", Journal of Business Ethics, 10(4), 273-284.

47) Maesschalck, J.(2004), "Approaches to ethics management in the public sector: A proposed extension of the compliance-integrity continuum", Public Integrity, 7(1), 20-41.

48) Treviño, L. K., Weaver, G. R. and Reynolds S. J.(2006), "Behavioral Ethics in Organizations: A Review", Journal of Management, 32(6), 951–990.

49) Falkenberg, L. and Herremans, I.(1995), "Ethical Behaviors in Organizations: Directed by Formal or Informal Systems?", Journal of business Ethics, 14, 133-143.; Leatherwood, M. L. and Spector, L. C.(1991), "Enforcements, Inducements, Expected Utility and Employee Misconduct", Journal of Management, 17(3), 553-569.

50) 이중학·김성준·김영상·성상현(2021), "비윤리적 행동으로서의 지배성향 진단 개발 및 타당화: 한국 기업 사례를 중심으로", 윤리경영연구, 21(2), 1-19.

51) Constantinescu, M. and Kaptein, M.(2020), "Ethics management and ethical management: Mapping criteria and interventions to support responsible management practice", Research handbook of responsible management, 1-41.

52) 김영복·최만기(2011), "윤리경영, 이해관계자 호응, 기업 이미지 및 조직성과에 관한 실증연구", 윤리경영연구, 13(1), 1-56.

53) R. Eric Reidenbach and Donald P. Robin(1991), "A Conceptual Model of Corporate Moral Development", Journal of Business Ethics, 10(4), 273-284.

54) 김창환·손승연(2022), "윤리적 리더십 국내 연구동향 분석 및 향후연구 제언", 윤리경영연구, 22(1), 27-58.

55) Treviño, L. K., Hartman, L. P., and Brown, M.(2000), "Moral person and moral manager: How executives develop a reputation for ethical leadership", California management review, 42(4), 128-142.

56) Samo Burja(2022), "The Family That Finances Sweden", https://medium.com.; 박희준(2013), "스웨덴 157년 금융名家 발렌베리 가문", 아시아경제.; Investor AB(2013), "Annual Report 2013".; Wikipedia(2023), "Wallenberg family", https://ko.wikipedia.org.

57) Wikipedia(2024), "Raoul_Wallenberg", https://en.wikipedia.org/wiki.

58) Ioan Lazar, Codruta Oosoian, and Patricia Rratiu(2010), "The Role of Work-Life Balance Practices in Order to Improve Organizational Performance", European Research Studies, XIII(1), 201-213;

59) Wikipedia(2024), "Work-life interface", https://en.wikipedia.org/wiki.; M. Joseph Sirgy and Dong-Jin Lee(2018), "Work-Life Balance: an Integrative Review", Applied Research Quality Life, 13, 229-254.; Nancy R. Lockwood(2003), "Work/ Life Balance: Challenges and Solutions", SHRM Research Quarterly, 2, 1-10.

60) 변수정 · 오신휘 · 조성호 · 김은정 · 이혜정(2022), "2022년 전국 일-생활 균형 실태조사", 한국보건사회연구원.

61) 통계청(2024), "OECD 회원국 근로자당 연평균 실제 근로시간 and 근로자 10만명당 치명적 산업재해 수", https://kostat.go.kr.; 고용노동부(2024), "일 · 생활 균형 캠페인", https://worklife.kr.

62) Ioan Lazar, Codruta Oosoian, and Patricia Rratiu(2010), "The Role of Work-Life Balance Practices in Order to Improve Organizational Performance", European Research Studies, XIII(1), 201-213; U.S. National Archives(2014), "Work-life balance and the economics of workplace flexibility".; Thevanes, N. and Mangaleswaran. T.(2018), "Relationship between Work-Life Balance and Job Performance of Employees", Journal of Business and Management, 20(5), 11-16.

63) 논어(論語), "제2편 위정(第二篇 爲政)".: 나무위키(2023), "종심소욕불유구", https://namu.wiki/w, 재인용.

Chapter 6

지속가능 사업전략의 실행과 평가

Chapter 6 목 차

Chapter 6 사례연구 & 실습도구

[사례연구] 유니레버(Unilever)의 재무적 위험관리 정책
[사례연구] 파타고니아(Patagonia)의 지속가능 성과와 영향
[실습도구] 변혁적 리더십과 거래적 리더십 진단 실습
[실습도구] 직무 열의 진단 실습
[실습도구] 조직문화 유형 진단 실습

Chapter 6 학습목표

1. 지속가능성 리더십과 직원 열의의 중요성을 알고 공감한다.
2. 지속가능성의 조직문화 내재화와 학습조직 구축의 방법을 이해한다.
3. 전략 실행의 우선순위 프로그램을 식별한다.
4. 지속가능 목표 갭 분석을 알고 프로그램을 개발한다.
5. 자본비용 산출 방법을 알고 ESG 프리미엄을 이해한다.
6. 지속가능 원가관리의 단기성과와 장기투자 균형을 식별한다.
7. 지속가능 성과의 논리모델 프레임워크를 이해하고 식별한다.
8. 온실가스 배출 목표 프로그램을 이해하고 사용한다.
9. 유니레버, 파타고니아의 사례를 이해하고 시사점을 제시한다.

1 지속가능 리더십과 직원의 열의

경영자 리더십과 직무 열의

리더십(Leadership)이란 "조직 혹은 부서의 리더가 직원들과 일하는 과정에서 무엇인가 긍정적인 영향을 주는 것"을 말한다. 초창기 리더십은 리더 개인의 '특성'이나 '행동'에 따라 다르게 나타나는 것으로 설명하였지만, 최근에는 다양한 '상황'에 따라 리더의 바람직한 유형으로 설명하고 있다. 최고경영자는 기업의 비전을 구체적으로 제시하고 조직이 가야 할 길을 안내하는 최고의 위치에 있다. 최고경영자의 열정 혹은 그 반대의 태도는 조직에 전염되는 경향이 있다. 따라서 최고경영자는 지속가능 경영에 대한 명확한 비전을 제시하고 목표에 대한 기대감과 열의를 심어주어야 한다. 글로벌 지속가능 리더 기업의 최고경영자는 조직의 지속가능성을 적극적으로 지원한다. 최고경영자의 적극적인 지원이 없는 경우에 조직의 변화 관리는 이루기 어렵다. 최고경영자의 지원이 존재하는 기업은 지속가능성을 매우 촉진하는 것으로 나타났다. 이것은 직원의 지속가능성 참여와 정보 흐름을 증가시켜 오해와 인식 부족과 같은 변화 관리의 장벽을 제거하고 태도 변화를 이끈다. 또한 지속가능성 지향의 학습과 프로그램 참여를 증가시키고 목표 달성을 높이며 이것은 장기적으로 조직문화로 정착된다.[1]

최고경영자의 비전과 함께 조직 내 경영진은 변화 관리를 받아들이고 실천하는 선도적인 자리에 있다. 하지만 경영진 누구나 처음부터 지속가능 변화 관리와 조직문화 구축의 높은 인식과 능력을 가진 것은 아니다. 가장 낮은 단계는 재무적 성과와 직원 참여를 향상시키는 수준의 단계에 머문다. 다음 단계는 고객, 공급자와 직원 사이의 좋은 관계를 구축하고 더 나은 비즈니스 관행을 만드는 것이다. 이어서 지속가능 제품의 혁신 및 조직 내 통일성과 내부 응집력을 높인다. 가장 높은 단계는 내부 및 외부 이해관계자 사이의 강력한 상호 의존 관계를 구축하고 통일성을

높여서 궁극적으로 지속가능한 기업의 리더로 인류사회에 공헌하는 일이다.[2)]

기업이 강력한 지속가능성을 창출하기 위해 요구되는 경영진의 능력은 다음과 같다.

- 지속가능 경영의 구현에 조직의 비전과 전략을 통합할 수 있는 능력
- 조직의 모든 사람들이 비전의 진실을 받아들이도록 보장하는 능력.
- 비전이 인사 전반에 걸친 모든 결정, 행동 및 일상 활동에서 실현되도록 보장하는 능력
- 더 나은 방법의 경쟁력과 윤리적인 개선을 중심으로 지속가능 학습조직을 만드는 능력
- 비전, 임무, 가치, 전략 및 프로그램을 모니터링하는 기능이 잘 수행되도록 하는 능력
- 지속가능성이 조직 구성원 모두에게 영감과 격려의 원천이 될 수 있도록 하는 능력
- 개인적 가치관과 조직적 가치관의 차이를 좁히는 능력
- 사회, 환경 및 경제적인 균형의 운영 정보를 제공할 수 있는 정보관리시스템 운영 능력
- 사회, 환경 및 경제적인 성과를 균형있게 측정하고 평가하는 성과평가시스템 운영 능력

일상적인 경영 관행에서 이러한 요구사항이 지속가능성 원칙에 따라 조직의 문화로 정착할 수 있도록 하지 않으면 지속가능 경영의 성공은 보장할 수 없다. 조직은 다양한 태도와 동기를 가진 사람들의 집합이기 때문에 경영진은 조직 구성원 모

두가 지속가능성에 대한 평등한 관점, 목적, 생각, 말과 행동을 갖출 수 있도록 노력해야 한다.[3)]

부서장의 조직 운영 스타일

리더십은 조직 내 개인과 부서 간의 복잡한 상호작용 내에서 발생하기 때문에 부서의 리더는 조직과 조직 사이, 조직과 개인 사이의 복잡한 역학 관계를 생각하고 지속가능한 전략을 조직 내에 적응시키고 구현해야 한다. 다른 구성원들을 자기의 이익을 위해 사용하는 개인적인 유형의 리더가 아니라, 자신의 힘은 조직의 협력을 촉진하고 사회에 이익을 주는 것과 같은 더 큰 목표 달성을 위해 사용하는 사회적인 리더가 필요한 시대이다.[4)] 이러한 리더는 최고경영자의 비전과 함께 목표나 야망을 달성하기 위해 자신의 가치와 원칙을 굽히지 않으며 비즈니스 윤리에서도 일관성을 보여준다. 그들은 강한 내적 가치와 이상을 가지고 있으며, 도덕적 또는 윤리적으로 옳다고 생각되는 행동을 포기하지 않는다.[5)]

| 표 6.1 | 경영자 및 관리자의 지속가능성 실행의 중요한 요인

구 분	계획(Plan)	실행(Do)	확인(Check)	조치(Action)
경영자	비전을 핵심역량에 연결, 공식화	열정과 신뢰 형성	실수는 개선의 기회로 생각	성공한 사람은 보상
	이사, 소유자, 고위 관리자의 약속을 받아내고 장기적인 참여의 관점을 유지			
관리자	기존 시스템의 변화 구축	조직 혁신의 내부 역량 확인, 교육	실수는 개선의 기회로 생각	새로운 행동과 성공 관계 강조
	도덕과 지속가능성의 중요성과 존재감을 제고, 핵심 이해관계자를 참여시킴			

출처: Maon, F., Lindgreen, A., and Swaen, V.(2009), "Designing and implementing corporate social responsibility: an integrative framework grounded in theory and practice", Journal of Business Ethics, 87(1), working paper. p.42. 참조 정리.

〈표 6.1〉은 경영자와 관리자에게 필요한 지속가능성 리더십의 중요한 요인을 설명한 표이다. 경영자는 비전을 조직에 연결하고 열정과 신뢰를 심어주어야 한다. 지속가능성 실행과정의 실수는 개선의 기회로 삼고 성공한 사람은 보상한다. 이사, 소유자, 고위 관리자의 약속을 받아내고 장기적인 관점의 참여를 유지한다. 부서 관리자는 직원들이 도덕과 지속가능성의 존재감을 중요하게 생각하게 하고, 핵심 이해관계자를 참여시켜야 한다. 기존 시스템에 변화를 구축하고 내부의 혁신 역량을 확인하고 교육한다.[6]

지속가능 전략의 실행과 관리는 부서장에게 이양된다. 그에 따라 내부적인 업무 권한은 부서장에게 집중된다. 따라서 조직 운영의 방식에 따라서 조직의 리더십이 좋은 영향으로 나타나기도 하지만 그렇지 않는 경우도 있다. 부서는 자신의 고유한 업무영역을 가지고 있으면서 조직 리더십을 통하여 다른 부서 및 조직 내부의 각기 다른 역할과 기능을 조화시키고 지속가능 목표 달성에 힘써야 한다([그림 6.1]).[7]

그림 6.1 조직 리더십의 영향 및 스킬

변혁 마인드	부서 전체가 변화를 적극 수용하면서 끊임없이 개선, 개발, 혁신시킬 수 있도록 창의적이며 혁신적인 조직으로 발전
리더의 비전	조직의 비전과 목표를 공유해야 하며, 부서의 비전과 목표달성을 위한 동기부여 필요
리더 영향력	자기개발과 솔선수범이 필요, 부서장의 마인드와 태도는 구성원의 벤치마킹 대상, 부서 구성원들 개개인의 문제해결을 도움
커뮤니케이션	부서 간 및 부서 내 커뮤니케이션의 활성화, 적절한 업무의 분담, 책임과 권한의 설정이 필요
코칭 및 학습	구성원의 능력향상에 열정을 보이고 부서 스스로 그리고 구성원이 함께 배우고 가르치는 학습조직을 지향

각 부서는 지속가능 변화를 적극 수용하면서 비즈니스 관행을 끊임없이 개선, 개발, 혁신시킬 수 있도록 창의적이고 혁신적인 조직으로 발전해야 한다. 리더는 기

업의 비전을 부서의 비전과 목표로 연결하고 구성원에게 동기를 부여해야 한다. 리더 스스로 자기개발과 솔선수범하고 리더의 생각과 태도는 구성원의 벤치마킹 대상이 될 수 있도록 한다. 리더는 구성원에게 업무를 적절히 분담하고 책임과 권한을 설정해야 한다. 부서 간 및 부서 내의 의사소통을 활성화한다. 구성원의 문제해결을 돕고 지원한다. 구성원의 능력향상에 열정을 보이고 부서 스스로 그리고 구성원들이 함께 배우고 가르치는 학습조직이 되어야 한다.

| 그림 6.2 | 리더의 조직 운영 스타일 및 발전 단계

발전단계	1단계	2단계	3단계	4단계
조 직 도	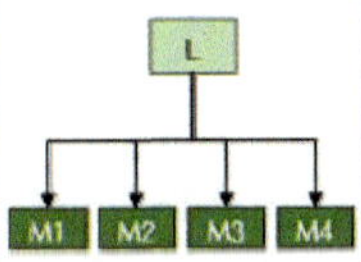	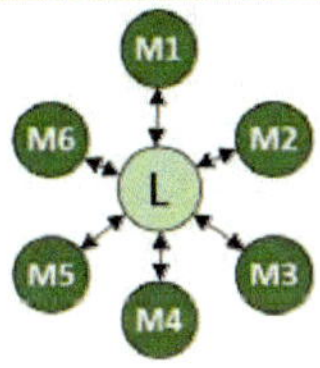	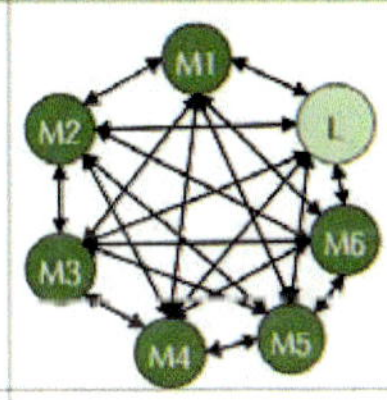	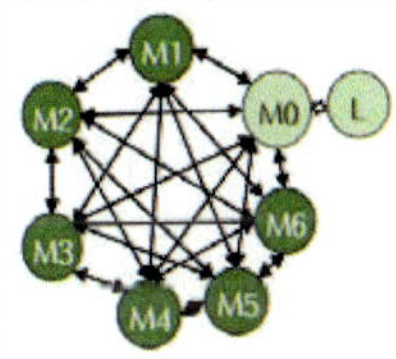
권한위양	절대권한	많은권한	권한위양	권한위양
이사수통	일방향	양방향	전방향	전방향
전략관점	경험 혹은 직관적	규약적	내향적 혁신	외향적 혁신

[그림 6.2]는 단계별 리더의 조직 운영 스타일을 나타낸 표이다. 1단계는 조직의 리더가 절대 권한을 가지고 있으면서 구성원과 1:1로 소통하는 유형이다. 주로 리더의 경험 혹은 직관에 의존하는 스타일이다. 2단계는 조직의 리더를 중심으로 구성원과 양방향의 의사소통을 한다. 권한은 일부 분산되고 조직 운영방침과 업무처리는 정해진 지침에 충실히 따르는 방식이다. 3단계는 구성원에게 권한이 위임되고 구성원 간에 의사소통이 원활하게 이루어지는 조직의 형태이다. 3단계의 리더는 외부환경의 변화보다는 내부환경의 변화 및 성과에 초점이 맞추어져 있는 내향적 혁신의 조직운영 스타일이라고 할 수 있다. 4단계는 외부환경과 내부환경을

골고루 조망 및 분석하면서 조직이 나아갈 전략적인 방향을 구상하고 변화를 수용하고 대응하도록 하는 외향적 혁신의 조직운영 스타일이라고 할 수 있다. 궁극적으로는 조직이 지향해야 할 단계로 3단계 및 4단계를 권장하지만, 조직의 특성과 문화에 따라 지속가능 경영의 과정과 성과가 좋은 운영 스타일을 따르고 선택해야 할 것이다.

변혁적 리더십과 거래적 리더십

변혁적 리더십은 가장 유효하게 언급되는 리더십의 유형 중 하나이다. 변혁적 리더십은 "리더가 직원에게 목표 달성의 강박감을 주기보다는 스스로 혹은 조직을 긍정적으로 인식하고 높은 수준의 자아실현과 욕구를 자극하여 기대 이상의 성과를 달성하도록 서로 격려하는 행동"을 말한다. 변혁적 리더십은 대표적으로 '이상적 영향력(Idealized Influence)', '영감적 동기부여(Inspirational Motivation)', '지적 자극(Intellectual Stimulation)', '개별적 배려(Individual Consideration)'의 4가지 요인으로 설명한다. 이와는 반대로 거래적 리더십은 '성과에 따른 보상(Contingent Reward)'이나 '능동적인 관리'로 설명한다. 부정적인 리더의 유형으로는 '방임이나 수동적 관리'로 설명하고 있다(〈표 6.2〉).[8]

변혁적 리더십이 조직의 성과에 좋게 작용을 할 수 있지만, 변혁적 리더십이 옳고 거래적 리더십은 잘못되었다고 할 수 없다. 따라서 변혁적 리더십의 4가지 요인들과 거래적 리더십의 성과적 보상의 요인을 중심으로 상호 보완적인 관계로 리더십이 발휘되는 것이 필요하다.

| 표 6.2 | 변혁적 리더십과 거래적 리더십의 요인

구 분	요 인	내 용
변혁적 리더십	이상적 영향력	구성원에게 사명과 비전을 제시하며 긍지를 심어주고 신뢰와 존경을 받음
	영감적 동기부여	중요한 목표에 대하여 간명하게 확실히 표현하며 높은 기대감과 열의를 줌
	지적 자극	합리적인 사고와 지성을 자극하고 문제 해결을 위한 세심함을 촉진함
	개별적 배려	각 구성원에게 개별적인 관심을 주며 각자의 개인 사정, 직무 또는 경력 개발에 대하여 상담 및 지원함
거래적 리더십	성과적 보상	성과에 따른 보상을 약속 또는 계약하며 성과를 촉진함
	예외적 관리	정해진 기준과 규정을 점검하고 개선할 수 있도록 하거나(능동적 관리), 어떤 기준에 미달한 경우에만 개입하여 관리함(수동적 관리)
	방임적 회피	개입을 꺼리며 책임과 의사결정을 회피함

출처: 최중석(2017), "사회적기업 경영자의 기업가정신과 리더십이 구성원의 직무열의 및 조직성과에 미치는 영향에 관한 연구", 동국대학교 박사논문. p.43.

직원의 몰입 및 직무 열의 요인

직원은 지속가능성의 참여에 대해 다양한 견해를 가질 수 있다. 조직 차원에서 긍정적으로 생각하고 적극적으로 참여하는 직원, 부정적으로 생각하고 소극적으로 참여하는 직원 등 다양할 수 있다. 직장 밖에서도 개인적으로 지속가능성에 중요한 의미를 두고 헌신하는 사람과 지속가능성에 큰 관심을 두지 않는 사람이 있다. 사회적 교환이론(SET, Social exchange theory)의 관점에서 볼 때 직원의 지속가능성 참여는 조직적 및 개인적 요인의 복잡한 혼합으로 귀결된다. 호혜성은 사회적 교환의 핵심에 있으므로 직원의 참여는 사회적 이익 및 조직 시민 행동에 대한 개인적인 가치의 정도에 따라 높아질 수 있다. 그러나 개인적 참여가 강한 직원이 꼭 조직의 참여에도 적극적으로 이어진다고 볼 수 없다. 개인이 느끼는 조직과의 교환관계나 직무 동기에 따라 이러한 사회적 교환 및 시민 행동은 직장 내에서 제약을 가져올 수 있다.[9] 제3장의 CSF에서 살펴보았듯이 지속가능성에 대한 직원의 의욕과 혁신적인 태도는 지속가능 전략의 성공에 필수적이다. 이를 위한 교육 및 동기 부여, 환경 경영을 지원하는 직원의 참여, 조직학습의 중요성도 언급되었다. 따라서 직원이 조직에 몰입하고 지속가능성 직무에 대한 열의가 필요하다.

지속가능성 직무 열의(Job enthusiasm)는 "지속가능한 직무와 관련하여 정서적이고 인지적인 충만함이 지속하는 상태"를 의미한다. 일속에서 개인이 몰입한다는 것은 "보다 활동적으로 다른 사람과의 관계 및 자기 역할에 대한 성과를 촉진하는 개인의 육체적, 인지적 그리고 감정적 '자기 선호'의 표현"이다. 직무 열의가 나타나기 위해서는 직무 수행의 과정에서 직원 스스로 사용하고 싶거나 표현하기를 선호하는 적절한 상황으로써 심리적 의미성, 안정성, 가용성이 전제되어야 한다.[10] 직무 열의는 높은 활성화를 의미하는 '활력'과 높은 공감을 의미하는 '헌신', 그리고 '몰두'의 3가지로 구분하여 측정할 수 있다. 활력(Vigor)은 "일하는 동안에 있어서 에너지와 정신력의 높은 복원을 의미하며, 어려움에 직면하더라도 지속적으로 그들의 노력을 투자할 의지를 갖는 속성"을 말한다. 헌신(Dedication)은 "누군가 일에서의 강한 참여 및 의미, 열정, 영감, 자부심과 도전을 경험하는 상태"를 말한다. 몰두(Absorption)는 "누군가가 일에 완전히 집중하고 행복하게 몰입된 상태를 의미하며 시간이 빨리 지나가고 자신과 일을 구별하기 어려운 속성"을 말한다.

실습도구

변혁적 리더십과 거래적 리더십 진단 실습

〈표 6.3〉은 변혁적 리더십과 거래적 리더십 진단지이다. 지속가능 경영전략을 실행하는 리더의 특성과 요인으로 변경하여 진단할 수 있다.

| 표 6.3 | 변혁적 리더십 및 거래적 리더십 진단 질문지

요인		질문(지속가능 경영전략을 실천에 있어서)	점수
변혁적 리더십	이상적 영향력	1. 나(구성원)는 리더에 대하여 자부심을 갖는다.	
		2. 리더는 자신의 이익보다 그룹의 이익을 우선한다.	
		3. 리더는 내(구성원)가 존경하도록 행동한다.	
		4. 리더는 나(구성원)에게 힘과 자신감을 보여준다.	
	영감적 동기부여	5. 리더는 미래에 대하여 낙천적으로 이야기한다.	
		6. 리더는 성과의 필요성에 대해 열정적으로 이야기한다.	
		7. 리더는 나(구성원)에게 중요한 문제를 일깨워 준다.	
		8. 리더는 성취 목표에 대하여 확신을 가지고 표현한다.	
	지적자극	9. 리더는 중요한 가정(가설)의 적합성을 재차 조사한다.	
		10. 리더는 문제 해결에 있어서 다른 여러 관점을 찾는다.	
		11. 리더는 내(구성원)가 다른 각도에서 문제를 보게 한다.	
		12. 리더는 문제 해결을 위해 새로운 방법을 제안한다.	
	개별적 배려	13. 리더는 나(구성원)를 가르치는 데 시간을 사용한다.	
		14. 리더는 나(구성원 각자)에게 개별적인 관심을 보인다.	
		15. 리더는 나(구성원 각자)의 다른 점들을 고려한다.	
		16. 리더는 나(구성원)의 강점에 보고 개발을 도와준다.	
거래적 리더십	성과적 보상	17. 리더는 나(구성원)의 보상을 분명히 한다.	
		18. 리더는 나(구성원)의 노력에 기초하여 지원해 준다.	
		19. 리더는 나(구성원)의 성과에 맞추어 보상한다.	
		20. 리더는 나(구성원)의 성과를 인식한다.	

출처: Bruce J. Avolio, Bass, B. M., and Dong I. Jung(1999), "Re-examining the components of transformational and transactional leadership using the Multifactor Leadership Questionnaire", Journal of Occupational and Organizational Psychology, 72, p. 450. 참조 재정리.

실습도구

직무 열의 진단 실습

〈표 6.4〉는 활력, 헌신, 몰두의 직무 열의를 진단하는 항목이다. 지속가능 경영전략을 실행하는 구성원의 직무 열의로 변경하여 진단할 수 있다.[11)]

표 6.4 직무열의 진단 질문지

요인	질문(지속가능성 업무의 실천에 있어서)	점수
활력	1. 나는 일을 할 때 에너지가 넘치는 것을 느낀다. 2. 나는 일속에서 강함과 활력을 느낀다. 3. 나는 한 번에 오랜 시간 계속해서 일할 수 있다. 4. 나는 일하는 데 있어서 정신적으로 회복력이 높다. 5. 비록 일이 원활하게 되지 않더라도 잘 이겨낸다.	
헌신	6. 나의 일은 충분한 의미와 목적이 있는 일이다. 7. 나는 나의 일에 열정적이다. 8. 나의 일은 나를 분발하게 한다. 9. 나는 내가 하는 일이 자랑스럽다. 10. 나의 일은 나에게 도전 의식을 갖게 한다.	
몰두	11. 나는 일할 때 시간이 빨리 흘러간다. 12. 나는 일할 때 주위의 모든 것을 잊고 일한다. 13. 열심히 일할 때 행복을 느낀다. 14. 나는 나의 일에 푹 빠져들곤 한다. 15. 나는 일을 할 때 기분 좋은 흥분이 되기도 한다.	

출처: Schaufeli, W. B., Salanova, M., Gonza'lez-Roma', V., and Bakker, A. B.(2002), "The measurement of engagement and burnout and: a confirmative analytic approach", Journal of Happiness Studies, 3, pp.89-90(Employee Version).

2 지속가능성의 조직문화 내재화

조직문화와 변화관리

'조직문화(Organizational culture)'란 "구성원들이 배우고 공유하는 가치, 이념 및 신념의 집합체이며, 눈에 보이든 보이지 않든 어느 시점에서 이러한 것들이 공개적이고 집단적으로 받아들여지는 조직의 이미지"를 말한다. 조직문화는 일반적으로 설립자의 가치와 기업의 사명이 반영된다. 그것은 기업의 정체성으로 나타나며 습관적으로 그리고 전통적으로 구성원들 사이에서 크게 또는 작게 공유되면서 그들의 사고방식이나 행위로 혹은 가치관이나 규범으로 나타난다.[12] 문화 수준은 "스스로 나타나는 문화적 현상이 관찰자에게 보이는 정도"를 말한다. 문화의 수준은 3가지로 나눠볼 수 있다. 첫 번째는 개인적 차원의 수준으로 '기본적인 가정(무의식적이고 당연한 믿음, 인식, 생각 및 느낌)'이다. 이것은 평소 가치와 행동의 원천이 된다. 두 번째는 '지지하는 신념이나 가치(조직 전략, 목표 및 철학)'로써 조직에 공유된 지식이나 행동 기준이 없을 때 기본적인 신념과 함께 행동하고 판단하는 기준이 된다. 세 번째는 눈에 보이지만 해석하기 어려운 '조직의 구조물이나 절차들(기술, 품질 혹은 신화나 저작물 등)'이 있다. 여기에는 조직이 어떻게 작동하는지에 대한 헌장, 공식적인 설명, 조직도와 같은 구조적인 요소를 포함한다([그림 6.3]).[13]

그림 6.3 문화의 수준

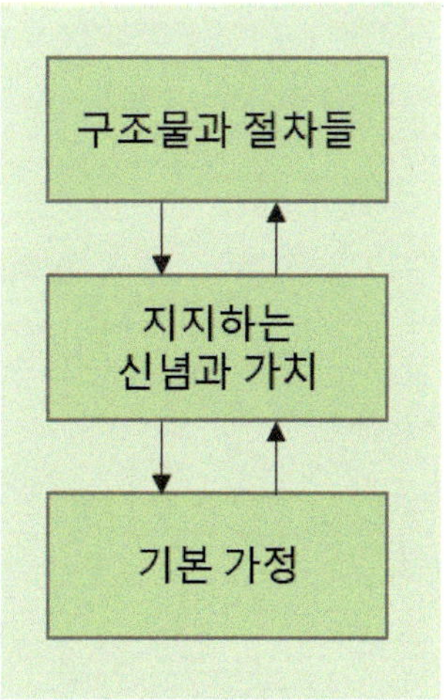

내재화(Internalization) 또는 커플링(Coupling)은 "경제 현상이나 경영의 방법론

을 체득하여 스며들게 하거나 동조화되는 현상"을 말한다. 지속가능성 전략은 외부의 압력과 기업의 전략이 조직문화에 동조되고 혹은 조직문화가 지속가능성과 동조하면서 함께 나아가야 성공할 수 있다. 어떤 조직은 그들의 이해와 정당성을 기반으로 기존의 일상에 변화를 주고 더 적극적으로 지속가능성 전략에 참여할 수 있다. 하지만 어떤 조직은 지속가능성이 자기 역할과 상충 관계에 있는 것으로 인식하고 일상의 변화를 어려워하거나 경영자에게 선별적인 보고를 할 수 있다. 조직 변화의 긍정적인 혹은 부정적인 인식은 각자가 처한 변화의 결정 요인 혹은 장애 요인을 분석하여 바람직한 방향으로 강화되도록 관리되어야 한다. 상반되는 인식은 조직의 관성으로 설명할 수 있다. 조달구매 및 물류, 유통의 경우에는 공급업체의 지속가능성 평가를 새로 만들거나 탄소 중립적인 납품을 보장하는 등 일상의 업무를 지속가능성으로 변경해야 한다. 어떤 조직은 이러한 변화 관리를 받아들이지만 어떤 조직은 변화 없이 기존의 관행을 유지하려고 한다. 재무나 회계 부서의 경우도 마찬가지이다. 재무 성과와 비재무 성과를 고려하고 장기적인 관점의 투자도 고려해야 하지만, 기존의 관행은 장기적인 관점을 쉽게 받아들이지 못하고 단기적 수익에만 집중하는 경향이 있다. 따라서 변화관리는 조직 전체 직원이 지속가능성 문제를 지원하기 위해 시간과 노력을 투자할 준비가 되어 있어야 한다. 조직 내에 지속가능성 전략의 전체를 조정하는 사람들, 소위 변화관리 에이전트(대리인)가 필요하다. 변화관리 에이전트는 지속가능성 작업 목표를 동료들과 관리하고 유지하며 때론 동기를 부여하고 훈련해야 한다. 궁극적으로 이러한 절차는 조직문화로 정착되어 내·외부의 도전에 대응하고 함께 해결할 수 있어야 한다.[14]

조직문화의 깊이와 폭

조직문화는 깊이와 폭의 두 가지 속성으로 나눠볼 수 있다. 문화의 깊이는 구성원이 관련된 규범, 가치 또는 문화의 내용을 수용하는 정도이다. 잘 알려진 브랜드의 기업, 예를 들어 이케아(IKEA)나 애플(Apple)과 같은 기업은 공간미나 디자인처럼 특정 가치를 촉진하는 강력한 집중 문화를 보이고 있는 데 반하여, 새로운 기업 또는 전환 중인 기업은 강도가 약하고 분산된 문화를 가지고 있다. 집중 문화를 가진 기업의 직원은 행동에서 일관성과 신념을 보이는 경향이 있다. 즉 시간이 지남에 따라 문화를 신뢰하고 유사하게 행동하는 경향이 있다. 문화의 폭은 조직 전체가 공통 문화를 공유하는 정도이다. 군부대는 계층적으로 통제되고 권력 지향적이며 문화 공유 수준은 매우 높다. 이러한 조직은 모든 직원이 동일한 문화적 행동과 태도를 가진다. 이에 비해 기업 전체보다 기능이나 부서별 단위에 집중하는 기업은 전반적으로 약한 공유문화 혹은 일부 기능이나 지역 단위별로 통합된 부문 공유문화(예: 연구개발 vs 제조, 지역 vs 글로벌 등)를 가지고 있다([그림 6.4]).[15]

| 그림 6.4 | 조직문화의 강도와 공유 조합

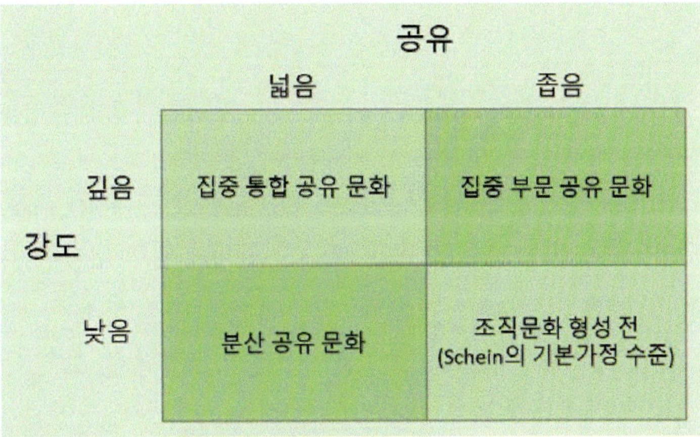

조직문화가 새로운 지속가능 전략과 양립할 수 있다면 그것은 내부의 강점이다. 그러나 조직문화가 제안된 전략과 양립할 수 없다면 그것은 심각한 약점이다. 조직문화는 모든 수준의 조직행동에 강력한 영향을 미치기 때문에 기업의 전략적 방향 전환 능력에 강한 영향을 미친다. 가치와 규범, 신념 등이 조직에 깊이 그리고 널리 공유된 강한 조직문화는 기업의 생존을 촉진할 뿐만 아니라 동기를 높이고 조정 및 통제가 용이하여 전략적 방향 전환에도 유리하다. 이러한 조직문화를 가진 기업은 지속가능 경영에 있어서도 사회와 환경 문제에 대해 민감하게 생각하고 사업의 기회로 보고 장기적으로 투자한다. 하지만 조직문화가 약한 기업은 지속가능성 경영을 도입하는데 있어서도 사회와 환경에 대한 민감도가 낮으며 사회와 환경 문제를 부담으로 바라보고 사회와 환경 문제 해결에 진정한 몰입을 보이지 않는다. 지속가능성이 강한 조직문화는 내·외부 이해관계자의 조건과 요구에 따라 발달한 문화이며 이를 구축하려는 경영자 능력의 산물이다.[16] 글로벌 지속가능 리더 기업들은 하나같이 뚜렷한 가치와 이미지가 인식된다. 특히 이들은 지속가능성의 고유한 역량이 조직문화로 내재되어 암묵적 지식으로 존재하기 때문에 경쟁자가 이것을 복제하는 일은 매우 어려운 일이다.

경쟁가치모형의 조직문화 유형

조직문화의 유형을 구분하는 경쟁가치모형(CVF, Competing Values Framework)은 조직의 문화적인 특성을 내부지향-외부지향, 유연성-통제로 구분하여 4가지 조합으로 설명한다. CVF는 조직이 내적 역동성에 초점을 맞추었는지 외부환경의 요구에 초점을 맞추었는지를 반영하고, 통제 또는 유연성에 대한 조직의 선호를 반영하여 분류한다. 통제를 강조하는 조직은 규범을 준수하기 위한 규칙, 정책, 감독 및 예산과 같은 조정 및 통제의 형식에 의존하는 경향이 있지만 유연성을 강조하는 조직은 원하는 결과와 행동을 달성하기 위해 신념, 훈련, 참여, 몰입 및 사회적 내면화를 통한 조정 및 통제에 더 의존하는 경향이 있다([그림 6.5]).[17]

[그림 6.5]에서 인간관계 중심의 합의문화는 직원 간의 응집력, 참여 및 사기를 촉진한다. 이는 훈련, 인적 자원 개발, 개방적 의사소통, 직원 참여적 의사결정과 같은 수단을 통해 달성된다. 조정 및 통제는 협력을 통해 달성된다. 조직의 명령을 준수하는 일은 조직에 대한 신뢰, 전통 및 장기적 헌신에서 비롯된다. 유연함과 외부지향의 개발문화는 변화와 성장을 중시하고 구성원의 자발적인 계획과 자원 확보를 강조한다. 외부환경 대응, 비공식 조정 및 통제, 수평적 의사소통에 중점을 둔다. 개인은 업무의 중요성이나 이념적 매력에 동기를 부여받는다.

| 그림 6.5 | 경쟁가치모형 조직문화 구분

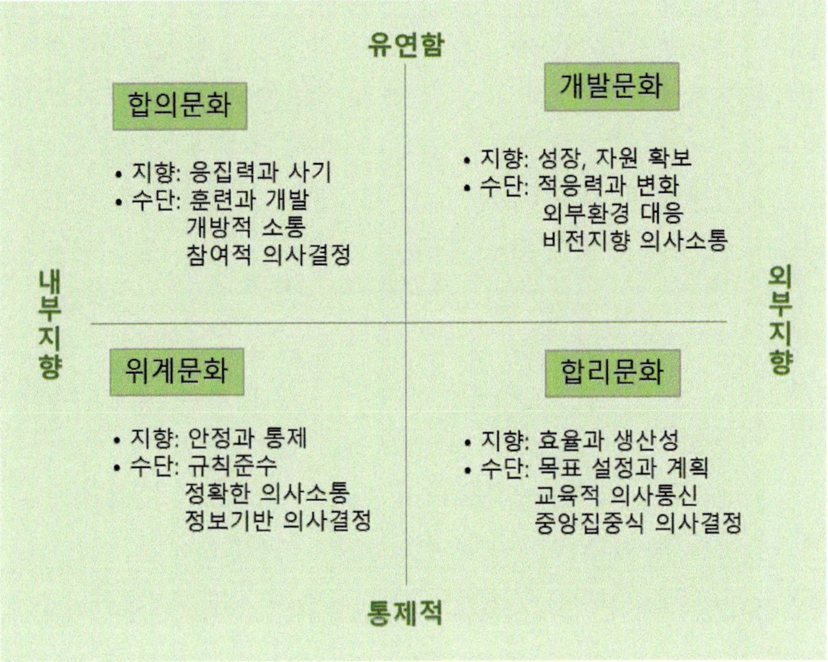

출처: Linnenluecke, M. K. and Griffiths, A.(2010), "Corporate sustainability and organizational culture", Journal of world business, 45(4), p.359. 참조 정리.

내부 프로세스에 중점을 두는 위계문화는 구성원이 규범과 가치관을 준수하고 정확한 의사소통과 정보기반 의사결정과 같은 공식적인 수단을 통해 안정성과 통제를 촉진한다. 조정과 통제는 수직적 의사소통, 정책 및 절차를 통해 이루어진다. 개인은 규칙과 규정을 중심으로 업무를 진행한다. 외부지향과 통제의 합리문화는 효율성과 생산성을 촉진한다. 이는 목표설정, 계획, 교육적인 의사소통 및 중앙 집중식 의사결정을 통해 실현된다. 개인은 목표 달성에 대한 보상의 믿음으로 동기를 부여받는다.18)

위의 네 가지 문화유형은 양립할 수 없고 상호 배타적으로 보이지만 조직 내에서 공존할 수 있다. 내부 혹은 외부 지향점, 유연 혹은 통제적인 문화의 차이는 조직이 지속가능성의 변화관리를 반영하는데 속도와 접근성의 차이를 제공한다. 각 사분

면은 각자 상황에 맞게 형성해 온 문화로써 지속가능성 변화관리는 신중한 접근 혹은 가벼운 접근으로, 때론 빠르거나 혹은 느린 속도로 각 조직에 맞게 잘 적응할 필요가 있다. 지속가능성에 대한 외부환경의 속도와 접근성 압박은 경영진의 추진력 있는 리더십, 구성원의 열의, 지속가능성의 조직학습을 통하여 더 빨리 조정하고 나갈 수 있다.

지속가능 학습조직 구축

지속가능 전략의 '준비' → '전환' → '실행'→ '성과 개선'의 프레임워크(Framework)에서는 준비 단계의 리더십과 전략이 제대로 실행되기 위해서는 사람과 정보의 전환이 필요함을 언급하였다([그림 6.6]).

그림 6.6 지속가능한 조직을 만드는 4가지 단계

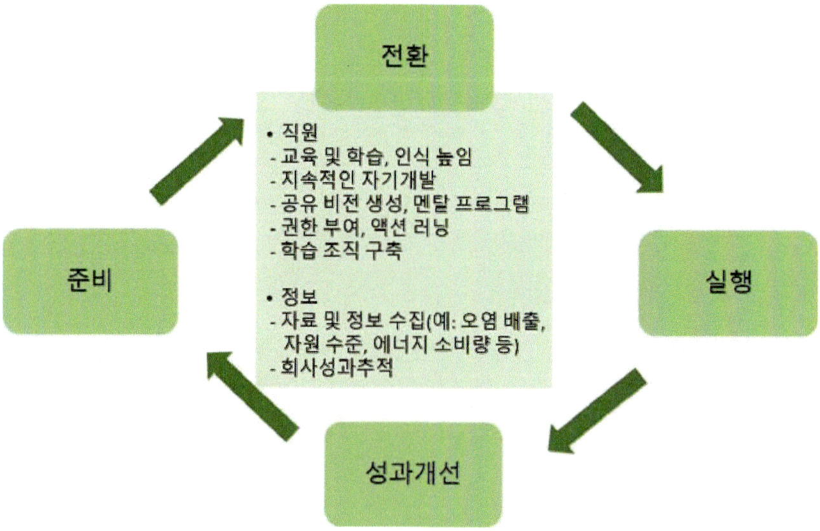

출처: Khoo, H. H. and Tan, K. C.(2002), "Using the Australian business excellence framework to achieve sustainable business excellence", Corporate Social Responsibility and Environmental Management, 9(4), p.203.

전환 단계에서는 지속가능성에 대한 교육과 학습이 필요하다. 직원에게 비전이 공유되고 권한을 부여하며 일속에서 배우고 자기개발을 이루도록 해야 한다. 궁극적으로 개인은 지속가능성을 깨우치고 조직은 모든 직원에게 새로운 지식을 창조하고 퍼뜨리는 능력의 장치로서 학습조직이 된다.[19] 학습조직은 "지식 전달을 통하여 개인적이고 전문적인 성장을 우선시하는 모든 조직"을 말한다. 이러한 조직은 장기적인 성공을 위한 조직문화와 전반적인 비전의 일부로서 학습을 장려한다. 지속가능성에 있어서 학습조직(Learning Organization)은 조직이 지속가능한 장기적인 성장을 위하여 지속가능성을 기업의 문화와 전반적인 비전의 일부로 학습하는 조직을 말한다.

그림 6.7 학습조직의 구성요소

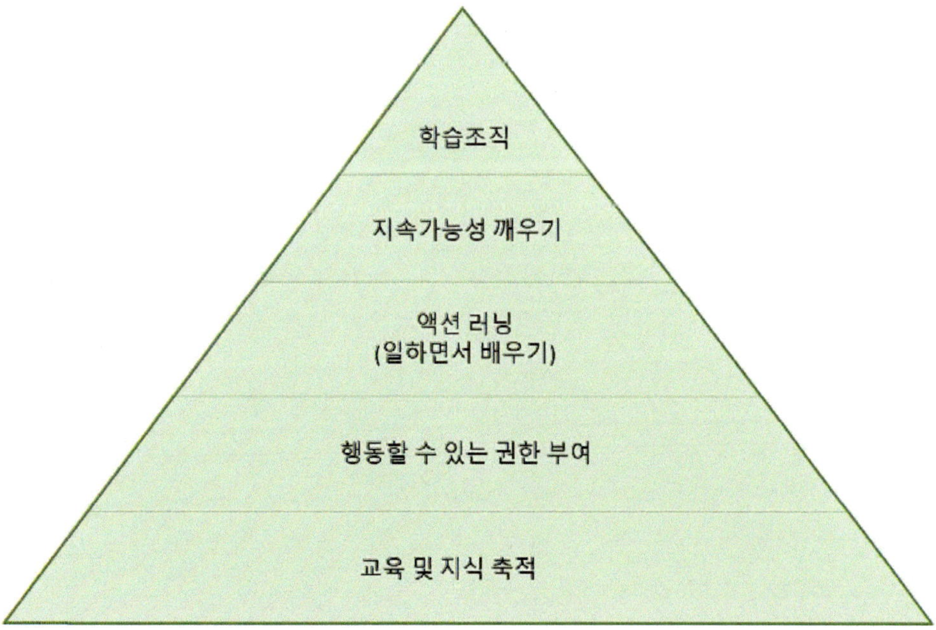

출처: Khoo, H. H. and Tan, K. C.(2002), "Using the Australian business excellence framework to achieve sustainable business excellence", Corporate Social Responsibility and Environmental Management, 9(4), p.201.

학습조직의 저명한 연구자인 피터 생게(Peter Senge)는 학습조직을 생성하기 위한 5가지 요인으로 '공유된 비전', '정신 모델', '시스템 사고', '팀 학습' 및 '개인 숙달'을 든다. 이 5가지 요인을 지속가능 학습조직 구축으로 연결하여 설명할 수 있다. 먼저 '공유된 비전'은 조직의 모든 사람이 새로운 회사 정책을 시행하는 데 참여해야 한다. 이것은 최고경영자 혹은 조직 리더십을 통하여 공유된 비전 또는 공통의 사명과 목표를 가짐으로써 일어날 수 있다. '정신 모델'은 "인간의 건강에 해로운 오염 물질과 같은 정보를 판별하고 올바르게 선택할 수 있는 정신"이며 조직이 외부 환경에 미친 해악은 결국 조직으로 돌아와 조직에 나쁜 영향을 미칠 것이라는 정당성의 사고이다. 예를 들어 환경 사고의 비용을 이해하는 직원들은 중요한 결정을 내릴 때 잠재적인 환경의 위험을 계산하고 생각할 것이다. 이것은 오늘날 점점 더 권한을 부여받는 직원이 직장에서 고려해야 할 지속가능성의 중요한 지점이다. '시스템적 사고'는 사람에 따라서가 아니라 지속가능성 지식과 정보가 조직 속에서 변화의 패턴으로 자리 잡고 스스로 변화를 이끄는 원동력으로 작용하는 조직 체계에 관한 사고를 말한다. '팀 학습'과 '개인 숙달'은 액션 러닝(Action Learning)을 통하여 조직 속에서 배우고 숙달할 수 있다. 액션 러닝은 일상 업무에서 배움으로써 실제 효과를 경험하고 자신의 과제를 수행할 수 있도록 권한을 부여받는다. 이것은 팀 학습에 도움이 되며 개인의 학습과 발전에 동기를 부여한다. 결국 개인은 지속가능성을 깨우고 숙달에 도달하며 전략 실행의 통제권을 가지는 학습조직의 단계에 이른다. [그림 6.7]은 학습조직의 구성 요소이다.[20]

실습도구

조직문화 유형 및 진단 실습

〈표 6.5〉는 조직문화의 유형을 진단하는 항목이다. 조직의 지속가능성 업무와 관련된 질문으로 변경하여 진단할 수 있다.[21)]

표 6.5 조직문화 진단 질문지

유형	질문(조직의 지속가능성 업무와 관련하여)	점수
합의문화	1. 조직은 직원의 잠재력을 개발하고 안내한다. 2. 높은 응집력과 사기는 조직에게 중요하다. 3. 직원은 조직의 전통에 헌신하고 충성한다.	
개발문화	4. 조직은 직원의 위험 감수와 혁신을 격려한다. 5. 조직은 성장과 자원획득을 강조한다. 6. 직원은 혁신과 발전에 대한 의지가 강하다.	
위계문화	7. 조직은 공식화되고 구조화된 것이 중요하다. 8. 조직은 상황을 동일하게 유지하는 안정성이 중요하다. 9. 직원은 정해진 규칙을 지키는 것을 중요하게 생각한다.	
합리문화	10. 조직은 직원의 목표를 달성하도록 돕는다. 11. 조직은 경쟁적인 행동과 성취를 강조한다. 12. 직원은 과제와 목표 달성을 중요하게 생각한다.	

출처: Helfrich, C. D., Li, Y. F., Mohr, D. C., Meterko, M., and Sales, A. E.(2007), "Assessing an organizational culture instrument based on the Competing Values Framework: Exploratory and confirmatory factor analyses", Implementation science, 2, p.7.

3 지속가능 전략 실행 프로그램과 예산

프로그램 실행의 우선순위

전략의 실행은 사업 목표와 정책에 맞는 프로그램(Program)을 개발하고 예산에 맞춰 세부 작업을 운영하는 과정이다. 일반적으로 전략이 수립된 후에 실행이 되지만 전략 관리의 핵심 부분이다. 따라서 전략의 수립과 실행은 서로 밀접하게 검토되고 선정되어야 한다. 사업 부문별 혹은 기능별 관리자는 사업전략의 요구에 맞춰 일의 우선순위를 정하고 프로그램을 개발하여 운영한다.

그림 6.8 프로그램 실행 우선순위 도표

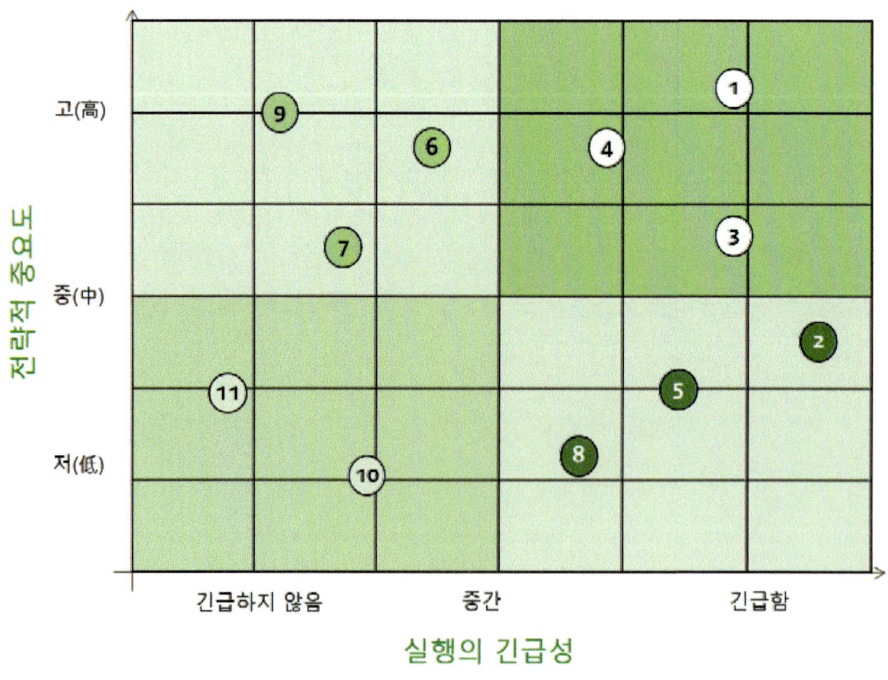

프로그램은 하나의 일을 진행하기 위하여 계획과 예산을 수립하고 필요한 활동이나 단계를 명시하는 것이다. 프로그램의 목적은 전략을 행동 중심으로 만드는 것이다. [그림 6.8]의 우측 상단에 속한 전략적으로 중요하면서도 실행의 긴급성을 요하는 일은 사업 목표와 정책 연관성이 높고 성과지표를 달성할 가능성이 높은 단기 전략 실행의 일들이다. 이러한 일의 프로그램은 먼저 실행하고 상시로 관리해야 한다. 해당 부문 혹은 기능의 핵심적인 일이다. 일에 대한 몰입을 높여 지속가능한 성과에 기여해야 한다. 이러한 일은 많지 않게 핵심적인 것을 중심으로 사전에 계획하고 시간의 여유를 두고 관리해야 한다. 왜냐하면 너무 긴급하다 보면 중요한 일을 망칠 수 있기 때문이다. 이런 일은 주로 중요하지만 긴급하지 않았던 일에서 온다.

다음으로 급하지만 중요하지 않은 일은 [그림 6.7]의 우측 하단에 속한 일이다. 제4장 3절에서 정한 "신속하고 쉽게 해결할 수 있는 문제"들이다. 중요하고 시급한 프로그램을 실행하는 사이사이에 시간 관리와 업무 조정을 통하여 마감 기일에 맞추어 진행해야 할 일이다. 다음으로 중요하지만 급하지 않은 [그림 6.7]의 좌측 상단의 일은 회사의 정책과 목표의 관련성이 높은 업무이지만 부서 혹은 담당이 시간을 갖고 주도적으로 처리하는 일이다. 영향력 있는 목표 달성을 위한 프로그램 계획, 이해관계자와의 관계 형성과 협력, 미래를 위한 개발과 학습을 병행하면서 실천한다. 전략적으로 중요한 일이면서 일정 기한 내에 처리해야 하는 일이므로 그에 알맞은 계획을 세우는 것이 좋다. 이런 일은 시간이 지나서 중요하면서도 시급한 일로 자리를 옮기게 된다. 마지막으로 급하지도 중요하지도 않은 일이다. 우선순위를 미루고 조정하고 때론 이번 기간의 업무에서 제외한다.

지속가능 프로그램 개발과 실행

지속가능 프로그램은 먼저 지속가능성 목표에 대한 기대 수준(To be)과 현재의 상태(As is)를 분석하여 개선이 필요한 정도를 파악한다. 갭(Gap) 분석을 통하여 필요를 해결할 프로그램의 목적과 목표, 추진 방법과 내용, 내부 진행 또는 네트워킹, 다른 부서 및 이해관계자 협력 체계, 일정 및 예산을 정한다. 프로그램 일정별 간트 차트(Gantt chart)로 관리하고 진도율을 점검하는 것이 좋다. 매년 추진하는 정형적인 프로그램은 작업명세서로 관리하고 새롭게 추가되는 부분은 작업명세서에 추가 혹은 갱신한다([그림 6.9]).

그림 6.9 프로그램 개발과 실행 절차

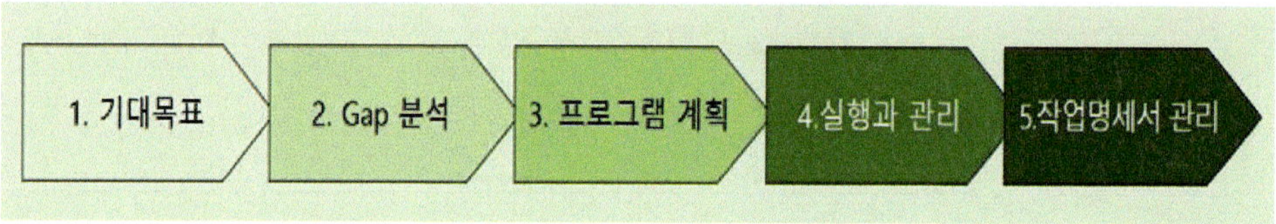

프로그램 실행은 내부 자원 및 역량과 이해관계자 참여 및 협력을 통하여 진행한다. 내부의 부족한 자원과 역량은 외부와 제휴하고 조달하는 네트워크 전략(Network Strategy)으로 프로그램의 목표 달성을 이룬다. 전략적 제휴(Strategic Alliance)는 자사의 경쟁 위치 강화, 새로운 시장 진입, 불확실성 보완, 중요자산의 보완, 새로운 역량 습득을 위하여 프로세스, 제품 혹은 서비스를 개발할 목적으로 추진하는 전략을 말한다. 역량, 지식, 자원의 공유를 포함하는 기업 혹은 부서 간의 자발적인 약정을 의미한다. 추진 절차는 '목적에 맞는 파트너 선정' → '조건 합의 및 지분구조 확정' → '공식적 혹은 비공식적 관계 관리'로 진행한다. 서로 간의 관계는 능숙한 조합이 필요하다. 능숙한 조합은 쌍방향 의사소통을 중시하고 공동의 자원 및 역량을 공유하며, 상호 간의 신뢰를 쌓아가는 일이다.

아웃소싱(Outsourcing)은 내부 가치사슬 활동을 줄여 핵심역량에 집중하고 비용을 절감하기 위하여 추진하는 전략이다. 하나 혹은 그 이상의 가치사슬이나 가치사슬의 세부 활동을 내부 자원이나 역량이 아닌 외부의 가치사슬 혹은 사람과 자원을 이용하여 해결하는 것을 말한다. 추진 절차는 '목적에 맞는 가치사슬 및 파트너 선정' → '품질목표 확정 및 조건 합의' → '통제 및 관리'로 진행한다. 수직적인 관계보다는 수평적인 관계를 중시하고 품질목표가 달성할 수 있도록 관리한다. 이에 반하여 오프쇼링(Offshoring)은 자사의 가치사슬 활동을 다른 기업 혹은 외국으로 전이시키는 활동을 의미한다.

'작업명세서(Statement of Work)'는 프로그램 운영의 효율과 효과를 개선하기 위하여 작업 활동과 실행 방법, 연관된 부서와 이해관계자, 주요 일정을 정리하고 관리하는 지침서이다. [그림 6.10]은 작업명세서 양식의 예시이다. 부서별로 작업별로 관리한다.

| 그림 6.10 | 작업명세서 예시

실행프로그램	A-1-다. 효율적 레이아웃 및 페이싱	상위목표	[상품관리 A-1] 상품 Mix 조정

실행프로그램	B-2-나. 모니터링/콜센터 정보분석	상위목표	[인사조직 B-2] 전사 고객만족실천

<table>
<tr><td>실행프로그램</td><td colspan="2">B-2-다. 고객만족실천교육</td><td>상위목표</td><td colspan="2">[인사조직 B-2] 전사 고객만족 실천</td></tr>
<tr><td>정 의</td><td colspan="5">고객만족경영 실행 방안 중 하나인 고객만족실천 교육에 대한 과제로써 정기적인 교육프로그램, 자료집 전파홍보, 영업점 CS 실천에 대한 활동을 집중 강화하고 개선</td></tr>
<tr><td rowspan="3">주요활동</td><td>내 용</td><td colspan="2">일 정</td><td colspan="2">실행 조직과 기간</td></tr>
<tr><td rowspan="2">▶정기교육 프로그램 운영/개선점 적용
-신입사원 과정 내 교과 편성
-기존직원 On-line 과정 편성
▶내부 홍보 자료집 보완/발간/전파
-CSM 가이드북 발간/배포
-친절응대 가이드북 발간/배포
▶영업점 CS 촉진 활성화 실행/포상
-영업점 자체 P/G 진행
-친절사원제도 보완/운영
-VOC제도의 채널 업그레이드(SNS)</td><td colspan="2" rowspan="2">▶해당 교육과정 운영 시
-집합: 3~4월, 9~10월
-On-line: 연간(평가 포함)
▶기존자료 갱신 및 신규발간
-20XX년 XX월(신규발간(부서장용))
-20XX년 XX월(갱신/추가제작)
▶수시로 실시
-주1회 CS 실천의 날
-월1회(영업점), 년1회(전사포상)
-20XX년 7월~ 도입</td><td colspan="2">주관 : 연수원
실행 : 영업점
지원 : 인사팀
기술 : 전산팀</td></tr>
<tr><td colspan="2">-기간 : 년간 작업
-기존 : 20XX년 1월~12월
-개선 : 20XX년 7월~9월</td></tr>
<tr><td>실행방법</td><td colspan="2">교육운영/자료홍보/포상제도를 병행 실시하며 특히 영업점 자체 프로그램에 중점 지원</td><td>이해관계자</td><td colspan="2">-1차(핵심): 외부 고객 & 소비자
-2차: 내부 직원 & 공급망</td></tr>
<tr><td>기대효과</td><td colspan="2">▪ 범주: 경제적성과, 사회적(외부) 성과
▪ 고객만족도 증대를 통한 매출증대, 영업점 활성화를 통한 자발적, 적극적 조직문화</td><td>대외 연관규정</td><td colspan="2">▪ GRI 203_ Indirect Economic Impacts
▪ ESRS S4-1~5_Consumer</td></tr>
<tr><td>이 슈</td><td colspan="5">20XX년 영업점에서 건의/지적 되었던 불만고객응대 가이드라인에 대한 보다 명확한 지침이 필요, 내부 자료집 추가 제작 시 삽입 하고 전파 시 그 부분 별도 공문화 하여 전달</td></tr>
</table>

자본비용 및 자본예산과 ESG 프리미엄

지금부터 설명하는 자본관리 혹은 원가분석은 지속가능성 전략의 정책으로 관리 혹은 정책과 조정되는 균형을 생각하면서 이해해야 한다. 예산은 사업전략을 지원하기 위한 활동으로 더 좋은 자본(조달)비용으로 효율적이고 효과적으로 사업 및 프로그램의 목표 달성을 돕는 재무 지원 활동이다. 예산은 새로운 공장이나 기계, 신제품 개발에 사용되는 대규모 '자본예산'과 기존 사업에 필요한 판매비 및 일반관리비 등에 사용되는 '운영예산'으로 구분한다. 기업의 자본은 부채(타인자본)와 주식을 발행(자기자본)하여 조달한다. 부채는 외부 차입으로 더 많은 수익을 창출할 수 있는 재무 지렛대(Leverage) 효과가 있지만, 높은 부채 비율은 타인자본에 의존하여 경영의 위험을 초래할 수 있다. 따라서 현재의 안정성과 미래의 생산성을 고려하여 자본조달의 균형을 이루어야 한다. 기업의 자본비용은 타인자본의 이자율과 자기자본의 예상 수익률을 가중평균한 가중평균자본비용(WACC, Weighted Average Cost of Capital)으로 계산할 수 있다.

타인자본 비용은 기업이 미상환 채무에 대해 지불하는 이자율을 말한다. 이것은 채무를 보유한 사람의 요구수익률을 나타낸다. 타인자본 비용은 차입금의 평균 이자율 혹은 채권의 만기수익률에서 세금 공제의 비율을 제외하고 계산한다. 자기자본 비용은 주식을 보유한 투자자가 기대하는 요구수익률로 계산할 수 있다. 이는 주식 투자의 위험 감수에 대한 투자자의 보상 요구를 나타낸다. 자기자본 비용을 추정하기 위해 가장 많이 사용되는 모델은 자본자산가격모형(CAPM, Capital Asset Pricing Model)이다. CAPM은 무위험 이자율에 투자 위험에 따른 프리미엄 이자율을 더하여 계산한다.[22] 〈표 6.6〉은 이러한 이론에 근거한 WACC의 계산 과정을 나타낸 식이다.

대체로 미국과 캐나다, 유럽 그리고 중국(개인소유기업) 등 각국의 기업을 분석한 문헌들에서는 대체로 사회적책임 점수가 높거나 ESG 성과가 높은 기업의 자본비용은 더 낮은 것으로 조사되고 있다. 이는 기업이 지속가능성 전략과 활동에 더 투자함으로써 자본비용을 낮추는 혜택을 받을 수 있음을 의미한다. 특히 지배구조 성과보다 환경 및 사회 성과 부분에서 더 두드러진 것으로 나타났다. 미국 기업의 조사에서는 담배와 원자력 산업에 참여한 기업의 자기자본 비용은 더 높다는 결과도 있는데, 이는 평판이 좋지 않은 산업 투자에 대한 투자자의 보상심리가 작용한 것으로 분석된다. EU 국가 연구에서는 공동체가 더 넓게 지역으로 퍼져 있는 국가에서 자본비용 효과가 더 두드러지게 나타난다. 남아프리카 기업에서는 ESG 공시로 전체 자본비용은 낮추는 것으로 연구되었지만 자기자본 비용은 더 높아진 것으로 나왔다. 이는 ESG 공시를 추가 위험으로 인식한 투자가가 더 높은 수익을 요구하기 때문으로 추정된다. 유럽 STOXX 600 상장기업을 분석한 문헌에서는 법적 환경이 취약한 국가에서만 ESG 점수가 높을수록 자본비용은 낮아지는 것으로 나타났으며 산업별로 그리고 ESG 성과별로 다양한 자본비용 효과가 서로 다르게 나타났다.[23)]

표 6.6 이론상의 가중평균 자본비용(WACC) 계산

구 분	계산 방법 or 계산식
1. 타인자본 비용	1) 차입금평균이자율 = $\dfrac{이자비용}{\dfrac{(기초차입잔액 + 기말차입잔액)}{2}}$ or 2) 채권수익률 = 당사 혹은 비슷한 신용위험 기업과 비교 3) 타인자본 비용 = [1) or 2)] × (1-법인세율)
2. 자기자본 비용	1) CAPM 자기자본 비용 = 무위험이자율(Rf) + 위험프리미엄 = Rf + β×[시장예상수익률(Rm) - Rf)] * Rf: 부도 위험이 없는 수익률(예: 장기국채수익률) * Rm: 시장예상수익률 : 전체 자본시장의 주가수익률 * β: 위험상관계수(개별 주식과 해당 시장의 상관관계, 민감도)
3. WACC	1) WACC 자본비용 = (부채×부채비율) + (자본×자본비율) * 부채비율 + 자본비율 = 1

자본예산 투자에 대한 의사결정은, 투자로 소요되는 미래의 전체 비용과 투자로 얻게 되는 미래의 전체 수익을 오늘의 할인율로 계산한 두 금액의 손익이 양(+)으로 나오는지 따져보고 결정할 수 있다. 앞서 구한 자본비용 혹은 기대수익률은 할인율과 같은 의미로 사용된다. t년 후에 발생할 어떤 수익 혹은 비용 Af를 기대수익율 k로 환산한 오늘의 금액 Ap은, '$Ap = Af \times [1/(1+k)^t]$'과 같다. 반대로 오늘의 금액 Ap의 미래 환산 금액인 Af는, '$Af = Ap \times (1+k)^t$'과 같다.

표 6.7 순현가 계산식

$$NPV = \sum_{t=0}^{n} \frac{It}{(1+k)^t} - \sum_{t=0}^{n} \frac{Ot}{(1+k)^t}$$

It : 기간 t의 현금 유입

Ot : 기간 t의 투자(현금유출)

k : 할인율(자본비용)

이처럼 '순현가법(Net Present Value)'은 어떤 투자안에 대한 매년 투자액을 오늘의 할인율로 계산한 현재 가치의 합과 투자의 과실로 얻어지는 매년 수익을 오늘의 할인율로 계산한 현재 가치의 합을 비교하여 투자를 결정하는 방법이다. 비교한 금액이 양(+)이면 투자안이 경제성이 있다고 평가하지만, 음(−)이면 경제성이 없다고 평가한다. 2개 이상의 자본예산 투자안에 대한 우선순위를 결정할 수 있다. 계산식은 〈표 6.7〉과 같다. 할인율을 변경하면서 계산하고 사업성이 어떻게 변하는지 민감도를 분석(Sensitivity Analysis)해 볼 수 있다. '내부수익률법(Internal Rate of Return)'은 매년 투자로 지출되는 금액의 현재 가치의 합과 투자의 과실로 얻어지는 매년 수익의 현재 가치의 합을 같게 해주는 할인율, 즉 내부수익률을 계산하고 이를 회사에서 기대하는 기대수익률과 비교하여 투자를 결정하는 방법이다. 내부수익률이 기대수익률보다 크면 투자안을 채택하고, 적으면 기각한다.

원가분석과 관리의 균형, 단기성과 : 장기투자

예산 통제(Budget Control)에 있어서 원가는 제조원가와 취득원가, 판매비 및 일반관리비로 구분할 수 있다. 제조원가는 제조 활동에 들어간 원재료 및 부품 원가, 판매비 및 일반관리비는 판매와 관리 활동에 사용된 비용이다. 취득원가는 소매 혹은 도매 유통기업이 제조업체 혹은 다른 도매상으로부터 구매한 물건값을 말한다. 원가는 원재료나 부품비와 같이 제품별로 직접 소요된 직접원가와 관리 부문 인건비 혹은 전기세와 같이 제품별로 구분하기 어려운 간접원가로 나눠볼 수 있다. 제품 혹은 사업 부문별 원가관리(Cost Control)를 위해서는 간접원가를 배분 계산해야 한다. 공통으로 사용하는 간접원가는 정확히 배분하기 어렵지만 제품별 혹은 사업 부문별 인원 혹은 사무실 면적 등으로 간접원가를 배분하고 관리한다. 이처럼 활동을 기준으로 계산한 원가를 활동기준원가(Activity Based Cost, ABC)라고 한다. 산출 혹은 성과 대비 좀 더 분명한 투입 비용의 관리가 가능하다.

원가는 조업도에 따라 변동비, 고정비 혹은 준변동비(준고정비)로 분해할 수 있다. 조업도는 기업이 보유하고 있는 자원의 활용 정도를 나타내는 개념으로, 상황

| 그림 6.11 | 손익분기점 좌표

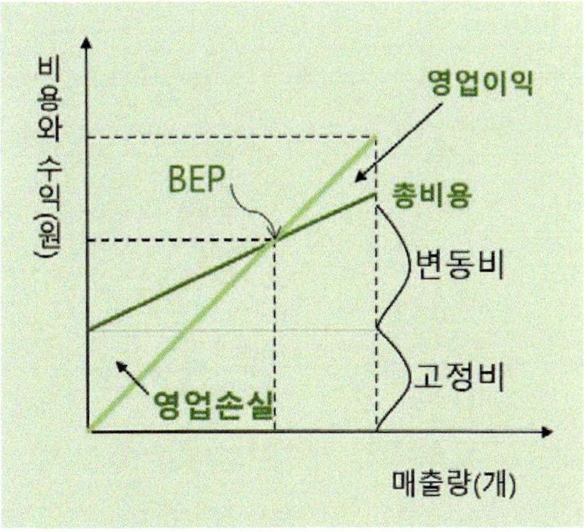

에 따라서 생산량, 판매량, 매출액, 직접 노동시간, 기계 가동 시간 등 원가와 논리적인 인과관계가 있는 여러 가지의 다른 척도를 기준으로 고정비 및 변동비 지출을 생각하고 관리한다. '변동비'는 "직접재료비, 직접노무비, 소모품비, 운반비 및 매출액의 일정 비율로 지급되는 판매 수수료 등이 해당한다. '고정비'는 "조업도와 관계없이 총액이 일정한 원가를 말하며 관리 및 영업 부문의 인건비, 지급 임차료, 감가상각비, 보험료, 재산세 등이 이에 해당한다. '준고정비(준변동비)'는 "변동비와 고정비의 두 요소를 모두 가지고 있는 원가를 말하며 전력비, 수선유지비 등이 해당한다. 전력비의 경우 기본요금은 일정한 조업도 내에서는 일정하지만, 조업도가 증가함에 따라 전력비도 비례적으로 증가하여 총액이 달라지게 된다.

손익분기점 관리는 특정 이익을 기준으로 총수익과 총비용이 같은 판매량(생산량) 또는 판매액(생산액)의 수준을 관리하는 일이다. 즉, 이익(영업이익)이 '0'이 되는 매출 수준을 말하는 것으로 손익분기점보다 더 많은 판매를 하면 영업이익이 생기지만 더 적은 판매를 하면 영업 손실이 생긴다([그림 6.11]). 손익분기점 관리는 기업이 경영활동을 수행하는 과정에서 발생하는 매출, 수익, 비용(고정비 및 고정비) 변동의 상호관계를 분석하고 관리한다. 손익분기점에서의 매출액과 손익분기점률을 구하는 공식은 〈표 6.8〉, 〈표 6.9〉와 같다.

표 6.8 ‖ 손익분기점에서의 매출액 산출

* 손익분기점에서의 총매출액

$$= \frac{\text{고정비} - (\text{기부금 수익} + \text{보조금 수익} + \text{그 외의 영업외 수익})}{1 - (\frac{\text{변동비}}{\text{총매출}})}$$

출처: 한국은행(2023), "2022년 기업경영 분석", P.38.

매출액이 손익분기점을 초과할 때 세전이익이, 미달할 때 세전 손실이 발생한다. 손익분기점 관리를 통하여 원가 및 수익구조를 파악하고 수익을 높이기 위한 판매전략을 세워야 한다. 투자안에 대한 효율성을 판단하는 데도 사용할 수 있다. 손익분기점률이란 손익분기점에서의 매출액과 실현된 매출액과의 비율이다. 일반적으로 이 비율이 낮을수록 영업활동의 채산성(이익이 남을 여지가 있는 성질)이 양호하고 높을수록 채산성이 좋지 않음을 의미한다.[24]

표 6.9 손익분기점률

* 손익분기점률

$$= \left(\frac{\text{손익분기점 매출액}}{\text{총매출}}\right) \times 100]$$

출처: 한국은행(2023), “2022년 기업경영 분석”, p.38.

프로그램의 실행 원가(비용)는 조직의 목표 원가(예산)와 차이가 나지 않도록 원가를 분석(Cost Analysis)하고 관리해야 한다. 제품개발은 공급업체가 참여하고 친환경 소재를 사용하면서도 부품은 회수 시의 분해도 고려해야 한다. 제조과정의 공법 및 공정 개선도 이루어야 한다. 또한 이러한 내용들을 고려하면서 제품, 용역, 공정 및 원자재의 기능을 규정하고 그 기능이 최소의 원가로 제공될 수 있도록 하는 가치공학의 방법을 고려해야 한다. 제품의 원가관리는 재료비, 가공 시간, 투입 인력, 불량률 등의 직접원가 관리와 판매비 및 일반관리비의 간접원가 관리로 나눠 볼 수 있다. 직접원가는 제품의 품질에 영향을 줄 수 있는 원가로 관리에 신중하지만, 간접원가는 원가절감의 대상으로 좀 더 쉽게 고려될 수 있다. 하지만 간접원가는 고객을 관리하고 경영 체계와 매출을 높이는 수단으로 장기적인 성과에 영향을 준다. 따라서 이 둘의 관계를 잘 따져서 원가관리 목표를 달성해야 한다. 지속가능성 인력 보강, 교육 및 훈련, 전략 체계 및 문화 구축과 같은 지속가능성 프로그램도 단기적인 간접원가이지만 지속가능 성과의 중요한 투자로 생각하고 원가관리의 후 순위로 밀리지 않도록 해야 한다.

4 지속가능 성과 측정과 평가

지속가능 성과의 논리모델 프레임워크

지속가능경영의 성과는 올바른 과정의 가치와 원칙이 필요하며 그를 통하여 재무적인 측면과 비재무적인 측면의 가치와 영향의 성과를 함께 창출해야 한다. 이러한 과정과 결과의 절차는 〈표 6.10〉과 같이 ESG 평가의 논리모델(Logic Model)을 통하여 지속가능경영의 '① 투입과 활동' → '② 산출' → '③ 성과 및 영향' → '④ 영향 가치 산정'의 절차로 나타낼 수 있다.[25]

표 6.10 사회(S) 및 환경(E) 부문의 영향 평가 경로 예시

구분	① Input & Activity	② Output	③ Outcome & Impact	④ Value of Impacts
사회 (S)	노동정책과 문화, 근무여건, 근무시간, 육체 및 지적 노동, 인적자원개발, 기술개발, 교육훈련	직원 만족도 및 웰빙, 직업 건강	직원건강 문제, 증가된 질병 및 건강 문제, 산업재해, 부상 및 사망, 장애조정 수명 변경, 품질조정 수명 변경	이환(병)율 및 사망률 증가 비용, 평판 향상의 가치, 지역사회 관계 개선의 가치, 인재 유지 및 채용 증가의 가치
환경 (E)	생산품, 물 사용	배출량 무게, 폐기물 및 대기 오염도, 생산 및 판매된 제품 수	지역사회의 건강 문제, 지역사회에 사용할 수 있는 물 제한, 폐기물 부산물 재활용	탄소 및 기타 온실가스 배출 비용, 물 소비 비용, 폐기물 및 오염 비용

출처: S&P Global and RobecoSAM(2020), "The Sustainability Yearbook 2020", p.13.

〈표 6.10〉처럼 재무적 또는 비재무적 성과를 설명하고 인과관계를 밝히는 방법으로 '논리모델(Logic Model)' 또는 '변화이론(TOC, Theory Of Change)'이 자주 사용된다. 변화이론이란 "지속가능 경영의 성과를 설명하는 데 있어서 변화 목표를 달성해 가는 과정을 인과관계에 따라 순차적으로 밝히면서 추적하고 분석하는 방법"을 말한다.

논리모델은 "지속가능 경영의 성과를 설명하는 데 있어서 투입(inputs) → 활동(activities) → 산출(outputs) → 성과(outcomes) → 영향(impacts)의 논리적인 흐름에 따라 분석하고 측정 및 관리하는 절차 또는 그 방법"을 말한다.[26] [그림 6.12]는 지속가능 성과와 영향 창출의 논리모델 프레임워크이다.

그림 6.12 지속가능 성과 창출 논리모델 프레임워크(Framework)

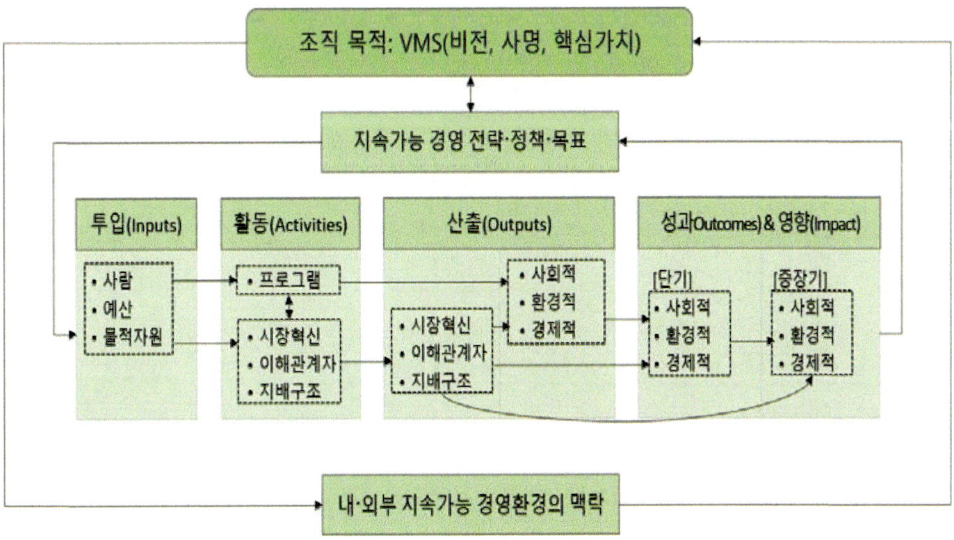

미국 환경 보호국 환경교육청은 환경 프로젝트의 목적과 목표를 달성하기 위한 논리모델 구성요소와 예제 항목 템플릿을 제공하고 있다. 이는 현재 작업과 원하는 결과 사이의 관계를 시각적으로 보여주는 것뿐만 아니라 프로젝트의 기본 로드

맵 역할과 자신이 어디에 있고 어떻게 마무리되기를 원하는지 보여준다. 〈표 6.11〉은 논리모델 구성요소 템플릿이다. 논리모델 구성요소 간의 인과관계를 단계별로 이해하는 데 도움을 준다. '투입물과 자원'은 환경 목표를 달성하기 위한 프로젝트에 투자되는 자원이다. '활동과 과제'는 귀하와 파트너가 원하는 결과를 도출하고 프로젝트의 환경 목표를 달성하기 위해 수행하는 활동이다.[27]

표 6.11 논리모델 구성요소 템플릿

투입물 · 자원	활동 · 과제	산출물	성과 및 영향		
			단기(6~12개월)	중기(1~2년)	장기(2년 이상)
• 직원시간 • 돈 • 현물 기여 활동 · · ·	• 작업제품 개발 • 환경 및 천연자원의 이익을 위한 조치들 · · ·	• 워크숍 • 이벤트 • 출판물 • 커리큘럼 · · ·	• 지식 • 기술 • 인지도 • 동기 · · ·	• 행동 • 관행 • 절차 · · · ·	• 환경적 조건 • 사회적 조건 • 경제적 상황 • 정책 · · ·

출처: U.S. EPA(2024), "Logic Model Components", https://epa.gov.

'산출물'은 프로젝트 기간에 생산했거나 제공한 활동, 노력 또는 작품의 수와 유형, 그리고 해당 활동에 함께하는 참여자의 수와 인구 통계적 특성을 말한다. '단기 성과 및 영향'은 프로그램 또는 개입 활동의 즉각적인 효과로써 일반적으로 의도한 참여자의 지식과 태도 변화에 초점을 맞추어 작성한다. '중기 성과 및 영향'은 단기간의 성과 달성으로 인한 작업 관행이나 절차의 변화 또는 인간 행동의 결과물을 말한다. '장기 성과 및 영향'은 예를 들어 보조금(프로젝트) 지원 몇 년 이후에 나타날 수 있는 경제, 사회 또는 환경, 더 나아가 정책에 미치는 영향을 의미한다.

지속가능 성과와 영향은 사전에 의도한 것과 의도하지 않은 것, 긍정적인 것과 부정적인 것, 단기적이든 혹은 장기적이든 관계없이 내부 및 외부 이해관계자 입장을 고려하고 사회적, 환경적, 그리고 경제적인 내용을 포함하여 관리하여야 한다. 특히, 긍정적인 기회와 부정적인 위험을 관리할 수 있는 체계를 갖추고 예기치 못한 위험은 대처하고, 기회를 활용하는 것이 중요하다. [그림 6.13]은 2013년 유럽 재생 에너지 기술의 성과와 영향을 조사한 논리모델의 내용이다.

| 그림 6.13 | 재생 에너지 기술의 논리모델

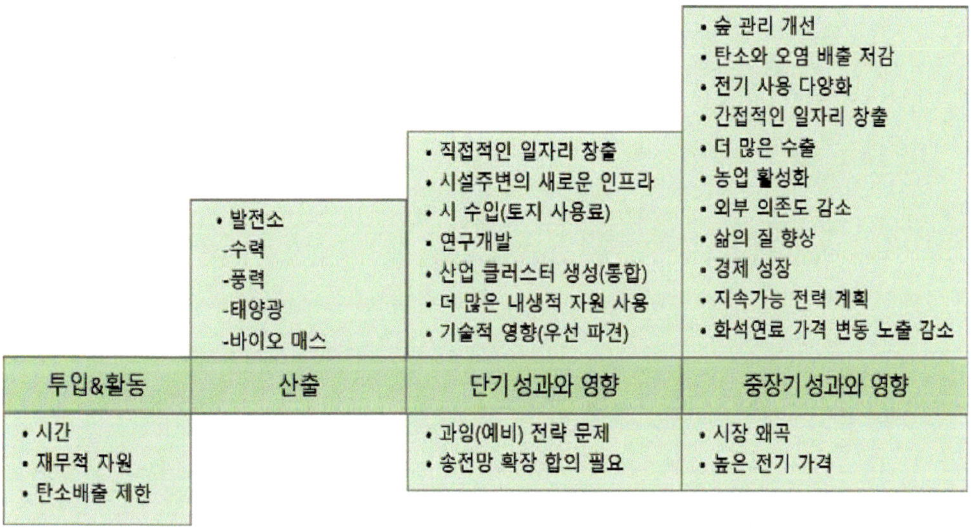

출처: Ribeiro, F., Ferreira, P., and Araújo, M.(2013), "Sustainability assessment of electricity production using a logic models approach", Renewable and sustainable energy reviews, 28, p.219.

해당 산업의 전문가 그룹 인터뷰를 통하여 분석한 당시 유럽 재생 에너지 사업의 성과와 영향은 [그림 6.13]과 같다. 재생 에너지 기술은 단기 및 중장기적인 기회 요인으로 일자리 창출과 숲 관리 개선을 가져온다. 또한 주변 인프라가 개선되고 농업 활성화 및 산업 클러스터, 연구개발 등에서도 긍정적인 효과가 나타난다. 무엇보다도 탄소 및 오염물 저감과 화석 연료 의존성을 줄여주는 효과가 있다. 그러나 단기적으로는(2013년 당시 연구자료에서는) 송전망 확장에 대한 합의가 부족하고 과잉 생산된 풍력 전력의 보관 등 관련 시스템 개선 등 부정적인 영향의 위기가 있다. 또한 각 나라가 재생 에너지 세액공제 및 발전차액지원제도(FIT: feed-in tariff)로 인하여 재생 에너지는 경쟁력을 갖출 것으로 예측되지만 시장 왜곡과 전기요금 상승은 논란의 여지도 있다. 당시 재생 에너지 사업의 기술 투자를 통한 성장전략에는 이러한 단기 및 중장기 위기관리가 요구되었다.[28] 그 이후 전 세계 재생 에너지 저장 시장은 빠르게 성장하였으며 2021년 대비 2030년까지 15배 더 증가할 것으로 추정한다. RE100 회원사들의 보고 자료에 의하면 유럽의 신 태양광은 가스 화력발전소보다 장기적으로 10배 저렴하고 미국의 신 태양광과 풍력은 209개의 석탄발전소를 가동하는 것보다 저렴한 것으로 분석된다. 2022년 EU의 발전량은 풍력과 태양광이 전체의 22%를 차지했다. 가스는 20%만을 차지했다. 전 세계적으로 2030년까지 약 1400만 개의 새로운 재생 에너지 일자리가 창출될 것으로 전망되며 이를 위하여 기업 및 국가는 노동자들의 재숙련을 통해 직업기술과 전문 지식이 화석 연료에서 재생 에너지로 전환되도록 해야 한다.[29]

재무적 성과 평가의 주요 비율

이 부분도 지속가능성 전략의 정책으로 관리 혹은 정책과 조정되는 균형을 생각하면서 이해해야 한다. 재무적인 성과는 주로 자산, 자본, 부채 및 손익의 계정을 비교하여 비율을 계산하고 경쟁자 혹은 산업 평균과 비교하여 성과를 평가해왔다. 대표적으로 ROA(총자산순이익율, Return on Assets)는 투입된 총자산(자본+부채) 대비 창출된 이익을 평가하는 방법으로 그 값을 높이기 위하여 총자산 대비 발생한 매출액을 증가시키거나 매출액 대비 발생한 이익을 높이는 경쟁전략을 찾고 실천할 수 있도록 한다(〈표 6.12〉).

ROA는 ROI(투자수익율, Return On Investment)와 같은 의미로 사용한다. ROE(자기자본순이익률, Return On Equity)는 부채를 통한 재무레버리지 효과를 파악할 수 있는 비율이다.

표 6.12 **총자산순이익률 공식**

* 총자산순이익률

$$ROI = \frac{\text{순이익}}{\text{총자산}} \times 100 = \frac{\text{순이익}}{\text{매출액}} \times \frac{\text{매출액}}{\text{총자산}}$$

= 매출액 순이익률×총자산 회전율

ROI 및 ROE는 영업과 재무 활동을 포함한 계산이므로 순수 영업 목적의 자산 활용이 이익에 미치는 영향을 평가하는 지표로는 미흡하다. 따라서 영업 활동으로 창출한 이익을 나타내는 지표로 ROIC(투하자본이익률, Return On Invested Capital)를 사용한다. RI(초과이익, Residual Income)는 기업이 자기자본 비용 이상으로 창출한 이익의 비율로 잔여이익이라고도 한다. 투입된 자본의 기회비용을 고려하고 있는 점이 ROI나 ROE보다 진일보한 분석이라고 할 수 있다. 순이익이 자기자본 비용보다 큰 경우에 초과이익이 발생한다. 이것은 주주의 기대이익을 초과하는 이익으로 초과이익 공유에 대한 논의의 출발점이라고 할 수 있다.

EVA(경제적부가가치, Economic Value Added)는 기업이 고유의 영업 활동을 통하여 창출한 순가치의 증가분을 의미하는 것으로 세후 영업이익에서 자본비용을 차감한 잔액을 의미한다. 이익 극대화의 종래지표인 당기순이익(자기자본 비용의 미반영)에서 투자자가 제공한 자본비용(타인자본 비용+자기자본 비용) 이상의 이익을 분석하는 지표라고 할 수 있다. 이는 주주 관점의 관리지표이며 투자 및 인수합병, 사업구조조정 등을 판단할 때 많이 사용한다. 주가의 시장가치를 분석하는 비율로는 PER(주가수익률, Price-Earnings Ratio), PBR(주가장부가치비율, Price Book value Ratio), CPS(주당현금흐름, Cash flow Per Share), PCR(주가현금흐름비율, Price to Cash flow Ratio)이 있다.

온실가스(GHG) 프로토콜과 SBTi 목표

온실가스(GHG) 프로토콜은 민간 및 공공, 가치사슬 활동으로 인한 온실가스(GHG) 배출량을 측정하고 관리하고 완화시키기 위한 글로벌 표준 모형이다. GHG 프로토콜은 지난 20년간 WRI와 WBCSD의 파트너십을 기반으로 정부, 업계 협회, NGO, 기업 및 기타 기관과 협력하고 있다. GHG 프로토콜은 표준을 준수하는 부문 지침과 제품 규칙 및 도구를 인식하고 검토할 수 있는 서비스를 제공한다. CDP의 조사에 의하면 포춘 500대 기업의 92%가 GHG 프로토콜을 사용하고 있다. 각국 도시의 시장 협약에서도 전 세계 수백 개 도시들이 'GHG 도시 프로토콜'을 사용하기로 약속했다. GHG 프로토콜은 WRI와 WBCSD가 1990년대 후반에 기업의 GHG 회계 및 보고에 대한 국제 표준의 필요성을 인식하면서 생겨났다.

그림 6.14 가치사슬 전반에 걸친 GHG 프로토콜 범위 및 배출량 개요

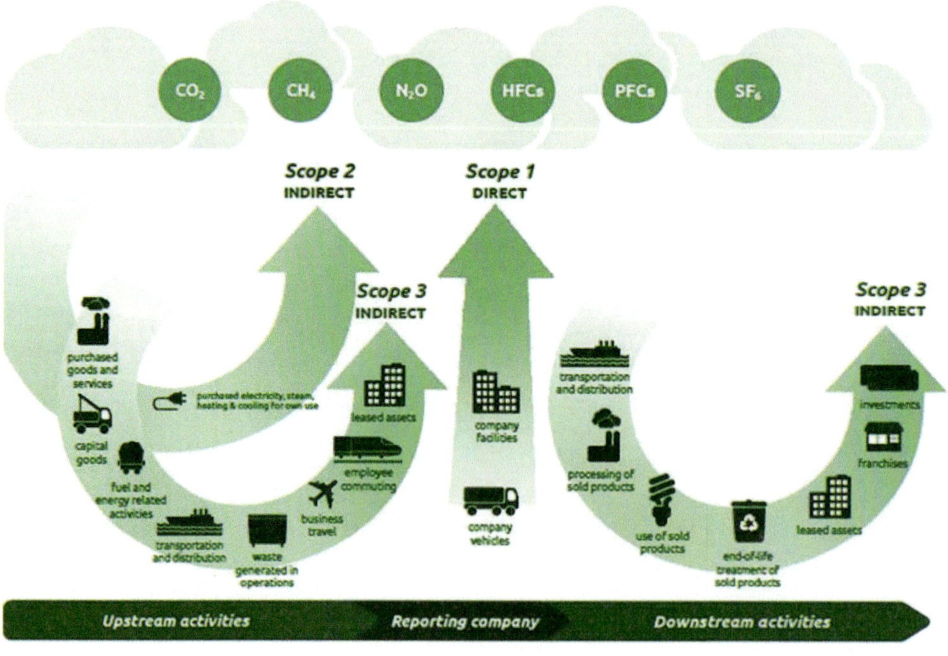

출처: GHG(2024), "Corporate Value Chain (Scope 3) Accounting and Reporting Standard", https://ghgprotocol.org. p.5.

2001년에는 기업들이 전기 및 기타 에너지 구매로 인한 배출량을 측정하고 가치사슬 전체의 배출량을 설명할 수 있는 명확한 방법이 업데이트되었다. 2015년 12월 UN 기후변화협약(UNFCC) 내에서 채택된 파리협약은 모든 국가가 지구 온도 상승을 제한하고, 이미 일어나고 있는 변화에 적응하면서 온실가스 감축 노력을 증가시킬 것을 약속했다. GHG 프로토콜은 국가들과 도시들이 그들의 기후 목표를 향한 진전을 추적할 수 있는 표준과 도구들을 제공하며 온라인 측정이 가능하다. GHG 프로토콜 기업 표준은 기업이 직접 또는 간접 배출하는 GHG를 [그림 6.14]와 같이 세 가지 범위(Scope)로 분류한다. 기업이 환경적 성과와 영향을 창출하고 관리하는 데 중요한 지침이다.[30)]

범위 1, 2, 3은 배출의 책임에 따라, 첫째 '자체 관리 및 통제가 가능한 배출', 둘째 '전기와 같이 기업이 구매하여 사용하는 데에서 발생하는 간접적인 배출', 셋째 '제품을 구입하고 사용하는 것처럼 간접적으로 책임이 있는 배출'을 말한다([그림 6.14]). SBTi는 탄소 배출 절감 목표 설정을 돕는다. 2015년부터 1000개 이상의 기업이 과학 기반 기후 목표를 설정하기 위해 SBTi의 이니셔티브에 참여했다. 2021년 SBTi는 세계 최초로 넷제로 표준을 개발하고 출시하여 기업들이 과학 기반 넷제로 목표를 설정하고 산업화 이전 수준 이상으로 지구 온도가 상승하는 것을 막고 온도 상승을 1.5°C로 제한할 수 있는 모형과 도구를 제공하고 있다. SBTi 권고사항은 투명성을 중시하고 모범 사례를 발굴하는 중요한 기준이지만 필수 사항은 아니다.. SBTi 단기목표 표준 및 권고사항은 C1(조직경계), C2(온실가스대상), C3(범위 1과 2), C4(범위 3)의 '목표 및 적용 대상'부터 C25(빈도), C27(목표재계산), C28(목표유효성)의 '보고 및 재계산'까지 28개의 필수 기준과 R1에서 R11까지 11개의 권장 사항을 제공한다.[31)]

S&P와 MSCI의 ESG 등급 평가

대표적인 지속가능성 평가 등급은 S&P(스탠더드앤푸어스, Standard & Poor's) DJI(다우존스지수, Dow Jones Index) ESG 등급과 MSCI(모건스탠리캐피털인터내셔널, Morgan Stanley Capital International) ESG 등급이 대표적이다.

표 6.13 MSCI ESG 등급 주요 이슈 체계

3 기둥	10 주제	33 핵심이슈
Environmental	기후변화	Carbon Emissions, Climate Change Vulnerability, Financing Environmental Impact, Product Carbon Footprint
	자연자본	Biodiversity & Land Use, Raw Material Sourcing, Water Stress
	오염 & 폐기물	Electronic Waste, Packaging Material & Waste, Toxic Emissions & Waste
	환경적 기회	Opportunities in Clean Tech, Opportunities in Green Building, Opportunities in Renewable Energy
Social	인적자본	Health & Safety, Human Capital Development, Labor Management, Supply Chain Labor Standards
	제조물 책임	Chemical Safety, Consumer Financial Protection, Privacy & Data Security, Product Safety & Quality, Responsible Investment
	이해관계자 반대	Community Relations, Controversial Sourcing
	사회적 기회	Access to Finance, Access to Health Care, Opportunities in Nutrition & Health
Governance	기업 지배구조	Board, Pay, Ownership & Control, Accounting
	기업 행위	Business Ethics, Tax Transparency

출처: MSCI(20240, "ESG Ratings Methodology", pp.5-6.

S&P는 ESG 위험 및 영향의 신호로 사용될 수 있는 산업별 16~27개의 핵심 이슈를 평가한다. S&P의 평가 범주는 '지배구조 및 경제', '환경', '사회'로 나누고 있으며, 지배구조 및 경제에는 '위험 및 위기 관리', '비즈니스 윤리', '지속가능한 재무', '혁신 관리'의 4가지 주제를, 환경에는 '자원 효율성과 순환성', '폐기물', '물', '지속가능한 재료'의 4가지 주제를, 사회에는 '운송 안전', '이해관계자 참여'의 2가지 주제를 포함하여 총 10가지 주제로 구성된다. 주제별 가중 평균과 산업별 비교가 가능하도록 정규화를 거쳐 기업의 등급을 0~100점으로 매긴다.[32)]

MSCI도 산업별 상대적 척도로 기업의 등급을 결정하는데 최고 AAA에서 최저 CCC의 7개 등급으로 구분한다. MSCI의 평가 범주는 환경, 사회, 거버넌스로 나누고 있으며, 환경에는 '기후변화', '자연자본', '오염 & 폐기물', '환경적 기회'의 4가지 주제 아래 13개 핵심 이슈와 사회에는 '인적자본', '제조물 책임', '이해관계자 반대', '사회적 기회'의 4가지 주제 아래 14개의 핵심 이슈와 지배구조에는 '기업 지배구조', '기업 행위'의 2가지 주제 아래 6개의 핵심 이슈를 포함하여 총 33개의 핵심 이슈를 평가한다. 〈표 6.13〉 MSCI 등급 평가의 요소들이다.[33)]

사례연구

유니레버(Unilever)의 재무적 위험관리 정책

IFRS S1인 '지속가능성 관련 재무 정보의 공시에 관한 일반적인 요구사항'에서는 범용 재무제표를 이용하는 사람들이 지속가능성 관련 위험과 기회가 기업의 재무 상태와 재무 성과, 그리고 현금흐름에 미치는 현재와 미래의 영향을 알리도록 주문하고 있다. 여기에는 자산과 부채의 장부금액에 대한 조정, 자본적 지출, 주요 인수 및 매각 등의 재무 상태와 재무 성과 및 현금흐름과 관련된 내용이 포함되며 기업집단 사의 결합 재무 정보와 관련된 내용도 마찬가지이다.[34)]

범용 재무제표는 기업의 재무 상태와 재무 성과를 체계적으로 표현한 것이다. 재무제표의 목적은 광범위한 정보이용자의 경제적 의사결정에 유용한 기업의 재무 상태, 재무 성과와 재무 상태 변동에 관한 정보를 제공하는 것이다. 또한 재무제표는 위탁받은 자원에 대한 경영진의 수탁 책임 결과도 보여준다. 이러한 목적을 충족하기 위하여 재무제표는 '자산', '부채', '자본', '수익과 비용', '소유주 출자와 소유주 배분', '현금흐름'을 보고해야 한다. 그리고 재무제표는 기업의 재무 상태, 재무 성과 및 현금흐름을 공정하게 표시해야 한다. 공정한 표시를 위해서는 '재무 보고를 위한 개념체계'에서 정한 자산, 부채, 수익 및 비용에 대한 정의와 인식요건에 따라 거래, 그 밖의 사건과 상황의 효과를 충실하게 표현해야 한다.

표 6.14 Unilever의 2023년 재무 highlights

매출액: 601억 유로 (2021년: 524억 유로)	영업이익률: 17.9% (2021년: 16.6%)	배당금: 43억 유로 (2021년: 45억 유로)
매출액 증가율[a)]: 9.0% (2021: 4.5%)	영업이익률[a)]: 16.1% (2021: 18.4%)	잉여현금흐름[a)]: 52억 유로 (2021: 64억 유로)

a): 지역 통화의 유로통화 환산 후 측정한 자체 non-GAAP 측정치

출처: Unilever(2023), "Unilever Annual Report and Accounts 2022", p.1.

전체 재무제표는 '기말 재무상태표', '포괄손익계산서', '자본변동표', '현금흐름표', '주석', '필요시 전기에 관한 비교정보', '필요시 전기 기초 재무상태표'를 모두 포함하여야 한다.[35] 〈표 6.14〉는 2022년 Unilever의 지속가능보고서의 재무정보 하이라이트이다.[36]

Unilever는 전략과 장기적인 목표 달성을 위하여 사업과 시장에서 발생하는 기회를 식별하고 활용할 수 있도록 위험관리와 기회 평가를 이사회 의제의 핵심에 두고 관리한다. 위험관리는 성장의 일관성, 경쟁력, 수익성, 책임성의 이념 아래 플라스틱과 기후변화와 같은 문제는 긴급히 반영하여 잠재적인 불확실성을 관리한다. 이사회와 감사위원회는 위험, 내부 통제 및 공시통제와 절차를 검토, 평가하고 위험수준을 관리하며 위험 노출은 완화한다. 예를 들어 '포트폴리오'의 위험은 Unilever가 전략적 투자를 선택할 때, 사업의 장기적인 성장과 이익에 영향을 미치고 이것은 비즈니스 그룹, 지역 및 채널의 수익성과 안정성에도 영향을 미친다. Unilever의 '포트폴리오' 위험관리는 먼저 장기적 잠재력이 가장 큰 범주와 시장에 자원이 우선시되도록 설계되어 있으며, 인수 및 처분 활동은 명확하고 정의된 평가 프로세스를 가지고 관리한다. Unilever의 지속가능보고서는 '포트폴리오 위험관리'를 포함하여 총 14가지의 위험관리 내용과 위험관리 방법을 제시하고 있다.

사례연구

파타고니아(Patagonia)의 지속가능 성과와 영향

B Corp은 총 200점 만점에서 80점을 넘으면 인증을 받는다. 3년마다 갱신해야 한다. 2024년 2월 현재 96개국 162개 산업에 걸쳐 8,254개의 기업이 B Corp 인증을 받았다. BIA는 지배구조, 근로자, 지역공동체, 환경 및 고객의 5가지 영역에 대한 사회적 영향을 평가하고 개선할 수 있도록 설계되어 있다([그림 6.15]).[37] 지속가능 리더 기업 대부분은 B Corp 인증 회사이며, 파타고니아 역시 B Corp 인증 기업으로써 인증 점수도 매우 높은 것으로 알려져 있다.

파타고니아의 B Corp 보고서를 보면 글로벌 지속가능 최고 리더 기업의 성과와 영향을 함축하여 잘 볼 수 있다. 파타고니아의 성과와 영향 범주는 '지구를 위한 순이익의 1% 기부', '불필요한 해로움 없는 최상의 제품', '불필요한 피해를 주지 않는 작업 수행', '다른 회사에게 모범사례 공유', '투명성', '지원적인 작업 환경'으로 설명하고 있다. 그중에서 '불필요한 해로움 없는 최상의 제품'에서는 지구나 주민에게 불필요한 피해를 주지 않으면서 최고의 제품을 만들기 위한 노력으로 4가지를 설명하고 있다. 그것은 첫째, 제품 설계 및 제작에서 내구성, 다기능성 및 비노후화(Non-obsolescence) 정의와 준수, 둘째, 재사용 또는 재활용이 가능한 재료를 사용하여 쉽게 수리 및 제작이 가능하도록 제품 설계 및 제작, 셋째, 물 사용, 수질, 에너지 사용, 온실가스 배출, 화학물질 사용, 독성 및 폐기물에 대한 자원 추출, 제조 및 운송을 포함한

그림 6.15 | BIA 5대 영역

출처: B-Corp(2024), "Global Brand Book 2024_v24-01, B Corp Community", p.16.

공급망 전반에 걸쳐 환경적 영향을 최소화하면서 제품 설계 및 제작, 넷째, 고객과 협력하여 수리, 재사용 및 재활용을 포함한 당사 제품의 수명주기에 대해 상호 책임을 밝히고 있다.[38] 〈표 6.15〉는 파타고니아 의류 소재의 출처를 표시한 표이다.

표 6.15 파타고니아 의류 소재 출처별 추이

구 분	2018년	2019년	2020년	2021년
원초(virgin) 석유계 (폴리에스테르와 나일론) 제품	49%	48%	20%	18%
재활용 소재	35%	31%	65%	66%
원초 면화 및 기타 식물성 소재	15%	16%	14%	15%
원초 양모 및 기타 동물성 제품	1%	5%	1%	1%

출처: Patagonia(2021), "Annual Benefit Corporation Report, 2021". p.7.

〈표 6.15〉를 보면 석유계 의류 제품은 2018년 거의 50%에 차지하던 비중을 2021년에는 5분의 1 이하로 줄였으며 반대로 재활용 소재 의류는 35%에서 2배 가까운 66%로 늘렸다. 동물성 털을 이용한 제품은 1%로 정도로 매우 낮다. '지원적인 작업 환경'을 위하여 회사에서 현장 보육을 실시하거나 다른 시설에서 보조금을 지급하는 등의 조치를 통해 지원적인 업무 환경과 양질의 보건의료를 제공할 수 있도록 노력한다. 미국 파타고니아 본사의 연간 자발적 이직률은 8%로 전국 평균 11.6%와 비교되며, 북미 전역[소매, 공급, 지역(Reno, Ventura)]에서 비공식 모임인 'Coffee Breaks'에 참석하는 직원은 826명에 달한다. 이러한 비공식 모임은 조직 전체의 커뮤니티와 연결을 촉진하기 위해 고안되었으며 주제는 공공 토지 보호부터 차세대 활동가 양성까지 다양하다. 파타고니아 현장 보육 서비스에 등록된 어린이는 133명이며 파타고니아에서 근무하는 교사와 보육실은 각각 56명과 15개이다. 이중 언어 사용이 가능한 교사가 있는 보육실은 15개에 달한다. 벤추라(Ventura) 및 레노(Reno) 캠퍼스에 있는 야외 학습 공간은 약 3700㎡에 이른다.

검토 및 토론

- 리더십의 의미 이야기하기
- 지속가능성 창출을 위한 경영진의 능력 설명하기
- 부서장의 조직운영 스타일 이야기하기
- 경영진 및 관리자의 지속가능 Plan-Do-Check-Action의 중요요인 설명하기
- 리더의 조직운영 발달 단계 이야기하기
- 변혁적 리더십과 거래적 리더십을 알고 설명하기
- 변혁적 리더십과 거래적 리더십 진단 실습표를 사용하고 이야기하기
- 직무 열의 진단 실습표를 사용하고 이야기하기
- 지속가능의 조직문화 내재화(Internalization) 또는 커플링(Coupling)의 중요성 이야기하기
- 경쟁가치모형의 조직문화 유형의 4가지 이야기하기
- 학습조직 구성요소와 구축에 대하여 설명하기
- 조직문화 유형 및 진단 실습표를 사용하고 이야기하기

- 프로그램 실행의 우선순위 방법을 설명하기
- 전략목표 갭 분석을 통한 프로그램 개발 절차를 설명하기
- 작업명세서에 들어갈 내용을 알고 설명하기
- 자본비용 산출 방법과 ESG 프리미엄 설명하기
- 원가관리의 단기성과 vs 장기투자 균형을 설명하기
- 손익분기점 분석 방법을 설명하기
- 논리모델 프레임워크를 알고 설명하기
- 재생 에너지 사업의 위협과 기회를 알고 설명하기
- 재무 성과 평가의 주요 비율을 설명하기
- 온실가스 감축 프로토콜과 목표 수립 프로그램을 알고 이야기하기
- S&P와 MSCI의 ESG 등급 평가를 알고 이야기하기
- 유니레버의 재무관리 위험정책을 이야기하기
- 파타고니아의 지속가능 성과와 영향 이야기하기

제6장 **참고문헌**

1) Lozano, R.(2013), "Are companies planning their organisational changes for corporate sustainability? An analysis of three case studies on resistance to change and their strategies to overcome it", Corporate Social Responsibility and Environmental Management, 20(5), 275-295.; Kiesnere, A. L. and Baumgartner, R. J.(2019), "Sustainability management in practice: Organizational change for sustainability in smaller large-sized companies in Austria", Sustainability, 11(3), 572, 1-40.

2) Rahardjo, H., Idrus, M. S., Hadiwidjojo, D., and Aisjah, S.(2013), "Factors that determines the success of corporate sustainability management", Journal of Management Research, 5(2), 1-16.; Falck, O. and Heblich, S.(2007), "Corporate Social responsibility Doing Well by Doing Good", Business Horizons, 50, 247-254.

3) Robinson, D. and Boulle, M.(2012), "Overcoming Organizational Impediments to Strong Sustainability Management", The Business Review, 20(1).; Caprar, D. V. and Neville, B. A.(2012), "Norming and conforming: Integrating cultural and institutional explanations for sustainability adoption in business", Journal of Business Ethics, 110, 231-245.; Crews, D. E.(2010), "Strategies for implementing sustainability: five leadership challenges", SAM Advanced Management Journal, 75(2), 15-21.

4) Williams, A., Kennedy, S., Philipp, F., and Whiteman, G.(2017), "Systems thinking: A review of sustainability management research", Journal of Cleaner Production, 148, 866-881.; Clements, C. and Washbush, J. B.(1999), "The two faces of leadership: considering the dark side of leader-follower dynamics", Journal of Workplace Learning, 11(5), 170-176.; Reeves-Ellington, R. H.(1998), "Leadership for socially responsible organizations", Leadership & Organization Development Journal, 19(2), 97-105.

5) Khoo, H. H. and Tan, K. C.(2002), "Using the Australian business excellence framework to achieve sustainable business excellence", Corporate Social Responsibility and Environmental Management, 9(4), 196-205.; Painter-Morland, M.(2008), "Systemic leadership and the emergence of ethical responsiveness", Journal of Business Ethics, 82, 509-524.

6) Maon, F., Lindgreen, A., and Swaen, V.(2009), "Designing and implementing corpo-

rate social responsibility: An integrative framework grounded in theory", Journal of Business Ethics, 87(1), 71-89(working paper, 1-42).

7) Burke, W. W.(1985), "Leaders: The Strategies for Taking Charge, by Warren Bennis and Burt Nanus, Book Review". Human Resource Management, 24(4), 503.

8) Burns, J. M.(1978), "Leadership", Harper and Row.; Bass, B. M.(1990), "From transactional to transformational leadership: Learning to share the vision", Organizational dynamics, 18(3), 19-31.; Bruce J. Avolio, Bass, B. M., and Dong I. Jung(1999), "Re-examining the components of transformational and transactional leadership using the Multifactor Leadership Questionnaire", Journal of Occupational and Organizational Psychology, 72, 441-462.

9) Slack, R. E., Corlett, S., and Morris, R.(2015), "Exploring employee engagement with (corporate) social responsibility: A social exchange perspective on organisational participation", Journal of business ethics, 127, 537-548.

10) Christina Maslach, Wilmar B. Schaufeli, and Michael P. Leiter(2001), "Job burnout", Annual Review of Psychology, 52, 397-422.; William A. Kahn(1990), "Psychological Conditions of Personal Engagement and Disengagement at Work", The Academy of Management Journal, 33(4), 692-724.

11) Wilmar B. Schaufeli and Arnold B. Bakker(2004), "Job demands, job resources, and their relationship with burnout and engagement: a multi-sample study", Journal of Organizational Behavior, 25, 293-315.; Schaufeli, W. B., Salanova, M., Gonza′lez-Roma′, V., and Bakker, A. B.(2002), "The measurement of engagement and burnout and: a confirmative analytic approach", Journal of Happiness Studies, 3, 71–92.

12) Pettigrew, M. A.(1979), "On Studying Organizational Cultures", Administrative Science Quarterly, 24(4), 570-581.; Duncan, W. J.(1989), "Organizational Culture: 'Getting a Fix' on an Elusive Concept", Academy of Management Executive, 3, 229-236.

13) Schein, E. H.(2010), "Organizational culture and leadership, 3ed", John Wiley & Sons.

14) Kiesnere, A. L. and Baumgartner, R. J.(2019), "Sustainability management in practice: Organizational change for sustainability in smaller large-sized companies in Austria", Sustainability, 11(3), 572, 1-40.; Schaltegger, S. and Zvezdov, D.(2015), "Gatekeepers of sustainability information: exploring the roles of accountants", Journal of Accounting & Organizational Change, 11(3), 333-361.

15) Jarnagin, C. and Slocum, J. W., Jr.(2007), "Creating corporate cultures through mythopoetic leadership", Organizational Dynamics, 36: 288-302.; Howard- Grenville, J. A.(2006), "Inside the "black box": How organizational culture and subcultures inform interpretations and actions on environmental issues", Organization & Environment, 19(1): 46-73.; Martin, J.(2002), "Organizational culture: Mapping the terrain", Sage Publications.

16) Rahardjo, H., Idrus, M. S., Hadiwidjojo, D., and Aisjah, S.(2013), "Factors that determines the success of corporate sustainability management", Journal of Management Research, 5(2), 1-16.; Robinson, D. and Boulle, M.(2012), "Overcoming Organizational Impediments to Strong Sustainability Management", The Business Review, Cambridg, 20(1).; Caprar, D. V. and Neville, B. A.(2012), "Norming and conforming: Integrating cultural and institutional explanations for sustainability adoption in business", Journal of Business Ethics, 110, 231-245.; Ghobadian, A., Viney, H., Liu, J., and James, P.(1998), "Extending linear approaches to mapping corporate environmental behaviour", Business strategy and the environment, 7(1), 13-23.; Jarnagin, C. and Slocum, J. W., Jr.(2007), "Creating corporate cultures through mythopoetic leadership", Organizational Dynamics, 36: 288-302.

17) Denison, D. R. and Spreitzer, G. M.(1991), "Organizational culture and organizational development: A competing values approach", Research in organizational change and development, 5(1), 1-21.; Helfrich, C. D., Li, Y. F., Mohr, D. C., Meterko, M., and Sales, A. E.(2007), "Assessing an organizational culture instrument based on the Competing Values Framework: Exploratory and confirmatory factor analyses", Implementation science, 2, 1-14.

18) Linnenluecke, M. K. and Griffiths, A.(2010), "Corporate sustainability and organizational culture", Journal of world business, 45(4), 357-366.; Denison, D. R. and Spreitzer, G. M.(1991), "Organizational culture and organizational development: A competing values approach", Research in organizational change and development, 5(1), 1-21.

19) Khoo, H. H. and Tan, K. C.(2002), "Using the Australian business excellence framework to achieve sustainable business excellence", Corporate Social Responsibility and Environmental Management, 9(4), 196-205.

20) Khoo, H. H. and Tan, K. C.(2002), "Using the Australian business excellence framework to achieve sustainable business excellence", Corporate Social Responsibility and Environmental Management, 9(4), 196-205.; Inayatullah, S.(2006), "Anticipatory

action learning: Theory and practice", Futures, 38(6), 656-666.; Perron, G. M., Côté, R. P., and Duffy, J. F.(2006), "Improving environmental awareness training in business", Journal of Cleaner Production, 14(6-7), 551-562.; Senge, P. M.(2006), "The fifth discipline: The art and practice of the learning organization", Broadway Business.

21) Wilmar B. Schaufeli and Arnold B. Bakker(2004), "Job demands, job resources, and their relationship with burnout and engagement: a multi-sample study", Journal of Organizational Behavior, 25, 293-315.; Schaufeli, W. B., Salanova, M., Gonza'lez-Roma', V., and Bakker, A. B.(2002), "The measurement of engagement and burnout and: a confirmative analytic approach", Journal of Happiness Studies, 3, 71–92.

22) Modigliani, F. and Miller, M. H.(1958), "The Cost of Capital, Corporation Finance and the Theory of Investment", The American Economic Review, 48(3), 261-297.; Sharpe, W. F.(1964), "Capital asset prices: A theory of market equilibrium under conditions of risk", The Journal of Finance, 19(3), 425-442.; Fama, E. F. nad French, K. R.(1993), "Common risk factors in the returns on stocks and bonds", Journal of Financial Economics, 33(1), 3-56.

23) El Ghoul, S., Guedhami, O., Kwok, C. C., and Mishra, D. R.(2011), "Does corporate social responsibility affect the cost of capital?", Journal of banking & finance, 35(9), 2388-2406.; Du, X., Weng, J., Zeng, Q., Chang, Y., and Pei, H.(2017), "Do lenders applaud corporate environmental performance? Evidence from Chinese private-owned firms", Journal of Business Ethics, 143(1), 179-207.; Erragragui, E.(2018), "Do creditors price firms' environmental, social and governance risks?", Research in International Business and Finance, 45, 197-207.; Eliwa, Y., Aboud, A., and Saleh, A.(2021), "ESG practices and the cost of debt: Evidence from EU countries", Critical Perspectives on Accounting, 79, 102097.; Johnson, R.(2020), "The link between environmental, social, and corporate governance disclosure and the cost of capital in South Africa", Journal of Economic and Financial Sciences, 3(1), 12.; Priem, R. and Gabellone, A.(2024), "The impact of a firm's ESG score on its cost of capital: Can a high ESG score serve as a substitute for a weaker legal environment?", Sustainability Accounting, Management and Policy Journal.; Midtkandal, E. and Kyte, L. F.(2023), "ESG: The Nexus of Sustainability & Cost of Capital? An empirical study of the relationship between ESG scores and WACC for European firms", Master's thesis, Norwegian School of Economics.

24) 한국은행(2023), "2022년 기업경영 분석".

25) S&P Global and RobecoSAM(2020), "The Sustainability Yearbook 2020".

26) University of Kansas(2024), "Section 1. Developing a Logic Model or Theory of Change", https://ctb.ku.edu.; Etzion, D.(2018), "Management for sustainability", Nature Sustainability, 1(12), 744-749.

27) U.S. EPA(2024), "Logic Model Components, Example Entries, and Template", https://epa.gov.

28) Ribeiro, F., Ferreira, P., and Araújo, M.(2013), "Sustainability assessment of electricity production using a logic models approach", Renewable and sustainable energy reviews, 28, 215-223.

29) RE100(2023), "Mythbusting renewable electricity".

30) GHG(2024), "What is GHG Protocol?", https://ghgprotocol.org.; GHG(2024), "Corporate Value Chain (Scope 3) Accounting and Reporting Standard".

31) WWF(2021), "330+ target-setting firms reduce emissions by a quarter in five years", https://wwf.panda.org.; Science Based Targets(2024), "Partner organizations", https://sciencebasedtargets.org.; SBTi(2023), "STBi Corporate Near-term Criteria, Version 5.2".

32) S&P Global(2023), "DJI ESG Score Methodology".; S&P Global(2024), "CSA Methodology Update for 2024 CSA cycle".

33) MSCI(2024), "ESG Ratings Methodology".

34) IFRS(2023), "IFRS S1, General Requirements for Disclosure of Sustainability-related Financial Information".

35) 한국회계기준원 회계기준위원회(2023), "기업회계기준서 제1001호, 재무제표 표시".

36) Unilever(2023), "Unilever Annual Report and Accounts 2022".

37) B-Corp(2024), "Measuring a company's entire social and environmental impact", https://bcorporation.net.; B-Corp(2024), "Global Brand Book 2024_v24-01, B Corp Community".

38) Patagonia(2021), "Annual Benefit Corporation Report, 2021".

찾아보기

사

아

자

| 차 |

| 카 |

| B |

| C |

S

T

| U |

| V |

| W |

| Y |

| Z |

| 기타 |

저자소개

■ 최 중 석

- 현)서울지속가능경영연구원 원장
- 현)동국대학교 경영학과 겸임교수
- 동국대학교 경영학박사
- 동국대학교 경영학석사
- 동국대학교 통계학과 졸업
- 기아자동차 근무
- 최선컨설팅그룹 소장
- 한국창업교육협회 초대 회장
- 한국경영능력개발원 원장
- 숭의여자대학교 경영과 교수
- 강남대학교 산학협력단 교수

〈주요 저서 및 연구〉

- 비즈니스 경영전략, 도서출판 두남
- 사업계획 수립과 경영전략, 도서출판 가람사
- 사회적경제학(Social Economics), 좋은땅
- 사회적경제 비즈니스 모델 수립 및 관리를 위한 안내서, 좋은땅
- 사회적경제 조직 성숙도 모델 설계 연구, 재미난청춘세상
- 정신장애인 사회적경제 조직의 사회적 성과 보고서 연구, 마음샘정신재활센터
- 한국 사회적경제 비즈니스 모델 수립 방법론 연구(BMC를 중심으로), 한국협동조합연구
- 한국 자활사업의 사회적 성과(Social Impact)에 관한 연구, 한국지역자활센터협회
- 북한 경제 활성화를 위한 EU 국가 사회적경제의 북한 접목 방안 연구, 한국연구재단
- 사회적기업 구성원의 직무열의가 조직성과에 미치는 영향에 관한 연구, 로고스경영연구
- 사회적기업 경영자의 기업가정신 및 리더십이 구성원의 직무열의 및 조직성과에 미치는 영향 연구, 동국대학교 박사논문
- 사회적기업가 역량 모델링 및 교육체계 수립에 관한 연구: 경영전략 AFI Framework의 구성요소를 중심으로, 한국협동조합연구
- 팀 학습을 통한 대학생의 창업교육에 있어서 팀원의 창업의지, 다양성 및 조력자의 지원 활동이 팀 학습 유효성 및 창업교육 만족도에 미치는 영향에 관한 연구, 벤처창업연구

〈대외 활동〉

- 재미난청춘세상 사회적경제 리더 과정 주임멘토(2020~2024)
- 한경아카데미 경영전략 과정 주임교수(2012~2018)
- 서울산업진흥원 사후지도위원 및 장년창업센터 코치(2002~2018)
- 서울시 사회적경제지원센터 경영컨설턴트(2016~2020)
- 한국사회적기업진흥원 경영컨설턴트(2010~2024)

지속가능경영전략

초　판 1쇄 인쇄 —— 2024년 5월 25일
초　판 1쇄 발행 —— 2024년 5월 30일
지은이 —— 최 중 석
펴낸이 —— 전 두 표
펴낸데 —— 도서출판 **두남**
서울시 강동구 성내로 6길 34-16 두남빌딩
신고 : 제25100-1988-9호
TEL : (02) 478-2066, 2067
FAX : (02) 478-2068
E-mail : dnbooks@dunam.co.kr
http://www.dunam.co.kr

정가 26,000원

ISBN 978-89-6414-994-2 93320